2014年贵州文化产业发展报告

李建国　主　编

金安江
　　　　副主编
吴大华

知识产权出版社
全国百佳图书出版单位

图书在版编目（CIP）数据

2014 年贵州文化产业发展报告/李建国主编. —北京：知识产权出版社，2015.3
（贵州文化产业蓝皮书）
ISBN 978 - 7 - 5130 - 3334 - 3

Ⅰ.①2… Ⅱ.①李… Ⅲ.①文化产业—产业发展—研究报告—贵州省—2014
Ⅳ.①G127.73

中国版本图书馆 CIP 数据核字（2015）第 01695 号

内容提要

本书由总论篇、行业与区域发展篇、专题研究篇、案例篇、大事记五个部分组成。针
对贵州文化产业在全国处于落后地位的严峻现实，贵州文化产业要实现跨越发展，必须走
出一条以改革创新为动力，以品牌建设为引领，以文化与旅游及相关产业融合发展为特色
的欠发达地区文化产业跨越发展之路。"十二五"后期要着重加快十大文化产业园区与十
大文化产业基地建设，加大文化产业招商引资力度，着力抓好重大项目、精品品牌、文化
产品"走出去"等方面的主要发展任务，大力发展新型文化产业，加快文化产业与相关产
业融合发展，做好体制改革、相关政策、市场主体培育、人才培养等方面的保障工作。

责任编辑：石红华　　　　　　　　　　责任校对：董志英
封面设计：智兴设计室　　　　　　　　责任出版：孙婷婷

2014 年贵州文化产业发展报告

李建国　主　编

金安江　吴大华　副主编

出版发行：知识产权出版社有限责任公司	网　　址：http://www.ipph.cn
社　　址：北京市海淀区马甸南村 1 号	邮　　编：100088
责编电话：010 - 82000860 转 8130	责编邮箱：shihonghua@sina.com
发行电话：010 - 82000860 转 8101/8102	发行传真：010 - 82000893/82005070/82000270
印　　刷：北京中献拓方科技发展有限公司	经　　销：各大网上书店、新华书店及相关专业书店
开　　本：787mm×1092mm　1/16	印　　张：14.75
版　　次：2015 年 3 月第 1 版	印　　次：2015 年 3 月第 1 次印刷
字　　数：267 千字	定　　价：45.00 元

ISBN 978 -7 -5130 -3334 -3

《贵州文化产业发展报告》编辑部

执 行 主 编　　宋　明

执行副主编　　黄　勇　王　前　卯　涛

编　　　辑　　魏　霞　王　彬　陈绍宥　吴　杰

　　　　　　　蔡　伟　朱　薇　罗以洪　戈　弋

　　　　　　　王炳南　钟　晴

主要编著者简介

宋 明：贵州省社会科学院党委常委、副院长，三级研究员。贵州省省管专家，贵州省宣传文化系统首批"四个一批"人才。主要研究方向：发展经济学、区域经济学、文化产业。主要著作：《少数民族贫困地区综合扶贫开发》（第一作者）、《提高农产品竞争力研究》（第二作者）、《经营城市的策略——对中国城市经营学的探讨》（第一作者）、《在中国——东盟自由贸易区条件下的贵州与东盟经济合作》（第一作者）、《制度统筹贫困地区城乡发展研究》（第一作者），编撰出版2007年度、2009年度、2010年度《贵州文化产业发展报告》。主要发表论文：先后在《光明日报》《中国农村经济》《生态经济》《开发研究》《贵州社会科学》《贵州日报》等报刊上发表学术论文、调研报告200多篇。主要完成课题：国家社科基金课题《在社会主义市场经济条件下落后地区政府职能定位研究》《制度统筹国家级贫困县的发展战略研究》；贵州省省长资金课题《在中国——东盟自由贸易区条件下的贵州与东盟经济合作研究》《我省中小企业价值评估体系研究》《我省农业发展的历史性跨越研究》；贵州省社科规划办重大招标课题《贵州建立优化投资环境的长效机制研究》；贵州省政府重大招标课题《贵州转变经济发展方式研究》；贵州省"四个一批"人才专项资助项目——《贵州农民发展研究》，贵州省"十一五""十二五"规划办前期重点课题《贵州经济区划与发展战略》《贵州发展生态经济研究》《贵州"十二五"重大生产力布局研究》、地方政府委托项目《贵阳融入成渝经济的战略研究》《黔南州文化产业发展规划》《云岩区国民经济和社会发展第十二个五年规划纲要》《都匀市国民经济和社会发展第十二个五年规划纲要》《三都水族自治县国民经济和社会发展第十二个五年规划纲要》《荔波县国民经济和社会发展第十二个五年规划纲要》《凤冈县经济开发区产业发展规划》《独山县现代农业示范园区规划》《2012年贵州工业运行分析报告》等100多项。主要成果获奖：《贵州加快乡镇企业发展的对策研究》获贵州省第四次社科优秀成果四等奖；《贵州经济区划与发展战略》获贵州省第七届社科优秀成果二等奖；《经营城市的策略——对中国城市经营学的探讨》获贵州省第七届社科优秀成果三等奖,《贵州"十二五"重大生产力布局研究》2011 年荣获省社科优先成果二等奖、《制度统筹国家级贫困县的发展战略研究》2011 年荣获省社科优先成果三等奖,等等,计十余项。主要社会兼职:贵州省未来研究会副会长,贵州省经济学会副会长,中共贵州省委政策研究室经济咨询专家,瓮安县委、县政府经济发展顾问,龙里县委、县政府经济发展顾问。

黄 勇: 贵州省社会科学院研究员,区域经济研究所所长。贵州省省管专家,省宣传文化系统"四个一批"人才。主要研究方向为区域经济与产业经济、投资经济、发展经济学。先后就读于武汉大学、中国社会科学院研究生院,经济学硕士。分别于 2001 年、2006 年、2009 年被评为助理研究员、副研究员、研究员(破格)。历任贵州省社会科学院西部开发研究所副所长、区域经济研究所所长。1997 年 2 月至 1998 年 2 月挂职担任贵州省独山县水岩乡政府乡长助理;2007 年 9 月至 2008 年 9 月在国家发展和改革委员会宏观经济研究院做"西部之光"访问学者;2010 年 4 月至 2012 年 3 月挂职担任贵州省万山特区党委常委、副区长、工业园区管委会副主任。至 2013 年,先后主持国家社科基金项目 1 项、省级项目近 10 项、其他类项目 10 余项,参与各级各类课题 80 多项,独立、合作出版专著 7 部。

目　录

大 事 记

总 论 篇

加快产业园区建设　推动文化产业快速发展

——贵州文化产业发展报告（2014）

贵州文化产业发展研究中心*

摘　要

2013 年，贵州省文化产业从总体发展来看，其产值总量及增加值仍然保持高速增长，增速达 30% 左右。从行业发展来看，仍然是文化、广播电视、出版等常态文化产业与文化旅游业占主导地位。从区域发展来看，仍以省会城市贵阳市与次中心城市遵义市引领发展。虽然贵州省文化产业发展速度较快，但依然存在总量小、资金缺、人才匮乏、文化产业新业态发展较慢等亟待破解的困难。2014 年，要着重加快十大文化产业园区与十大文化产业基地建设，加大文化产业招商引资力度，大力发展新型文化产业，加快文化产业与相关产业融合发展。

关键词

文化产业　园区建设　快速发展

2013 年，贵州省继续深化国有文化企业体制改革，实施重点文化产业项目带动战略，强力推进十大文化产业园区、十大文化产业基地建设，不断提升"多彩贵州"品牌产业化水平，推动文化产业与其他产业融合发展，全省文化产业发展呈现出"项目发展，品牌提升，产业融合"的特点，文化产业快速发展，文化产业增加值增速达 30% 以上。

---

* 主要执笔：宋明、黄勇、王前、王彬、蔡伟、朱薇、陈绍有、魏霞、吴杰、罗以洪。宋明，贵州省社会科学院副院长，三级研究员，研究方向为区域经济、产业经济、发展经济学；黄勇，贵州省社会科学院贵州文化产业发展研究中心研究员，研究方向为区域经济、产业经济、发展经济学；王前，贵州省社会科学院贵州文化产业发展研究中心助理研究员，研究方向为区域经济、产业经济、文化产业。

一、贵州文化产业发展现状及特点

2013 年，贵州文化产业仍以文化旅游为引擎、以文广新等常态文化产业为支撑、以演艺动漫为潜力的新兴文化产业保持较快发展，成为全省经济发展中最具活力、最具发展潜力的产业之一。

（一）总体产业高速发展

根据 2012 年 7 月国家统计局颁布的《文化及相关产业分类（2012）》新标准进行初步统计，截至 2013 年底，全省文化产业单位共有 11698 个（包含企业、行政事业和社团单位），其中法人单位 10643 个，产业活动单位 1055个，文化产业单位比上年增加 3269 个；个体工商户 50344 户，比上年增加22695 户；共有从业人员 32.82 万人，比上年增加 9.62 万人；收入 483.00 亿元（含执行企业会计制度的综合单位的营业收入、执行行政事业单位会计制度的综合单位的事业收入和事业单位经营收入、个体工商户的营业收入），比上年增加 96.81 亿元；全省文化产业增加值达到 209.72 亿元，比上年增加57.69 亿元，占 GDP 的比重为 2.62%，比上年上升 0.4 个百分点。2011 年以来，贵州省文化产业发展一直呈现高速状态，其增加值占 GDP 的比重越来越高。2011 年文化产业增加值 111.18 亿元，占当年 GDP 的比重 1.95%；2012 年文化产业增加值 152.03 亿元，占当年 GDP 的比重，2.22%；2013 年文化产业增加值达到 209.72 亿元，比 2012 年的全省文化产业增加值 152.03 亿元增长 30%左右，文化产业增加值占 GDP 的比重接近 3%；预计 2014 年文化产业增加值将达 280 亿元左右，文化产业增加值占 GDP 的比重 3.5%左右（见表 1）。

表 1　全省文化产业主要指标情况

指　标	单　位	2012 年	2013 年	变　动
文化产业单位数	个	8429	11698	3269
其中：法人单位数	个	7782	10643	2861
产业活动单位数	个	647	1055	408
个体户数	户	27649	50344	22695
从业人员数	万人	23.2	32.82	9.62
收入	亿元	386.19	483	96.81
增加值	亿元	152.03	209.72	57.69
增加值占 GDP 比重	%	2.22	2.62	0.4

资料来源：2013 年贵州省文化产业发展统计。

（二）文化休闲娱乐服务业与文化用品生产行业发展势头迅猛

从结构上来看，2013 年文化产品生产的增加值为 154.92 亿元，比上年增长 45.19 亿元，占全省文化产业增加值的 73.87%；文化相关产品的生产的增加值为 54.80 亿元，比上年增长 12.50 亿元，占全省文化产业增加值的 26.13%。可以看到文化产品的生产部分是文化产业的主要构成，2013 年该部分的比重继续增加，文化产品的生产中增加值比重最高的与上年相同，依然是文化休闲娱乐服务行业，其增加值占文化产品生产的 44.55%；文化相关产品的生产中增加值比重最高的是文化用品的生产行业，其增加值占文化相关产品生产的 67.77%。可见，从结构上来看贵州文化产业发展，文化休闲娱乐服务业与文化用品生产行业发展势头迅猛。（见表 2、表 3）

表 2　全省文化产业收入、增加值及结构

类　别	单　位	层　别	2012 年	2013 年	变　动
收入	亿元	文化产品的生产	242.14	302.64	60.5
		文化相关产品的生产	144.05	180.36	36.31
		全省文化产业合计	386.19	483	96.81
增加值	亿元	文化产品的生产	109.73	154.92	45.19
		文化相关产品的生产	42.30	54.80	12.50
		全省文化产业合计	152.03	209.72	57.69
增加值占 GDP 比重	%	文化产品的生产	1.59	1.94	0.35
		文化相关产品的生产	0.63	0.68	0.05
		全省文化产业合计	2.22	2.62	0.4
各层增加值结构	%	文化产品的生产	72.18	73.87	1.69
		文化相关产品的生产	27.82	26.13	-1.69
		全省文化产业合计	100	100	

资料来源：2013 年贵州省文化产业发展统计。

表 3　2013 年文化相关产品的生产收入、增加值及结构

行业类别	收入（亿元）	增加值（亿元）	行业类别增加值结构（%）	增加值占 GDP 比重（%）
文化产品生产的辅助生产	39.68	15.81	28.86	0.2
文化用品的生产	132.39	37.14	67.77	0.46
文化专用设备的生产	8.29	1.85	3.37	0.02
文化产品的生产小计	180.36	54.8	100.00	0.68

资料来源：2013 年贵州省文化产业发展统计。

（三）重点行业发展现状及特点

2013 年，全省文化产业整体实力和竞争力进一步提升，尤其是新闻出版、广播电影电视、文化艺术及文化休闲娱乐、文化创意和文化设计服务、文化旅游等重点行业取得了新进展和新突破（见表 4）。

表 4　2013 年重点行业的生产收入、增加值及结构

行业类别	收入（亿元）	增加值（亿元）	行业类别增加值结构（%）	增加值占 GDP 比重（%）
新闻出版发行服务	38.43	11.71	7.56	0.14
广播电视电影服务	10.24	7.01	4.52	0.09
文化艺术服务	8.34	12.61	8.14	0.16
文化信息传输服务	16.07	9.26	5.98	0.12
文化创意和设计服务	56.41	25.51	16.47	0.32
文化休闲娱乐服务	120.2	69.02	44.55	0.86
工艺美术品的生产	52.95	19.8	12.78	0.25
文化产品的生产小计	302.64	154.92	100.00	1.94

资料来源：2013 年贵州省文化产业发展统计。

1. 新闻出版发行业稳步发展（见表 5）

2013 年全省新闻出版发行服务单位有 489 个，个体工商户 2372 户，从业人员 15232 人，收入共计 38.43 亿元（含执行企业会计制度的综合单位的营业收入、执行行政事业单位会计制度的综合单位的事业收入和事业单位经营收入、个体工商户的营业收入，下同），实现增加值 11.71 亿元，占 GDP 的比重为 0.14%。全年出版各种图书 966 种，其中新出版 575 种，总印数达 7304 万册；出版各种杂志 88 种，总印数达 1485 万册，每期平均印数 86 万册。出版各种报纸 44 种，总印数 45032 万份，较上年增加 101 万份，每期平均印数 174 万份。

表 5　2013 年全省新闻出版发行服务业概况

指　　标	单　位	2012 年	2013 年	变　动
增加值	亿元	12.47	11.71	-0.76
增加值占 GDP 的比重	%	0.18	0.14	-0.04
收入	亿元	65.71	38.43	-27.28
新闻出版发行服务单位数	个	504	489	-15

指 标	单 位	2012 年	2013 年	变 动
个体工商户数	户	2469	2372	−97
从业人员数	人	17180	15232	−1948
出版图书	种	966	928	−38
其中：新出版	种	575	698	123
总印数	万册	7304	6279	−1025
出版杂志	种	88	88	—
总印数	万册	1485	1575	90
每期平均印数	万册	86	84	−2
出版报纸	种	44	44	—
总印数	万份	41704 *	38954	−2750
每期平均印数	万份	170 *	156	−14

资料来源：2013 年贵州省文化产业发展统计。注：带 * 号的数据为国家新闻出版总局审定数。

　　从 2013 年的发展结果来看，全省新闻出版发行继续保持稳步发展，主要表现在三个方面：一是新闻出版发行业稳步持续多元化发展。作为全省新闻出版发行业的两大主力军，贵州出版集团和贵州日报报业集团都在做大做强传统主业的基础上，积极拓展新业务，实行多元化发展。贵州出版集团在扎实提高新书出版品种、数量、质量，加强对外版权输出，进一步夯实数字出版和数据库建设等传统项目的同时，收购亚青动漫公司并在北京中关村设立动漫亚青科技公司，着力于进军数字设计和动漫产业；还积极加快推进贵州文化出版产业园、贵州国际文化传媒广场、全省建设文化综合体项目建设，以及参与贵州银行增资扩股等，助推企业多元化发展。贵州日报报业集团除涉足新闻采编、报纸出版发行、广告策划发布等传统领域外；还加快实施了党报进社区阅报栏、全商通、电影《北漂鱼》和《脸谱》摄制、汽车展会和家装展会、旅游节会运作、观山湖灯会庙市等新业务；兴办了金黔艺宝旅游商品连锁超市、荔波民族旅游文化开发、企业微博"新莓计划"、时尚婚恋服务、遵义高速公路广告、贵州本土网络游戏等新上项目；拍摄了《二十四道拐》等一批以贵州题材、时代感强、制作精良的影视剧，以及影视拍摄基地建设等；报业集团已成功走出了一条以报业传媒为主，文化会展、印刷复印、文化创意、影视摄影等齐头并进的多元化发展路子。二是新闻出版体制改革深入推进。截至 2013 年底,已按照中央、省的改革要求,基本完成了国有经营性新闻出版单位转企改制任务;在纳入全省第二批转企改制的 5 家报刊出版单位中,《新报》《财富故事》已全面完成转企改制工作,《大市场》《新课程导学》《贵州画报》3 家报刊出版单位正在规范理顺转企改制工作;《贵州农村金融》《夜郎文学》《贵州水电发展》《科学快报》4 种报刊也完成并转重组工作。还积极主动与中国电信、中国移动、中国邮政等企业公司开展战略合作,拓展网点,做大做强全省新闻出版发行业。根据国发〔2013〕19 号及黔审办函〔2013〕1 号文件的要求,出台了《关于新闻出版行政审批项目取消和调整后续监管和审批管理工作的通知》,再次对现行行政许可事项进行清理压缩,并积极引导和鼓励非公资本有序进入印刷、发行、数字出版经营平台等政策许可的领域。三是进一步夯实新闻出版发行业发展基础。截至 2013 年底,"贵州文化出版产业园区"已完成在贵阳高新技术产业开发区的项目选址,落实项目建地 285 亩,建筑面积 21 万平方米,计划投资 8 亿元,已投入 6615 万元,预计 2015 年建成;"贵州现代文化创意与数字出版产业基地"建设项目正在贵安新区管委会协商解决项目选址问题。2013 年共向新闻出版总局申报了 16 个项目,贵州出版集团公司的《数字出版印刷产业园》和《贵州出版集团专题数据库建设及应用产品、客户端开发项目》、贵州精彩数字印刷有限公司的《基于互联网的精彩印刷信息平台建设》、贵阳日报传媒集团经营有限公司的《贵阳日报传媒文化产业园》4 个项目进入国家新闻出版改革发展项目库,向中央争取中央补助资金 13915 万元。贵州出版集团在 2012 年已完成股改及上市平台搭建的基础上,有序进行清产核资、土地房产等资产评估工作,并获得批复,使得集团公司股改工作取得实质性进展,从政策层面解决了集团股改的瓶颈性问题,从制度层面给予集团股改保障。

2. 广播电影电视业多元发展(见表 6)

2013 年全省广播电视电影服务单位有 302 个,个体工商户 34 户,共有从业人员 7451 人,收入 10.24 亿元,实现增加值 7.01 亿元,占 GDP 的比重为 0.09%。年末共有广播电视台 85 座,广播自办节目 38 套,电视自办节目 102 套。有线广播电视用户 394.28 万户,有线广播电视入户率 32.1%。广播节目综合人口覆盖率为 90.00%,比上年提高 1.5 个百分点,其中农村广播节目综合人口覆盖率为 88.60%。电视节目综合人口覆盖率为 94.1%,比上年提高 1.1 个百分点;其中农村电视节目综合人口覆盖率达到 93.4%,比上年提高 1.5 个百分点。

表6　2013年全省广播电视电影服务业概况

指　　标	单　位	2012年	2013年	变　动
增加值	亿元	7.06	7.01	-0.05
增加值占GDP的比重	%	0.10	0.09	-0.01
收入	亿元	12.77	10.24	-2.53
广播电视电影服务单位数	个	239	302	63
个体工商户数	户	67	34	-33
从业人员数	人	7216	7451	235
广播电视台	座	84	85	1
广播节目自办套数	套	39	38	-1
电视节目自办套数	套	101	102	1
有线广播电视用户	万户	396.61	394.28	-2.33
有线广播电视入户率	%	32.90	32.10	-0.80
广播节目综合人口覆盖率	%	88.50	90.00	1.50
#农村	%	86.60	88.60	2.00
电视节目综合人口覆盖率	%	93.00	94.10	1.10
#农村	%	91.90	93.40	1.50

资料来源：2013年贵州省文化产业发展统计。

从2013年的发展结果来看，广播电影电视业多元发展，主要表现在三个方面：一是整合资源，促进产业融合发展。如贵州广电集团在培育核心竞争力的同时，加快与其他资源，特别是与高新技术、旅游资源的嫁接合作步伐，通过融合发展，不断延伸产业链、丰富产业结构。2013年5月，贵视文化传媒公司与朗玛信息技术公司签署《贵阳朗玛信息技术股份有限公司与贵州电视文化传媒有限公司跨媒体合作框架性协议书》，共同发起设立"贵州朗视科技传媒有限公司"，实现了广电产业与高新媒体融合发展；贵州大众广播传媒公司引入民营资本，组建贵州广电旅游客运公司，进入旅游客运行业，现已获得150辆车的2013年贵阳市旅游客运经营权指标，首批65台车辆已投入运营；2013年4月，贵州文化产业投资管理有限公司正式挂牌成立，已完成在贵州省文化产业发展基金下设立贵安创业投资基金、贵州省能矿产业投资基金、遵义红色旅游发展投资基金等多个子基金，并考察多个项目，为产业融合发展提供投融资支持；积极探索发展文化创意、多媒体广播影视、数字娱乐等具有比较优势的战略性新兴产业，CMMB和NGB项目正在顺利推进中,贵州广电集团下属的省广电网络公司筹备上市各项工作也正有序推进。截至 2013 年底,省政府办公厅已印发了《省人民政府办公厅关于印发贵州省广播电视信息网络股份有限公司上市工作方案的通知》,已完成公司上市的前期准备工作,拟于 2014 年上半年将上市申报材料上报证监会。二是城市影院建设稳步推进。2013 年全省新增城市影院 22 家,城市影院达到 58 家,并且星空影业新建了 4 家县级影院,其中,龙里星空影院已开业,习水、沿河、黔西星空影院已完成建设工作,力争尽快开业。三是支持鼓励民营资本进入政策许可领域。2013 年,省广电局为 4 家机构颁发了广播电视节目制作经营许可证,其中 2 家机构为民营企业(贵州人尹文化传媒有限公司、贵州黔北记忆旅游文化股份有限公司);全省新增 22 家城市影院中就有 18 家为民营影院。

3. 文化艺术服务业市场活力增强(见表 7)

2013 年全省文化艺术服务单位有 2808 个,个体工商户 2551 户,共有从业人员 55771 人,收入 8.34 亿元,实现增加值 12.61 亿元,占 GDP 的比重为 0.16%。年末,全省共有博物馆、纪念馆 75 个(2013 年博物馆、纪念馆指标增加了民间博物馆机构,机构数较上年有较大增长),群众艺术馆、文化馆 98 个,公共图书馆 94 个,档案馆 107 个。

表7 2013 年全省文化艺术服务业概况

指 标	单 位	2012 年	2013 年	变 动
增加值	亿元	9.12	12.61	3.49
增加值占 GDP 的比重	%	0.13	0.16	0.03
收入	亿元	4.34	8.34	4
广播电视电影服务业单位数	个	2521	2808	287
个体工商户数	户	976	2551	1575
从业人员数	人	26790	55771	28981
博物馆、纪念馆	个	66	75 *	9
群众艺术馆、文化馆	个	97	98	1
公共图书馆	个	93	94	1
档案馆	个	107	107	——

资料来源:2013 年贵州省文化产业发展统计。注:2013 年博物馆、纪念馆指标增加了民间博物馆机构。

从 2013 年的发展结果来看，文化艺术及文化休闲娱乐业市场活力增强，主要表现在三个方面：一是"多彩贵州"品牌日益辉煌，品牌在不断延伸。截至 2013 年底，全省已有 20 家企业借助多彩贵州品牌大力发展演艺、主题公园、工艺品、文化旅游网站等 10 余个产业，带动投资逾 40 亿元。如安酒在重塑老品牌的同时，借用"多彩贵州酒"这个新品牌再战市场；同时还签订"多彩贵州连锁酒店""多彩贵州文化旅游产业发展研究院""多彩贵州工艺品"等 7 个商标商业性授权使用项目及"多彩贵州"旅游文化资讯频道、多彩贵州印象网等品牌公益性传播项目等。二是多彩贵州风行。截至 2013 年 8 月 30 日，大型民族歌舞《多彩贵州风》演出已达 2275 场，观众达 250 多万人次，于《印象刘三姐》《云南印象》并称"西南三部曲"，是"国家文化出口重点项目"。三是文化产品不断丰富和发展。在 2012—2013 年间，全省在音乐、舞蹈、戏剧等领域涌现了不少优秀作品。如，电影《幸存日》《云下的日子》《旷继勋蓬遂起义》《云上太阳》《神马都是浮云》《苗乡情》，影视剧《奢香夫人》《铁血使命》《解放大西南》《边城汉子》《小城大爱》《王阳明》《风雨梵净山》，歌曲《我在贵州等你》《贵州恋歌》《走近黄果树大瀑布》《乌江听浪》《家乡的味道》，话剧《钟幺爷开心剧场》《霹雳猪梦境奇遇记》，花灯剧《枫染秋渡》，京剧《七妹与蛇郎》，以及《阿娜依》《滚拉拉的枪》《开水要烫，姑娘要壮》《炫舞天鹅》等反映贵州"原生态民族文化"的电影等。其中，《旷继勋蓬遂起义》荣获省"五个一工程"奖和省政府文艺奖和中国人民解放军"金星奖"；央视一套热播的《奢香夫人》还包揽了中宣部第 12 届"五个一工程"优秀电视剧奖、第 26 届金鹰奖优秀电视剧奖和 29 届电视剧"飞天奖"长篇电视剧奖全国三项大奖；大型花灯剧《枫染秋渡》在第十届中国艺术节中取得佳绩，获得第十四届文华剧目奖，主演邵志庆获得第十届中国艺术节优秀表演奖。此外，还成功举办了 2013"多彩贵州"歌唱大赛，在全国巡演歌舞魔幻剧《海棠·秀》40 场，承办"张信哲 2013 贵阳演唱会"等。

4. 文化创意（动漫等新兴文化产业）和文化设计服务业稳步提升（见表 8）

2013 年全省文化创意和设计服务单位有 2306 个，比上年增加 1145 各；个体工商户 2725 户，比上年增加 1021 户；从业人员为 32086 人，比上年增加 5633 人；收入 56.41 亿元，实现增加值 25.51 亿元，占 GDP 的比重为 0.32%，行业全面壮大。

表 8　2013 年全省文化创意和设计服务业概况

指　　标	单　位	2012 年	2013 年	变　　动
增加值	亿元	16.29	25.51	9.22
增加值占 GDP 的比重	%	0.24	0.32	0.08
收入	亿元	44.74	56.41	11.67
文化创意和设计服务业单位数	个	1161	2306	1145
个体工商户数	户	1704	2725	1021
从业人员数	人	26453	32086	5633

资料来源：2013 年贵州省文化产业发展统计。

从 2013 年的发展结果来看，文化创意（动漫等新兴文化产业）和文化设计服务业稳步提升，主要表现在五个方面：一是产业园区建设取得重大突破。2012 年贵阳数字内容产业园实现产值 4.26 亿元，连续三年增长超过 50%。现已入驻企业 31 家，其中动漫企业 14 家，网络游戏企业 4 家，数字集成与软件开发企业 10 家，衍生产品开发企业 1 家，动漫与软件培训机构 1 家，生产力促进中心 1 家，已经形成集原创动漫游戏产品和动漫外包服务业务于一体的动漫创意产业链。二是培育出了贵阳朗玛信息技术股份有限公司、贵阳熠动漫文化传播有限公司、贵州恒力天和科技发展有限公司、遵义奇利动画影业有限责任公司等一批知名企业，继东屹建设集团股份有限公司等 4 家中小型企业先后于上海股权托管交易中心挂牌上市后，贵阳数字内容产业园区内贵州恒力天和科技发展有限公司等 5 家企业正在积极运作抱团在上海股权托管交易中心挂牌，2014 年 3 月下旬 Q 版上市。三是"中关村贵阳科技园"建设拉开了序幕。2013 年 9 月 8 日，贵阳市人民政府与中关村科技园区管理委员签订了战略合作框架协议，共签署 106 个项目。其中，高新区签约项目 35 个，经开区签约项目 23 个，乌当区签约项目 14 个等。产业类项目 30 个，总投资 263.81 亿元；科技服务类项目 16 个，总投资 185.52 亿元；孵化器建设类项目 1 个；科研类项目 23 个，总投资 15.73 亿元；人才类项目 36 个，总投资 0.59 亿元。四是已连续成功举办了七届亚洲青年动漫大赛，已成国际动漫交流平台，有力地促进了全省动漫、电玩、游戏等产业的发展。

5. 文化与旅游休闲娱乐业深度融合发展（见表 9）

2013 年全省文化休闲娱乐服务单位有 2328 个，比上年增加 457 个；个体工商户 15347 户，比上年增加 5115 户；从业人员为 91328 人，比上年增加 25879 人；收入 120.20 亿元，实现增加值 69.02 亿元，占 GDP 比重 0.86%，比上年上升 0.26 个百分点。文化休闲娱乐服务业增加值是十个分类中最高的，该行业的从业人员数也居当年十类行业分类之首。

表 9　2013 年全省文化休闲娱乐服务业概况

指　标	单　位	2012 年	2013 年	变　动
增加值	亿元	41.39	69.02	27.63
增加值占 GDP 的比重	%	0.60	0.86	0.26
收入	亿元	68.71	120.20	51.49
文化休闲娱乐服务业单位数	个	1871	2328	457
个体工商户数	户	10232	15347	5115
从业人员数	人	65449	91328	25879

资料来源：2013 年贵州省文化产业发展统计。

从 2013 年的发展结果来看，文化与旅游休闲娱乐业发展成果喜人，主要表现在四个方面：一是一批颇具市场吸引力的文化旅游产品陆续推向市场。遵义红色旅游综合体、百里杜鹃旅游景区、多彩贵州城等 21 个示范文化旅游景区项目已经启动；2013 年"十一"期间，面向市场推出肇兴古镇、松桃苗王城、青岩古镇、天龙屯堡、镇远古城、西江苗寨等 15 个文化旅游景区建设的新成果、新项目、新服务，受到广大游客欢迎；随着"100 个旅游景区"建设的推进，镇远古城、青岩古镇、天龙屯堡、松桃苗王城、黎平肇兴古镇、瓮安草塘千年古邑、雷山西江千户苗寨、台江施洞苗文化旅游综合体、雷公山原生态苗族文化旅游区、榕江三宝侗寨侗文化旅游景区、从江侗文化产业园七星侗寨旅游区、丹寨石桥古法造纸文化旅游景区等一批富有民族文化特色的重点旅游项目也正在加速建设。二是加大贵州文化旅游资源的对外宣传力度和发展平台建设。在成功举办全省第八届旅发大会和 2013 中国国内旅交会基础上，组织企业先后赴法国、意大利、德国等国参加"西南少数民族文化之旅"推介活动，开展"美丽中国·多彩贵州——原生态的秘境之旅"文化旅游宣传推广，在韩国，我国港、澳、台地区，东南亚等国家和地区开展了系列现场推介，并与浙媒集团、贵州日报社、腾讯·大浙网等媒体合作开展贵州文化旅游系列深度宣传报道，在央视投放"走遍大地神州·醉美多彩贵州"综合形象片和全省各市州集群展示形象片，与凤凰卫视合作制作《今日中国·多彩贵州》在欧洲、美洲播放，全力举办景区导游词美文大赛和星级导游大赛，创新运用微博、微信、微电影等新媒体开展文化旅游品牌营销宣传，持续提高贵州文化旅游产品的影响力和知名度；积极参加"泛珠论坛"，还与重庆、广西、海南等地开展战略合作,联手拓展旅游市场;开通了贵阳至台湾高雄、贵阳至韩国首尔的航班,增加贵阳至香港航班,为文化旅游发展搭建平台。三是认真抓好"多彩贵州城"项目的"生态博物馆""贵州染织博物馆",晴隆二十四道拐文化内涵建设"史迪威 24 道拐遗址公园"等一系列文化精品旅游项目的规划。四是吸引一批优强企业投资贵州文化旅游。借助"贵州面向全国优强民营企业招商项目推介会""贵州旅游招商项目浙商推介会""世界旅游经济论坛""2013 中国国内旅交会""香港活动周"等招商平台,成功吸引中铁集团、中信集团、光大集团、北京昊远隆基集团、中天城投等大型央企民企积极参与全省文化旅游开发。

6. 工艺美术品生产业取得新成效(见表 10)

2013 年全省工艺美术品生产服务单位有 1195 个,比上年增加 688 个;个体工商户 7061 户,比上年增加 4039 户;从业人员为 34192 人,比上年增加 17336 人;收入 52.95 亿元,实现增加值 19.80 亿元。占 GDP 的比重为 0.25%。

表 10　2013 年全省工艺美术品生产业概况

指　　　标	单　位	2012 年	2013 年	变　动
增加值	亿元	7.99	19.80	11.81
增加值占 GDP 的比重	%	0.12	0.25	0.13
收入	亿元	21.09	52.95	31.86
工艺美术品生产业单位数	个	507	1195	688
个体工商户数	户	3022	7061	4039
从业人员数	人	16856	34192	17336

资料来源:2013 年贵州省文化产业发展统计。

从 2013 年的发展结果来看,工艺美术品生产业发展主要表现为:在成功举办 2013 "多彩贵州"旅游商品"两赛一会"的基础上,还组织民族特色旅游商品参加"2013 中国国际旅游商品博览会暨第五届中国旅游商品大赛",并斩获四项大奖;通过"100 个旅游景区"建设,规划打造了一批具有民族民间特色、历史文化特色的综合性旅游购物街区和购物中心,促进了民族民间传统手工艺品、特色食品、中草药保健品等旅游商品开发和购物业发展;酒博会期间还设置贵州旅游服务展区,供多彩贵州旅游商品"名匠名创"现场演绎银饰和蜡染工艺,大力宣传展示文化旅游产品;此外还运用网络新技术搭建以"多彩贵州·风行天下"为主题的淘宝网贵州旅游电子商务平台,组织 200 多家旅游企业及 1000 余种旅游产品入驻,自 4 月 19 日开馆以来全年贵州旅游产品交易额达 3500 多万元。

7. 其他文化产业发展稳中有升

2012 年全省文化信息传输服务单位有 452 个，比上年增加 113 个；个体工商户 8 户；从业人员为 12096 人，比上年减少 3535 人；收入 16.07 亿元，实现增加值 9.26 亿元，占 GDP 的比重为 0.12%。2013 年全省文化产品生产的辅助生产服务单位有 1054 个，比上年增加 139 个；个体工商户 2567 户，比上年增加 2471 户；从业人员为 22591 人，比上年增加 3524 人；收入有所下降，为 39.68 亿元，实现增加值 15.81 亿元；占 GDP 的比重为 0.20%。

（四）区域文化产业发展态势趋好

2013 年，各市州利用本地资源、要素、区位等条件，加快重点文化产业项目建设，文化产业发展速度不断加快，总量进一步壮大，文化产业呈现良好发展态势，各市州文化产业增速均超过各地生产总值增长速度。各市州文化产业增加值占全省比重分别为：贵阳 29.53%、遵义 19.25%、六盘水 11.33%、黔东南 10.08%、黔南 8.74%、毕节 7.01%、安顺 4.87%、铜仁 4.83%、黔西南 4.36%，其中遵义、贵阳、六盘水、黔东南的文化产业增加值合计占全省的 70.19%。贵阳市文化产业增加值位居全省首位，达 61.92 亿元。文化产业增加值占各地 GDP 比重最高的是黔东南州，占比为 3.61%。各地文化产业增加值占其 GDP 比重超过 2.62% 的全省水平的市、州有贵阳市（2.97%）、黔南州（2.84%）、六盘水市（2.69%）等 3 个地区。遵义市的文化个体数量最多，共有 14794 户；文化从业人员也最多，共有 75086 人。

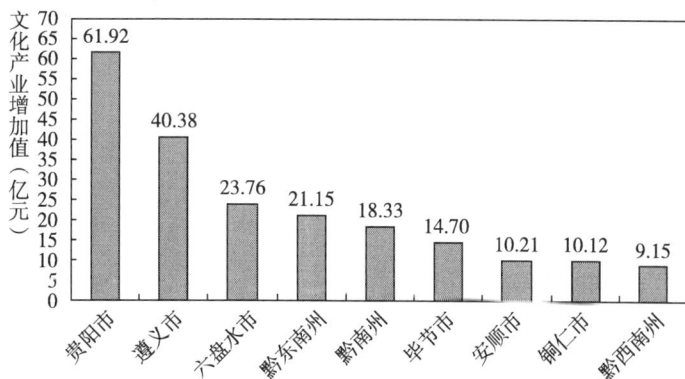

图 1　2013 年各地文化产业增加值

（五）园区与基地建设进一步推进

2011 年 10 月贵州省委十届十二次全会通过的《中共贵州省委关于贯彻党的十七届六中全会精神推动多民族文化大发展大繁荣的意见》明确提出，"'十二五'时期，加快建设省'十大文化产业园''十大文化产业基地'和规划建设一批市县文化产业园区、基地"。2012 年 4 月省第十一次党代会报告再次明确提出"加快推进省'十大文化产业园''十大文化产业基地'建设"。截至 2013 年底，建成投入使用 5 个，开工建设 13 个，已建成投入使用的有贵阳数字内容产业园、贵阳会展基地、六盘水会展基地、贵州（凯里）民族民间工艺品交易基地、黔西南民族文化产业园等 5 个产业园（基地）；13 个开工建设的园区（基地）中，贵州日报报业集团印务传媒研发基地、中国（遵义）酒文化产业园、中国（遵义）长征文化博览园、遵义会展基地、毕节大方古彝文化产业园、多彩贵州城、贵州广电家有购物集团电子商务文化产业基地等 7 个园区（基地）进展较好，贵州文化出版产业园正加快建设，中国（凯里）民族文化产业园、贵州（贵阳）民族民间工艺品交易基地、黔中国际屯堡文化生态园、贵阳阳明文化产业园、铜仁玉屏箫笛研发生产基地等 5 个园区（基地）正处于编制规划或提升规划过程中，平塘国际射电天文科普文化园、贵州文化广场、贵州现代文化创意与数字出版产业基地等 3 个园区（基地）正在进行土地落实、规划编制等前期工作。

（六）发展环境进一步改善

（1）贵州省整体经济快速发展重大举措助推文化产业与其他产业融合发展。随着中央对贵州省经济发展的大力支持以及贵州省委、省政府出台一系列快速发展贵州经济的重大举措，贵州实施工业强省、城镇化带动战略，并结合"5 个 100 工程"的强力推进，有利于促进文化产业与工业、城建、现代农业、金融、科技等的有机结合，文化产业发展空间将会扩大，加上贵州省从北京引进大数据产业及中关村贵阳科技园的建立，将助推贵州文化产业新业态的培育与发展。

金融环境有所改善。2013 年 3 月，贵州省文化产业发展基金正式成立并投入运行，基金由政府引导国有文化企业及其他国有企业等共同出资发起募集，以全省文化产业为投资方向的私募股权基金，兼具部分引导基金功能，投资方向主要为文化创意、影视制作、出版发行、印刷复制、会展广告、演艺娱乐、广电网络、文化旅游、民族民间工艺、动漫、数字内容等领域，首期募集资金 4.545 亿元，弥补了贵州没有文化金融企业的空白，搭建了贵州文化产业对接资本市场的桥梁。2013 年，全省争取中央文产专项资金支持 9530 万元，与 2012 年的 6300 万元相比，增幅超过 50%。利用省级文产专项资金扶持重点文化产业项目 77 个，金额 4740 万元。全年中央和省两级财政文产专项资金扶持全省文化产业项目共计 86 个，金额超过 1.4 亿元，有效推动了重点文化产业项目建设。

（2）招商力度加大助推文化产业发展。2013 年 5 月 17 日，贵州省在第九届中国（深圳）国际文化产业博览交易会上签约 47 个项目，融资金额达195.52 亿元。

二、存在问题

（一）文化产业整体规模小、实力弱

基于"欠发达、欠开放"的实际省情，贵州省文化产业尚未摆脱整体"小、散、弱"的特征。2013 年全国文化产业增加值达到 220 亿元左右（预计数），占 GDP 的比重达到 3.0%；而贵州省 2012 年文化产业增加值只有152.03 亿元，占 GDP 的比重只有 2.22%。贵州省文化产业增加值在全国的比重不到 1%，增加值占 GDP 的比重也远低于全国水平。从 2012 年各地法人单位数量看，贵州为 6846 家，远低于西南地区的重庆的 13714 家，四川的 16761家，云南的 11417 家，仅高于西藏的 395 家，其中规模以上文化制造企业数量和重点服务文化企业数量，贵州分别为 27 家、79 家，远低于全国平均数量。贵州省文化产业企业数量较少，规模以上文化企业不多，企业整体营业收入及利润不高，体量大、竞争力强的文化企业不多，进而整体表现出规模小、实力弱的特征。

尽管近年来贵州省文化产业快速发展，2011 年、2012 年文化产业增加值分别实现了 24.97%、36.7% 的增长率，高于全国文化产业 22%、16.5% 的增速，但是由于贵州省文化产业的基础差、起点低、总量小，要实现省委省政府提出的"在'十二五'期末文化产业增加值占 GDP 的比重达到 5%"的目标，还有不小的差距。

（二）文化体制改革的活力尚未完全释放

从管理体制上看，还一定程度地存在政企不分、政事不分的现象，文化管

理部门对所属文化企业的经营管理还存在过多干预。完成转制的省级广电、报业、出版、期刊、演艺 5 大集团在法人治理结构、内部经营管理机制上还不完善，离合格市场主体还有差距。其他转制文化企业尚未完全转变观念，还存在"等靠要"的思想，尚未完全树立市场化理念。文化事业单位在完善法人治理结构上还处于探索阶段。通过近几年的文化体制改革，不少国有文化企业逐步走向了市场化，完善了管理运行体制，不断开拓市场，但是总体看，文化体制改革的活力还未完全释放。

（三）文化产业规模化、集聚化、专业化的程度还不高

据不完全统计，全国成规模的文化产业园区达 2000 多家，而贵州省"十二五"规划纲要规划建设的省十大文化产业园区、基地，总计才 21 个，而且建成投入使用的才 5 个。其中属于集聚文化企业发展的传统园区中，黔西南民族文化产业园才集聚 30 余家文化企业，贵州（凯里）民族民间工艺品交易基地集聚 249 家企业和商户；而西安曲江新区集聚了 1500 多家文化企业，综合产值突破 100 亿元大关；长沙天心文化产业园拥有各类文化经营企业 1500 多家，文化产业总产值超过 80 亿元。另外文化产业的整体专业化程度不高，前端的研发创意设计企业、后端的品牌销售企业少，经纪、代理、评估、鉴定、推介、咨询、拍卖等市场中介组织缺乏，组建成立的文化产权交易所、经济文化促进会、文化产业律师服务团等中介组织的作用尚未完全发挥，文化产业的产业链还不够完善，专业化分工与合作的程度还不高。

（四）文化产业资源利用程度、整合程度不高

贵州文化产业资源丰富，以非物质文化遗产为例，全省现有人类非物质文化遗产名录 1 项，国家级非物质文化遗产名录 74 项 125 处，省级非物质文化遗产名录 440 处。但是对非物质文化遗产的利用程度不高，全省拥有各类景区 474 余处，但是不少景区对文化的挖掘整理不够。文化产业与相关产业的融合发展程度还不高，还没有与旅游、餐饮、建筑、制造等产业深度融合发展。另外全省多年坚持开展的"多彩贵州"旅游商品设计大赛、能工巧匠选拔大赛及旅游商品展销大会以及"多彩贵州"系列文化主题活动的成果还没有在产业化利用上发挥作用，特别是文化旅游商品的展销平台还未完全建立，不能较好发挥省内省外两个市场的作用。

（五）文化产业资金、人才等要素不足

文化企业由于自身的轻资产属性，加之文化产业融资担保机构的缺乏，缺

乏金融公共服务平台，以及多元化的文化产业投融资渠道，文化企业普遍存在融资难的问题，特别是民营文化企业，问题更加突出，文化产业发展专项资金在投入使用上对民营文化企业的扶持额度尚未达到三分之一。创意是文化产业的灵魂，而人才是这个灵魂的载体，贵州尚缺乏一支现代文化产业人才队伍，尤其是既懂文化又懂经营管理的高端人才。当前从事文化产业的经营管理人员，普遍缺乏经济管理与市场运营经验，往往按传统方式运作产业，造成市场执行力低下。另外在构建产业发展的相关人才，如策划师、咨询师、金融师、广告师、规划师、经纪人、设计师等非常缺乏，既懂文化又懂经营管理和资本市场运作的复合型人才更加缺乏。

（六）园区与基地建设缓慢

目前，贵州文化产业园区建设从时间上看，"十二五"时间已经过半，但完成园区、基地建设的任务还未过半，一些地方、部门的欠账较多，进展不平衡。在规划编制方面，有的已完成规划编制，但没有按要求报送省文改文产办，如贵州文化出版产业园等；有的没有专项规划，用其他规划代替文化产业园区规划，如中国（遵义）酒文化产业园；有的规划文化内涵有待提升，如修文阳明文化产业园。在建设进度方面，省文化厅负责实施的贵州文化广场因拆迁工作难度大和投资需要资金大，土地招拍挂方案需要大量协调工作，导致进展较慢；省新闻出版局负责实施的贵州现代文化创意与数字出版产业基地由于项目选址发生改变，正在重新选址；中国（遵义）长征文化博览园因投资主体变更为遵义红旅集团，正在进行规划调整、编制等工作；黔南州负责实施的平塘国际射电天文科普文化园，因射电望远镜项目贵州省配套设施建设总体规划2012年底才完成审批，建设进度受到一定影响，目前正在进行园区规划编制团队邀标竞争性谈判；中国（凯里）民族文化产业园统筹协调力度不够，"一园多点"进展不平衡。在招商引资方面，多数开工建设和待开工建设项目，资金到位情况较好，但也有少部分投资主体实际到位资金较少，资金到位情况差距较大，极少数还在开展前期工作，投资主体尚未落实。在管理运营方面，已建成投入使用的园区、基地，总体上存在运营管理人才缺乏、发展思路不明晰、公共服务不完善等问题。如贵州（凯里）民族民间工艺品交易基地缺乏公共服务平台，产业配套有待完善；黔西南民族文化产业园以商招商缺乏更有吸引力的政策，园区人气集聚不够；贵阳数字内容产业园对公共服务平台建设的力度还不够大等。

三、2014 文化产业发展趋势

预计 2014 年贵州省文化产业增加值将达到 280 亿元左右，增长速度为 30%左右。总体来看，2014 年贵州省文化产业发展仍将保持高速增长。具体来看，贵州省文化产业发展的基本趋势如下。

（一）文化产业市场化程度进一步提高

2014 年，在《中共中央关于全面深化改革若干重大问题的决定》的指引下，文化产业结构持续调整，政府部门将重点支持文化、科技等领域，一批企业逐步壮大。已经转企改制的文化企业进一步扩大市场化竞争的成果；传统文化企业在一段时间内适应新的商业模式、转型发展和市场化发展的要求，文化产品市场竞争格局将初步形成。

贵州省文化企业的市场化程度和竞争程度将会更高。

（二）文化产业集聚化的程度进一步提高

近年来，在各地、各部门的有力推动下，园区（基地）的规划建设呈加快发展的态势。以"十大文化产业园区"和"十大文化产业基地"为代表的重大工程和项目建设有序推进，贵州文化产业发展环境和条件得到有效改善，文化产业聚集化发展程度进一步提高。

（三）文化与旅游结合更加紧密

文化与旅游产业的融合将是 2014 年的亮点。贵州省人民政府 2014 年发布了《关于深化旅游改革开放　加快旅游业转型发展的若干意见》，提出把贵州省建成具有全国示范效应的文化旅游发展创新区，成为世界知名、国内一流的旅游目的地、休闲度假胜地，将会把文化旅游发展推向新的高潮。

（四）区域文化产业发展更加活跃

2014 年是各市、州把文化产业培育成国民经济的重要支柱产业的关键的一年，各市、州要根据区域规划和产业规划制订和调整实施计划和措施，将会进一步推动区域文化产业发展。具体来看：一是贵阳市文化产业进入良性发展轨道。通过近几年来的多方努力，国家级文化科技融合示范基地、文化旅游发展创新区和文化产业园建设有序推进，这一地区文化产业的发展继续保持领先地位。二是遵义市文化产业有着更大的发展空间。遵义市经济基础好，基础设施比较完善，当地居民的文化消费意识比较强，文化产业发展迅速。随着文化产业集团、文化产业园区建设和文化产业示范企业培育等方面的快速发展,该地区面对省内外的巨大市场,有着更大的发展空间。三是黔东南州、黔南州、黔西南州打造具有国际影响的原生态民族文化旅游区。近年来,随着省内基础设施的改善,使得"三州"与外界的文化交流合作变得便捷。民族民间文化、自然景观和生态环境资源等特殊的文化资源将成为这一区域的优势所在。四是安顺市、毕节市、铜仁市、六盘水市文化产业也将得到较快发展。

四、对策与建议

(一) 加大文化产业发展政策支持

1. 加大财政投入力度

一是大幅增加省、市级文化产业发展专项资金规模,探索设立县级文化产业发展专项资金,加快设立统计和研究类专项资金,积极争取中央文产专项资金。二是继续采取贴息、补助等传统财政支持模式,积极探索与现代金融工具结合的财政担保模式。三是明确并提高国家级、省级、市级园区(基地)和重点文化企业贴息比率。四是扩大补助范围,提高对公益性演出的补助。五是设立文化奖项,以表彰奖励有突出贡献的优秀文化人才。

2. 继续实施税收扶持政策

一是研究制定新的《文化体制改革和支持文化企业发展税收政策》。二是在文化产业园区(基地)内新办文化企业,可享受税收减免优惠政策。三是对单位和个人从事文化产业技术转让、技术开发业务和与之相关的技术咨询、技术服务取得的收入,减免营业税。四是高等学校、科研机构服务于文化产业的技术转让、技术开发、技术咨询和技术服务所取得的技术性服务收入,减免所得税。

3. 加大金融支持

一是加强金融产品和服务方式的创新力度,结合贵州省文化企业运营方式和特点,转变以机器设备、厂房等有形资产为抵押品的传统担保思路,积极尝试应收账款、股权、专利权、商标权、电影制作权、著作权、版权等无形资产质押贷款,合理确定贷款期限,丰富融资品种,解决文化产业普遍缺失抵(质)押物的问题。二是综合运用多种货币政策工具,建立金融支持文化产业发展的正向激励机制。运用再贷款、再贴现等政策工具,为支持文化产业发展的金融机构及时提供充足的流动性支持；继续对符合条件的农村信用社执行差别存款准备金率，增加农村信用社支持文化产业发展的可用资金；继续对符合条件的民贸企业给予贷款贴息，支持民族文化企业发展，保护民族文化资源。三是完善信贷政策导向效果评估工作，提高金融机构支持文化产业的积极性。在信贷政策导向效果评估中设立金融支持文化的信贷评估指标，引导金融机构加大对纳入《文化产业投资指导目录》中"鼓励类"文化产业项目的支持力度。四是引导金融机构加大对全省文化产业重大工程和重点项目的支持力度。五是积极支持文化企业通过银行间市场融资，拓宽文化企业融资渠道。利用政银企沟通平台、举办专场推介会和各种媒体专题报道等方式，加大对超短期融资券、短期融资券、中期票据和中小企业集合票据等直接融资工具的推介和宣传力度，支持符合条件的文化企业通过发行企业债、集合债和公司债等方式进行融资❶。

4. 实行土地扶持政策

对重点扶持的文化产业，实施优惠供地和优先供地政策。将文化设施建设用地纳入土地利用总体规划和年度计划，对重点文化产业集聚区（基地、园区和实验区）、重大文化项目以及优势文化企业在土地供应方面予以优先支持。

5. 突出扶持重点文化产业园区和项目建设

对省级重点文化工程的项目，给予土地配置和土地出让优惠政策。重点文化工程建设应交的各项税费比照省重点建设项目的相关政策予以减免。各级政府根据具体情况安排一定项目经费，金融部门增加信贷投入。政府及各有关部门要在立项、报建、用地手续及配套建设、业务等方面给予大力支持，并依法保护项目业主的合法权益。

（二）推进文化创意和设计服务与相关产业融合

一是加强创意、设计知识产权保护，健全激励机制，推进产学研用结合，活跃知识产权交易，为保护和鼓励创新、更好实现创意和设计成果价值营造良好环境。二是实施文化创意和设计服务人才扶持计划，支持学历教育与职业培训并举、创意设计与经营管理结合的人才培养新模式，让更多人才脱颖而出。三是以市场为主导，鼓励创意、设计类中小微企业成长，引导民

---

❶ 刘爽、靳斯蔚. 金融机构加大力度支持我省文化产业建设. http：//www. gog. com. cn，金黔在线—贵州日报。

间资本投资文化创意、设计服务领域，设立创意中心、设计中心。四是突出绿色和节能环保导向，通过完善标准、加大政府采购力度等方式加强引导，推动更多绿色、节能环保的创意设计转化为产品。五是完善相关扶持政策和金融服务，用好文化产业发展专项资金，促进文化创意和设计服务蓬勃发展。

（三）进一步推进文化产业发展机制与体制创新

一是要充分发挥市场公平性作用，完善各类市场主体平等竞争的体制机制。各类市场主体，无论是国企还是民企、大企业还是小企业、内资还是外资，都拥有同等国民待遇，都是在市场机制作用下公平资源配置的，不能区别对待。二是合理构建适合贵州省情的文化企业市场准入和退出机制。在文化企业市场准入方面，在注册资金、工商登记、非货币财产作价入股等方面要降低准入门槛，支持有从事文化产业运营需求的企业进入该领域，形成大中小文化企业协调发展的格局。同时，推进文化企业退出机制的完善，利用退出倒逼机制激发各类文化企业提高产品和服务质量，增强核心竞争力。三是推动各类文化企业向混合所有制发展。各类文化企业可以混合投资，可以占大股，也可以占小股；可以引入民营企业、外资企业入股，也可以吸引基金投入。四是推进政府相关部门职能转变。实现政企分开、政事分开、管办分离。要最大限度地简政放权，最大限度强化服务，做到"有限"管理和"无限"服务，为文化企业发展营造优良的环境。

（四）优化整合文化产业人才资源

一是推出"贵州文化产业人才培养计划"。以贵州省教育厅为主，联合其他相关部门以及相关企业，推出"贵州文化产业人才培养计划"，面向贵州文化产业实际需求，提升人才素质。二是建立"贵州文化产业研究院"。组织学术与教育资源，建立"贵州文化产业研究院"，为贵州文化产业发展提供理论研究、人才培育、项目辅导推广与评审等方面的服务。三是加强文化创意人才交流和引进。资助省内优秀创意设计和经营人才到国外强化学习，培养具有国际意识的创意与经营管理人才。鼓励引进高端人才，奖励聘用海内外高层次文化产业管理人才、创意人才和营销经纪人才的文化企业。四是加强成熟型文化产业人才引进工作。加大力度，创造条件，重点引进既懂现代市场经济又懂文化艺术的"成熟型"文化产业经营、创意策划、文化经纪人才，引进和培养既掌握现代信息技术又了解市场需求的新媒体、新业态经营人才，培养大批创意设计、工艺制作人才，为贵州文化产业的可持续发展提供不竭的源泉。五是加快建立行业人才信息库。文化产业主管部门按照各行业管理范围，负责本级人才库的建立、调整和补充工作。加强对行业高层次、高技能人才的统一管理，实现资源共享。

专题研究篇

贵州文化产业跨越发展的路径研究

中共贵州省委宣传部课题组[*]

摘　要

　　本文针对贵州文化产业在全国处于落后地位的严峻现实，分析了贵州文化产业实现跨越发展的基本条件和机遇，提出贵州文化产业要实现跨越发展必须走出一条以改革创新为动力，以品牌建设为引领，以文化与旅游及相关产业融合发展为特色的欠发达地区文化产业跨越发展之路。同时，要着力抓好重大项目、精品品牌、文化产品"走出去"等方面的主要任务，在行政管理体制改革、相关政策、市场主体培育、人才培养等方面做好保障。

关键词

　　文化产业　跨越发展　路径

　　文化产业对贵州经济社会的协调发展和同步建设全面小康具有重要意义，但贵州面临着文化产业在全国处于落后地位的严峻现实，必须以党的"十八大"精神为指引，贯彻中央要求，立足贵州实际，把握文化产业发展规律，发挥贵州特色文化资源的比较优势，坚持文化自觉自信，走出一条以改革创新为动力，以品牌建设为引领，以文化与旅游及相关产业融合发展为特色的欠发达地区文化产业跨越发展之路。

---

　　* 课题组负责人：袁华、金颖若（贵州大学），课题组成员：卯涛、吕波、曾芸（贵州大学）、刘彩清（贵州大学）。

一、贵州文化产业跨越发展的意义和目标要求

（一）必要性和紧迫性

为了全面落实经济建设、政治建设、文化建设、社会建设、生态文明建设"五位一体"总体布局，实现新型工业化、城镇化、农业现代化以及与全国同步小康的总目标，必须大力发展兼有文化性和经济性、具有价值观载体功能的文化产业。大力发展文化产业，是优化产业结构的重要举措，能够助力生态文明建设，实现可持续发展；是文化传承创新的有效途径，能够满足人民群众越来越旺盛的精神需求，推动社会主义文化大发展大繁荣；是建设和谐社会的重要内容，能够促进经济社会全面发展。

近年来，贵州省通过不懈努力，文化产业呈现加速发展的良好态势，但由于基础差、底子薄、起步晚，贵州文化产业总体上仍然小散弱，在全国处于落后位置。据统计，2011 年贵州省文化产业增加值 140.23 亿元，比上年增加 28.02 亿元，增长 24.97%；全省文化产业增加值占 GDP 的比重为 2.46%，比上年增加 0.02 个百分点。同期，全国文化产业增加值 13479 亿元，占 GDP 的比重为 2.85%。贵州文化产业增加值约占全国总量的 1.04%，而贵州全省生产总值约占全国国内生产总值的 1.21%，贵州文化产业与全国的差距比经济总量的差距更大。

文化产业通常要到工业化的较高级阶段才具备比较充分的发展条件，而贵州目前尚处于工业化的初期，且文化产业发展水平低于全国平均水平，文化教育的落后是制约全省全面小康的重要因素。在这样的基础上，要与全国同步达到文化产业成为国民经济支柱产业的目标，任务十分艰巨。面对文化产业薄弱的现状，贵州必须迎难而上，积极探索贵州文化产业的特色发展路径，全力推动跨越。贵州文化产业实现跨越发展，无论是对贵州还是对全国都具有特殊重要意义。对贵州而言，文化产业跨越发展的特殊意义表现在：一是推动多民族多样性文化的传承，实现文化自身健康发展；二是创造可持续的新的经济增长点，提升经济发展质量，转变发展方式；三是提高生活品质，促进人的全面发展，保障全面小康的真正实现；四是建设精神高地，提升软实力，根本改变贵州形象。从全国来看，贵州文化产业跨越发展的重要意义在于：缩小贵州经济社会发展与全国平均水平的差距，不拖全国同步小康的后腿，保障国家的繁荣昌盛。

（二）目标要求

1. 主要指标

实现文化产业跨越发展的基本要求，就是要推动文化产业成为国民经济的支柱产业。按照一般标准，增加值在 GDP 中占比不低于 5% 的产业才能称为支柱产业。这也是国发〔2012〕2 号文件对贵州的要求和省委、省政府确立的目标，达到这个目标的时限是"十二五"末期。

文化产业发展关键指标：到 2015 年，全省文化产业增加值达到 500 亿元（按全省地区生产总值 10000 亿元计算），占 GDP 的比重不低于 5%；5 年中增加值年平均增长率接近 29%，超过全国文化产业的增长速度，也超过全省地区生产总值的增长速度。

省委、省政府《关于以县为单位开展同步小康创建活动的实施意见》提出，到 2020 年，各县文化产业增加值占 GDP 的比重不低于 4%，这是对各县的最低要求。对全省来说，仍然要在 2015 年达到 5%，到 2020 年，全省文化产业增加值占 GDP 的比重超过全国水平。否则就谈不上跨越发展。

2. 产业内涵

为支持达到上述指标，全省文化产业还需达到以下要求，具备支柱产业的应有内涵：一是建成一批文化产业基地和特色文化产业群，涌现一批有特色、有实力、有竞争力的骨干文化企业；二是形成一批有全国影响，能"走出去"的文化产品以及文化品牌，基本建立文化产品特色鲜明、产业链条完整、市场要素配置合理的文化产业体系；三是初步形成包含法规、政策、人才、产业服务平台等要素的发展支持保障体系；四是走出一条特色民族文化与旅游、科技及相关产业融合发展的新路子，建成具有全国示范效应的文化旅游发展创新区。

二、贵州文化产业跨越发展的条件

贵州文化产业正在完成初级阶段的发展，形成自己的鲜明特色和发展模式，迎来跨越发展的"爆发期"。随着资源优势进一步转化为产业优势和经济优势，必将推动传统文化产业持续健康发展，新兴文化产业逐步壮大，做大做强贵州文化产业。

（一）产业基础与发展机遇

1. 保护相对较好的生态环境和多样性文化

贵州是一片神奇的家园，是多民族文化的原生态净土，发展文化产业有着得天独厚的资源优势，并且已具备了一定的产业开发基础。表现在以下方面。

一是世界性的文化多样性宝库。多民族地区与欠发达的社会历史背景，山地的阻隔和交通的不便，使贵州保留了弥足珍贵的多样性的原生态民族民间文化。少数民族人口占全省人口近 40%，留下了数量丰富、形态多样的文化遗产，较少受到全球化、城市化的影响，是世界文化多样性的一个经典标本，成为现代人和艺术家寻梦的后现代生态家园。多样性的民族民间文化为文化产业的发展提供了文化产品内容素材和创意元素，是文化产业取之不尽的创意资源宝库，是贵州发展文化产业最具核心竞争力的资源。

二是独特的自然景观和良好的生态环境。贵州典型的喀斯特地貌和丹霞地貌、宜人的海拔和气候、珍贵的地质遗址、繁多的生物种类，是当今世界日益稀缺的自然资源，构成了文化旅游的对象和文化产业发展的依托环境。低碳经济是世界最重要的未来产业发展趋势，贵州保护较好的自然生态环境非常适宜发展低碳经济，这为文化产业的发展构建了良好的基础。气候变暖带来了巨大的全球性困境，而贵州成为危机中的受益者。其气候资源禀赋的价值，特别是对于周边夏季高热城市避暑开发利用的价值迅速提升，成为旅游、休闲、会展、养生的天然条件。

三是深厚的历史文化。贵州具有地域特色突出的历史文化，如史前文明、夜郎文化、土司文化、屯堡文化、阳明文化，特别是对中国革命产生重要影响的长征文化，距今天最近的工业遗产——三线文化，是贵州文化产业可资利用的优质资源。这些珍贵的文化产业资源，构成独特的原生态自然环境和社会文化环境，契合后工业社会信息和知识经济时代的发展需求。

2. 快速改善的基础设施

近年，随着快速铁路和高速公路的建设，以交通为重点的基础设施状况正在发生根本性改变，人员、物资流通的瓶颈逐渐被打破，贵州将一改千年封闭的状况，迎接全面走出大山的新的历史时期和发展阶段。贵州省是西南地区连接珠三角、长三角和东盟地区的重要通道，近几年来陆续实施了贵广高速铁路、成贵高速铁路、贵广高速公路和厦蓉高速公路等重大项目。未来 5~10年，贵州将建成贵广、渝黔、成贵、沪昆客运专线等 10 条快速铁路，形成"一环十射"铁路网络，贵州的区位关系在新的交通格局中将得到极大改善，为文化产业发展提供重要支撑。

3. 社会各界的关注和政策的支持

从贵州省委、省政府的动员和切实行动，各地政府的热情参与和行动，到民众的广泛支持和参与，都显示出当前发展文化产业，在社会各界已形成高度的共识。中央高度重视文化产业发展，将其纳入经济社会发展总体规划，明确提出要推动文化产业成为国民经济支柱型产业。为实现贵州省建设成全国文化旅游发展创新区的战略定位，中央从财税、投资、人才等方面明确了许多支持贵州发展的优惠政策，为贵州省文化产业加快发展提供了重要的政策保障。贵州省为培育市场主体，积极改善文化企业融资难问题，由中共贵州省委宣传部等九部门下发了《关于印发〈关于金融支持贵州省文化产业振兴和发展繁荣的实施意见〉的通知》。此外，贵州省文化产业发展基金正式运作。

4. 文化产业与旅游业出现全面融合态势

2011年，贵州省文化旅游增加值占全省文化产业增加值的比重为28.94%，占全省GDP的比重为0.71%。贵州省文化资源丰富，借助旅游发展壮大文化产业成为贵州省文化产业实现跨越式发展的必然选择。贵州省文化产业与旅游业的发展紧密结合，通过文化产业发展提升旅游业内涵的同时，重视旅游业发展而形成的外来消费市场，为文化产业相关产品的发展搭建了一个良好的市场平台。在缺乏引资情况下，充分利用景区品牌辐射带动效应，实现相关产业的空间聚集，增强产业之间的关联度，构筑合理的文化产业链。

5. 文化产业成为新的投资热点

大量资本和人力资源涌入文化领域，一些长期从事金融、矿业、地产等领域的大企业开始将目光投向文化产业，这对文化产业发展产生有力的推动。例如，贵州省首家房地产类上市公司中天城投，现已投资15亿元打造贵州歌剧院和IMAX影城，作为贵州文化产业巨核的先发引擎，在改变贵州文化消费和交流格局的同时，也构筑起最本土又最国际化的文化高地。

（二）存在的问题

贵州省文化产业发展在基础建设、品牌打造、项目实施、文化体制改革、民营文化企业培育、产业园区建设等方面呈现出良好发展势头，但仍有一些问题制约了发展的速度和质量。

1. 文化管理体制机制尚未理顺

条块分割严重，区域协作水平低，各自为战，部门主导下的行业分割也十分严重，亟须行业间和部门间的整合。推进文化产业发展的组织管理不到位，协调推进机制亟待建立，文化产业的深入发展必须突破现有条块分割的制度限制，建立跨文化、科技和经济乃至教育部门的协调推进机制，推进产业融合与升级。尚未建立推动文化产业发展、培育市场、实现转化的公共服务平台，对新创中小企业、民营企业的支持力度需进一步加强。政策支持体系力度不够，政策支持集中在减轻企业负担和转制成本上，缺乏对形成生产力、强化竞争力、提升创意能力的政策支持。

2. 文化产业专业人才匮乏

贵州已有一批主要从事文化研究的学者，并在整理贵州传统文化资源上有丰厚积累，但对文化产业的产业运营、操作和管理、高科技基础方面的新知识与新技能以及投融资能力比较缺乏。目前从事文化产业的管理人员主要是宣传文化系统人员，缺乏经济管理与市场运营经验，往往是按照管事业的方式管产业，存在相应缺陷，造成市场执行力低下。贵州文化产业领域缺乏建构产业发展平台的公共服务相关人才，如策划师、咨询师、金融师、广告师、规划师、经纪人等；缺乏现代高科技特别是新媒体技术传播策划运营人才；缺乏文化艺术现代创意性原创人才，如设计师、工艺师、艺术家、作家等；缺乏复合型人才和复合型团队；缺乏一批文化素养较高且又懂经济、懂市场、懂经营、懂资本运作的人才等。

3. 文化产业投融资难

贵州省文化企业规模偏小，转制企业尚未完全成为合格市场主体，融资能力偏弱，缺乏在资本市场中承担投融资风险的意识和风险控制能力。文化企业无形资产比重较大，可抵押实物资产不足，融资渠道比一般企业更为不畅。缺乏金融公共服务平台，以及多元化的文化产业投融资渠道，未能对文化企业无形资产进行评估。缺乏金融机构与文化企业联合探索的新型服务性融资模式和金融产品。

4. 与相关产业融合的范围和深度不够

文化元素还没有充分被挖掘，文化产业链条还不完整，过于单一，缺乏横向竖向交叉的网结式发展。文化产业与传统产业之间，甚至文化行业内部之间还没有得到较好的渗透融合发展。文化产业与相关产业的融合，主要集中在文化旅游和一部分附加值不高的民族民间工艺品方面，未能充分发挥集聚优势和联动效应。文化产业链还未延伸渗透到各行业，如制造业、餐饮业、建筑业、医药业等。

三、贵州文化产业跨越发展的路径

由于产业基础、经济社会条件和本地需求相对不足等原因，贵州某一文化产业单项行业的发展同周边省份以及全国一般情况相比不占据优势。贵州文化产业跨越发展的路径，就是要以改革创新为动力，以品牌建设为引领，大力实施文化与旅游及相关产业融合发展战略，走一条不同于东部发达省市、适合贵州省情和贵州发展阶段的具有贵州特色的发展道路。

文化产业与国民经济各个产业部门正在发生普遍的融合，并形成良好的互动关系。文化行业内部之间、文化产业与传统产业之间的渗透融合发展，既能提升产业的经济效益，又能彰显文化的社会效应。在今后一段时间，贵州文化产业要坚持实施融合发展战略，发挥贵州历史文化、民族文化、红色文化、生态文化等资源丰富的优势，大力推动贵州文化与旅游、科技、公共文化服务以及新型工业化、特色产业、城镇化等相关领域融合发展。尤其是大力发展多民族文化旅游产业和生态文化旅游产业，充分彰显贵州文化产业的特色和核心竞争优势。

实施融合发展战略，应坚持中心突出、多业共荣，越界发展、跨省竞合，通过充实文化内涵提升传统产业附加值，推动产业结构全面升级，完成贵州第三产业的高端化替代。以完整产业链的打造为着眼点，通过对高科技创新、文化创意的运用，形成新型产业业态和商业发展模式。

四、贵州文化产业跨越发展的主要任务

（一）着力抓好一批融合发展的重大项目

尽快建成一批融合发展的重大文化项目，产出核心文化产品，发挥骨干和示范作用。

1. 与旅游融合发展

坚持以多民族文化与旅游融合发展为核心，以探索文化旅游发展路径创新为重点，加快推动文化旅游发展创新区建设，大力培育、不断做大做强做优具有比较优势的特色文化旅游产业，把贵州省建成具有全国示范效应的文化旅游发展创新区，成为世界知名、国内一流的旅游目的地、休闲度假胜地。

通过积极探索、示范推进，力争到 2015 年，打造 10 个左右具有较强带动性的文化旅游发展创新区示范点，形成一批具有国际竞争力的文化旅游产品，

初步建立文化旅游产品特色鲜明、产业链条完整、市场要素配置良好的文化旅游产业体系，形成制度化的文化旅游持续创新体系，使文化旅游生产力和文化旅游产业核心竞争力得到显著提升。

2. 借助科技手段创新发展

以国有文化企业集团为重点，运用科技手段，推动传统文化产业的流程再造，创新产品和业态。

打造新媒体集群：应对传统媒体逐渐萎缩的大趋势，紧盯建立在移动互联网基础上的即时、移动、互动媒体，改变省内目前新媒体内容依赖于纸媒的做法，创新内容生产方式，依托具有内容优势的几大国有改制传媒集团，打造贵州新媒体集群。

加快推动出版数字化转型和数字印刷：用数字化手段改造传统出版业，利用传统出版业积累的宝贵内容资源，开发新的数字出版渠道。引进数字化印刷技术，通过园区进行产业聚集，大力发展数字印刷。

基于三网融合的内容分发与共享："三网"在向宽带通信网、数字电视网、下一代互联网演进过程中，技术功能趋于一致，业务范围趋于相同，业务应用必然走向融合。而由于部门利益之争，三网融合在我国进展并不顺利。贵州省相对远离利益核心，如能强力推进三网融合，将会在体制机制创新、关键技术和设备制造、内容生产、商业模式上走在行业前列，真正实现跨越发展而不是跟踪追赶。

开发数字化文化旅游新产品：基于文化创意和现代数字技术，提升和更新风景区、主题公园、演艺、节庆、工艺、会展等传统文化旅游产品，开发全新的虚拟与在线相结合的文化旅游产品。

专栏1　文化科技融合重点项目（部分）

序号	项目名称
1	数字化传媒综合平台
2	数字媒体复合出版平台
3	贵州文化出版产业园
4	贵阳数字内容产业园
5	贵州日报印务传媒研发基地
6	贵州现代文化创意与数字出版产业基地
7	贵州广电家有购物集团电子商务文化产业基地

3. 与公共文化服务体系建设融合发展

文化产业和公共文化服务水乳交融,公共文化服务培育基本的文化需求,文化产品由于其价值观载体特性必然要承担公共文化服务的职责;二者可以共享人员、设施等社会资源,公共文化服务的实现需要借助产业化的手段,同时又要为文化产业的发展提供公共服务,文化产业能够提高公共文化服务的能力。

全省正处于一个空前的高速城镇化浪潮中,旧城的改造、新城的建设给文化基础设施的改善带来了极大机遇,国家对文化设施的投入力度前所未有,各地都在规划建设一批大型公共文化设施,建设四级公共文化服务体系。在保障公共文化设施公益性的前提下,与经营性相结合,能够在很大程度上解决文化产业发展基础设施欠缺的难题,为文化产业的发展创造基本的物质条件。要通过规划,在各市州集中建设一批博物馆、图书馆、文化馆、科技馆等公共文化设施项目,并使之与文化产业融合,促进功能互补。

4. 与文化遗产保护传承融合发展

大力推动文化遗产保护传承与合理利用,将产业发展与文化遗产保护传承结合起来,通过生产性保护,增强遗产保护传承的动力和能力,发展遗产经济。依托历史文化名城或其他城市的历史文化街区、国家级和省级历史文化名镇等古镇和特色城镇、国家历史文化名村、大型文物保护单位等,建设集文化体验旅游、古玩和艺术品工艺品生产销售、影视拍摄等于一体的文化旅游产业集聚区,建设主要面向旅游市场的传统工艺产业园区。

5. 与城镇化融合发展

为满足广大人民群众日益增长的精神文化需求,在城镇化进程中,不同的城市建设都要安排文化设施,具备文化功能,体现文化特色,挖掘提升城市文化内涵,尤其是在省"5个100"工程的100个城市综合体和100个特色小城市的建设过程中,更要注重推动与文化产业的融合发展,挖掘核心吸引力,打造自身主要产业业态。要根据不同城镇特色,规划实施项目,如完善提升城市功能的会议展览中心、与商贸结合的文化旅游城市综合体、与演艺娱乐结合的都市文化产业集聚区、数字多厅影视城、特色文化街区、文化产业创意园等等,挖掘城镇群众文化消费能力和潜力。

6. 与贵州特色产业融合发展

白酒、茶、民族医药、特色食品、手工艺品等特色产业具有浓郁的地域性和民族性,被誉为贵州的"名片"。建设一批工艺品和旅游商品研发、生产、交易基地，建设一批与"名片"展示体验相结合的特色产业园区，进一步充实"名片"产品的文化内涵，创意研发具有时代感的新产品，提升文化附加值，通过特色产品的输出，传播贵州文化。

专栏 2　文化与特色产业融合重点项目（部分）

序号	项目名称
1	中国（遵义）酒文化产业园
2	铜仁玉屏箫笛研发生产基地
3	贵州（贵阳）民族民间工艺品交易基地
4	贵州（凯里）民族民间工艺品交易基地
5	黔北绿茶基地
6	民族医药体验基地

7. 与工业化融合发展

文具、玩具、体育用品、旅游用品、家居用品、服装等生活用品文化体验性强，创意设计成分重，大力承接东部地区由于成本上升而需要转移的这些轻工产业，大力开展创意设计，提升这些传统产业，形成国家新的轻工产品加工区。

鼓励承接印刷、软件、动漫制作、手工艺品加工等文化产品外包生产，发挥低成本优势，借船出海。

（二）打造精品品牌

坚持把文化精品生产作为中心环节，切实加强对文化产品创作生产的引导，确立精品意识，全面提高全省文化产品质量，切实推进文化产品的创新和强化品牌的原创性，增强新产品的开发能力和品牌创建能力，努力推出更多思想深刻、艺术精湛、内容精深，符合人民需求和时代需要的精品力作。

进一步做大做强做优多彩贵州品牌：过去，贵州文化一直存在内部认同感、自信心不强，外部认知度、美誉度不高的问题。塑造正面文化形象，建设高认可度的文化品牌，是汇聚内外正能量的重要手段。2005 年，贵州省委、省政府提出"多彩贵州"文化品牌，并进行了确定核心价值、形成知识产权、规范商标管理、引导授权使用等与产业结合的一系列品牌建设活动。目前，多彩贵州品牌对与核心价值关系紧密的演艺、主题公园、工艺品、文化旅游网站、酒、茶、酒店等十余个行业、十八家企业进行了商标授权，拉动投资在四十亿元以上，初步形成特色文化产业集群和多彩贵州品牌大家族。要进一步加强多彩贵州品牌集约化经营与发展，建设多彩贵州品牌研发基地，搭建多彩贵州文化研究、多彩贵州特色文化产业孵化和培育、多彩贵州文化展示和宣传、多彩贵州文化培训和交流四大平台，探索打造多彩贵州的品牌总部，继续提升多彩贵州的品牌价值。

建设品牌集群：以"多彩贵州"品牌为引领，坚持走"开展公益性活动培育品牌与市场化运作推广品牌"的路径，使其充分发挥辐射带动作用，推出一批不同地区、不同行业领域的文化精品和品牌，建设品牌集群。重点扶持民族个性鲜明、地域特色突出、技术含量高、附加值高、社会需求广阔、能形成较长产业链的文化品牌。

专栏3　品牌建设重点项目（部分）

序号	项目名称
1	"多彩贵州"品牌研发基地建设
2	爽爽贵阳
3	转折之城
4	中国凉都
5	中国瀑乡
6	洞天湖地花海鹤乡
7	梵天净土
8	水墨金州
9	仰阿莎
10	好花红
11	金海雪山

（三）推动文化产品"走出去"

建立"走出去"平台和机制：整合资源，搭建技术交易支撑平台、文化创意产品展示交易平台、共享信息通信网络平台、人才交流平台等公共性服务平台，充分利用"多彩贵州文化季""深圳文博会"等既有展示、交流、推广平台。推动贵州义化产业全方位、宽领域和多层次的对外交流与合作，枳极参与或主办国际性书展、节展期间的文化论坛和活动等，拓展民间交流合作领域，鼓励表演团体、民间组织、民营企业和个人从事对外文化交流，鼓励和扶持专业艺术、民族艺术、少儿艺术等团体赴国外演出，充分利用境外媒体加大对贵州历史文化和民族文化的宣传力度，增进世界对贵州的了解，提升贵州的文化知名度和影响力。把文化"走出去"工作与外贸、科技、旅游、体育等工作结合起来，把展演、展映和产品销售结合起来，充分调动各方面力量，形成对外文化交流的合力。重点把具有浓厚地方特色的文化门类和文化精品推向全国、推向世界，推动文化艺术、演出展览、出版物、动漫游戏、民族音乐舞蹈和杂技等项目先行走出去。鼓励文化企业通过独资、合资、合作、控股参股、收购兼并、技术转让等多种形式，在境外兴办新闻出版、广播影视、展览和演艺等文化实体。

培育外向型文化企业：将外向型文化企业作为文化走出去的载体，通过奖励"走出去"的文化服务和产品，扶持涉外演出公司、工艺品进出口公司、版权贸易公司、具有海外市场招徕能力的旅行社、营业范围涉及境外的电子商务企业、软件动漫设计等承接境外订单的外包企业，使贵州省文化产品和服务一步步走出去。

五、贵州文化产业跨越发展的保障措施

以文化改革发展为契机，大胆探索、打破桎梏，为贵州省文化产业实现跨越发展创造更为开放、宽松的政策环境，提供更加有力的支撑保障。

（一）推动行政管理体制改革和职能转变

进一步深化体制改革，破除阻碍文化产业及相关产业协同发展的各种障碍、壁垒，激发社会参与文化产业发展的积极性和创造的活力。

创新文化产业管理体制，采取"政府管"和"社会办"的双轨制。一方面放松管制，加快市场开放的速度，鼓励民间资本兴办文化企业以及加快国有经营性文化机构的转企改制，生产和提供更多价格低廉、适销对路的文化产品和服务。另一方面，加快公共文化服务体系建设，加大财政拨款以购买公共文化服务产品，弥补部分群众基本消费需要的不足。

对文化体制改革过程中所涉及的国有文化资产的配置可采取授权经营的模式，建立授权者、监管者和经营者责权分明的新型关系，构建董事会的运作规则体系，实现资产的增值和对文化产业的推进作用。

（二）加强相关政策的支持

充分发挥文化产业领导协调部门的功能，促进文化产业与相关产业的融

通，制订融合产业标准与技术标准等。

安排文化产业发展专项资金，对重点文化产业集聚区的基础设施与产业发展平台予以大力支持。落实并采取贷款贴息、项目补贴、政府重点采购、后期赎买和后期奖励等方式，对符合融合发展支持方向，有较好发展前景的文化产品、服务项目予以资金扶持。

在文化产业集聚区内新办文化企业，被认定为高新技术支持的文化企业，可享受税收减免优惠政策；对单位和个人从事文化产业技术转让、技术开发业务和与之相关的技术咨询、技术服务取得的收入，减免营业税；高等学校、科研机构服务于文化产业的技术转让、技术开发、技术咨询和技术服务所取得的技术性服务收入，减免所得税。

（三）培育壮大市场主体

培育骨干文化企业：实施跨地区、跨行业、跨所有制兼并重组，超常规经济、行政手段打造全媒体、全产业链龙头骨干国有文化企业。扶持原事业单位改制的国有文化企业，依托其智力资源和在国有资本基础上完成的初始积累，充分利用国家政策对内容生产市场准入的规定，行政推动和市场规律相结合，整合组建跨地区、跨业界的大型文化企业，在内部做到人、财、物的高度融合和产、供、销、品（牌）的统一调配，同时积极吸收社会资本，优化产权结构并完善治理结构，积极培育上市。

鼓励本土优强企业进入文化产业：鼓励本土具有雄厚资本、管理、市场优势的城市建设、轻工、能源、矿产等企业在政策许可范围内进入文化产业领域，鼓励其收购或入股（控股）文化企业以获得专业人才和经验，让资本与内容互相支持。

扶持发展"专、精、特、新"的中小微型文化企业：在工艺品、文化创意和部分文艺创作等不完全适宜社会化大生产的领域，鼓励引导社会民营资本进入文化产业领域，制订有针对性的扶持措施，培育大批具有核心人物、特色突出、产品在业内具有重大影响的中小微型企业，为创意开启充分迸发的空间。

（四）优化整合文化产业人才资源

内部培养与外部引进相结合，优化整合文化产业人才资源。

推出"贵州文化产业人才培养计划"：以贵州省教育厅为主，联合其他相关部门以及相关企业，根据发展需要，推出"贵州文化产业人才培养计划"，面向贵州文化产业实际需求，提升人才素质。划拨专门经费，重点补助相关院校聘请国内外具有实务经验的师资到省内高校授课或指导、规划跨领域跨学科课程，实施产学研一体化的人才融合服务机制。

建立"贵州文化产业研究院"：组织学术与教育资源，建立"贵州文化产业研究院"，为贵州文化产业发展提供理论研究、人才培育、项目辅导推广与评审等方面的服务。

加强文化创意人才交流和引进：资助省内优秀创意设计和经营人才到国外强化学习，培养具有国际意识的创意与经营管理人才。鼓励引进高端人才，奖励聘用海内外高层次文化产业管理人才、创意人才和营销经纪人才的文化企业。

加强成熟型文化产业人才引进工作：加大力度，创造条件，重点引进既懂现代市场经济又懂文化艺术的"成熟型"文化产业经营、创意策划、文化经纪人才，引进和培养既掌握现代信息技术又了解市场需求的新媒体、新业态经营人才，培养大批创意设计、工艺制作人才，为贵州文化产业的可持续发展提供不竭的源泉。

建立行业人才信息库：文化产业主管部门按照各行业管理范围，负责本级人才库的建立、调整和补充工作。加强对行业高层次、高技能人才的统一管理，实现资源共享。

（五）构建文化产业发展公共服务平台

搭建公共文化服务平台：搭建文化产业发展平台，包括综合信息平台、投融资平台、文化产业科技平台、要素交易平台、文化产权交易平台、营销平台、市场中介平台、教育培训平台等，提供文化产业决策支撑服务、文化产业法律服务、文化产业培训服务、文化创意咨询和文化技术服务、文化产品和文化服务宣传推介服务、文化创意成果分享与交易服务、文化创意成果转化推广服务、人才交流服务等，逐渐完善文化产业发展的公共服务。主要采取民办公助的方式，由非营利的社会团体、企业和教育科研机构承担平台职能，各级文化产业管理部门给予定期补助或项目资助，也可与园区或基地综合运营管理机构结合，迅速建立高效能的公共服务平台。

搭建文化产业投融资平台：继续加大对内对外招商引资的力度。不断壮大贵州文化产业发展基金，采取股权投资和其他投资方式，支持文化企业发展。鼓励金融机构针对文化产业轻资产、重创意的特点，开发适配的金融产品。组建文化产业投资担保公司，帮助文化产业企业特别是缺乏抵押、质押的中小微企业以及创意生产个人融资。大力辅导、推动国有及民营文化企业上市融资。

搭建文化企业孵化平台：建设产业园区或基地哺育文化企业：鼓励文化企业入驻文化产业园区、基地：对符合标准的入驻文化企业，在一定年限内，将企业上缴的所得税地方留成部分以奖励的形式全额退还企业。

延长产业链加快形成产业集群：吸引实力较强的文化企业和重点文化项目的企业进入文化产业园区、基地，在此基础上配套引进相关文化生产企业，发挥集聚效益，以产业链高效整合优化产业园区、基地的企业结构，加快形成产业集群。积极探索引进天使投资，各级文化产业管理部门提供项目资助，支持小、微企业和个人创意生产，形成创意、创业的氛围。

支持文化产业中介机构成长：鼓励组建文化经纪代理服务、文化贸易拍卖服务、文化贸易代理服务等文化产业中介机构，以项目资助或业绩奖励方式支持其成长。

（六）扩大文化消费

扩大有效供给：推出更多消费者喜闻乐见的、符合多层次多样性多方面需求的文化产品，扩大有效供给。做好省内不同民族、不同消费档次和消费习惯以及城乡居民的市场细分，特别注意满足城乡低收入人群的文化需求。

培育本地文化需求：由于经济收入、消费倾向等因素的影响，本地文化市场内需不足的问题将长期存在。文化需求的增长，最终要依赖经济的发展。但对文化需求的培育，也能在很大程度上增加文化消费。主要方式包括加强宣传教育，改变人们一些不健康的消费习惯，将消费嗜好从迷信、赌博、大吃大喝等转变到文化消费上来；通过政府补贴、政府采购再免费或低价提供给群众的方式，逐渐养成消费习惯，同时也是对文化企业市场开拓期的扶持。

引进外来文化需求："走出去"是文化产品和服务直接输出的方式，但贵州省文化产品和服务总体上输出竞争力不强。通过旅游，引入省外、国外游客进入省内消费，是文化产品、服务就地输出的方式。在相当长一段时间，游客都是贵州省最重要的文化市场，因此，要面向游客文化旅游需求，不断开拓旅游市场。

（七）加强文化产业发展的组织领导

建立党委统一领导、党政主要领导亲自抓、党委宣传部门协调指导、行政主管部门具体实施、有关部门密切配合、社会力量积极参与的文化产业与相关产业融合发展的领导机制和工作机制。

建立由政府、企业与银行、担保机构等共同组成的联席会议制度，定期研究文化产业与相关产业融合发展的重大问题，研究制定实施办法。

建立工作责任考核机制，明确地方各级党委政府和部门的职责，把文化产业发展作为评价经济水平、衡量发展质量和领导干部工作实绩的重要内容，加强督促检查，把任务落到实处。

国外文化产业发展比较对贵州的启示

罗以洪*

摘 要

越来越多的国家将文化产业作为国家的战略性新兴产业，出台各种产业发展政策促进文化产业快速发展，文化产业已成为各个国家在经济全球化竞争中的重要核心竞争力，其作用和价值也越来越为世界各国所共识。本文通过对英国、美国等6个发达国家文化产业的发展模式、产业政策、发展策略比较，针对目前贵州省文化产业发展现状，提出贵州省文化产业的发展建议。

关键词

文化产业 产业发展经验 中外文化产业比较 贵州文化产业发展

一、引 言

文化产业被视为21世纪的新兴产业，其作用和价值已经越来越为世界各国所共识，文化产业已经成为各个国家在新一轮世界经济竞争中的核心竞争力体现。[1]而我国文化产业发展已初具规模，2012年文化产业（也称作"文化及相关产业"）实现了较快增长，法人单位实现了文化产业增加值18071亿元，比上年增加16.5%，占国民经济的比例也稳步提高，占GDP的比重达到了3.48%，比2011年增加了0.2%；[2]2012年文化产业对国民经济总量增长的贡献是5.5%，成为国民经济的支柱型产业（国民经济支柱型产业的标志是产业

---

* 罗以洪，贵州省社会科学院区域经济研究所副研究员，博士，研究方向：技术创新管理，产业集群、区域经济及生态文明。

创造的增加值占 GDP 比重大于 5%）。

2011 年以来，贵州省文化产业发展一直呈现高速发展状态，其增加值占贵州省 GDP 的比重逐年上升。2011 年贵州省文化产业增加值为 111.18 亿元，占当年 GDP 的比重 1.95%；2012 年文化产业增加值 152.03 亿元，占当年 GDP 的比重 2.22%；2013 年文化产业增加值达到 220 亿元左右，比 2012 年全省文化产业增加值 152.03 亿元增长了 30% 左右，其中文化产业增加值占全省 GDP 的比重接近 3%。贵州为了与全国同步全面建成小康社会，实现贵州的"中国梦"，文化繁荣便成为实现贵州跨越式发展的有力支撑和重要组成部分，文化产业不仅是贵州国民经济发展的新动力，而且是解决生态环境保护和资源开发矛盾的良好途径，是以生态文明为强省战略促进贵州省经济社会又好又快发展的重要体现。虽然贵州省文化产业取得了较大发展，但与全国比较起来无论从规模还是质量上均存在较大差距，贵州文化产业发展还面临艰巨任务。

本文通过对比研究国外文化产业发展模式、政策、策略，了解和认识国外发达资本主义国家文化产业发展的先进经验，结合贵州的省情加以借鉴，提出贵州省文化产业发展中的策略和思路，利用后发优势，推动贵州省文化产业结构优化，不断增强贵州省的民族文化竞争力和提高贵州的文化软实力，实现经济社会的跨越式发展和文化强省的战略目标。

二、国外文化产业发展的主要经验

国外文化产业具有独特的魅力和惊人的发展速度，吸引了全世界的目光，文化产业已经成为许多国家的重要支柱产业，创造了大量的就业机会，在国民经济中占有举足轻重的地位，成为许多国家重要的外汇收入来源，成为世界经济发展的新引擎。美国的传媒业和电影业、韩国的网络游戏业、日本的动漫业、英国的音乐产业、德国的出版业等都已是国际上文化产业的标志性和代表性产业，成为一国综合国力最直观、最具体的反映，[3] 其主要发展经验值得国内文化产业发展借鉴。

（一）文化产业发展模式

各个国家文化产业发展的条件与政策路径不同，因此出现了不同的文化产业发展模式。雷光华（2004）将西方文化产业的发展模式分为四种类型，竞争—保护模式、产业综合模式、集约化经营模式以及特色推动模式。[4] 陈少峰（2012）从产业链的角度来看，将文化产业划分为内容产业、传媒与平台产业、延伸产业与一般文化制造业三个模块，提出转变文化产业发展模式，实现八个方面的产业转型。[5]根据各国政府和区域市场在推进文化产业发展过程中的相互关系不同，结合国内对文化产业发展的研究成果，将世界主要发达国家文化产业发展模式划分为政府推动型、市场引导型和混合发展型三种类型，如表1所示。

表1　国外发达国家文化产业的主要发展模式

发展模式	主要特征	典型国家
政府推动	政府推动模式是指在促进文化产业发展的诸要素中，国家战略以及相关政策措施是产业发展的最重要资源，是矛盾的主要方面。①在国家战略主导下，国家文化产业领域实现了要素汇聚和力量裂变，走上了快速发展的轨道；②政府在文化产业发展过程中全面介入，市场体制尽管起到了重要的作用，但在文化产业发展过程中不具有决定性的影响；③国家通过政府行政的力量如政策、法律、公共财政、税收等强有力的手段推动文化产业发展。	日本、韩国
市场引导	市场引导模式是指在"政府—市场"的二元结构中，市场在国家文化产业发展过程中具有核心以及决定性影响作用，在形态上这一模式体现为政府与市场保持市场自由竞争状态。①市场引导模式主要强调市场在文化产业的发展过程中资源配置具有基础性作用，政府基本不介入文化产业领域的具体运作过程；②文化产业发展过程中，政府的行政力量如法律、政策、公共财政、税收等具有重要影响，政府制定的这些法律或政策等不具有决定性作用，起决定作用的主要是文化市场中的生产商、销售商、运营商等市场主体。	美国、英国
混合发展	混合型发展模式是指"政府—市场"在二元结构的文化产业发展过程中，政府和市场都有重要影响和作用。①在一定时期和一定阶段内，尽管两者的作用和影响力不是绝对的均等但差异并不明显；②可能在不同的文化产业领域如动漫产业，政府的影响力较明显，但对国家文化产业发展而言，两者又相互联系、相互影响和相互制约。	德国、法国

1. 政府推动型

政府推动模式所强调的是政府在发展文化产业的过程中具有主体性的作用。这种模式最基本的特点就是将文化产业的发展作为国家的基本发展战略，将文化产业发展上升到国家战略发展的层面，并通过多方位的政府举措来强力推动文化产业的快速发展，比较典型的国家是日本和韩国。

日本文化产业崛起，源于"文化立国"战略的实施。在政府层面，使用国家力量全力推动文化产业发展。在发展文化产业问题上，提出了"文化立国"和"文化输出"两大战略，体现日本政府发展文化产业的决心。日本"文化立国"战略的基本内容主要有：建设大型国立文化基地，提高文化对外辐射能力；构建相配套的文化政策、产业政策和观光政策环境；实行具有日本特色的地域性的"文化街区建设计划"；构建文化信息的综合系统，致力于振兴新兴文化产业；提高日本国语地位以适应全球化和国际化的发展趋势，等等。在政府的推动中，日本文化产业的法律法规体系形成并发挥着重要作用，中介行业协会也赋予了更多的职能，各方的力量都有机地在政府战略层面整合形成了文化产业的发展合力。日本拥有较为完善的市场机制，按照市场规律经营也是日本文化产业的基本做法。在文化市场中，存在着大量市场主体，包括个人和企业，这些主体实行商业化运作，以经济效益为基本目标，全面实施商业化运作。

韩国也是运用国家力量发展文化产业的范例。韩国也以国家战略高度确定了"文化立国"的发展战略。1998 年韩国政府正式提出"文化立国"的战略，文化产业开始上升到国家战略的地位。韩国政府推动模式的特点包括：①政府制订发展规划和战略。政府提出"文化立国"战略后就花较大功夫全力促进文化产业发展，颁布和制订了详尽的产业发展规划。②建立和完善了文化产业发展的管理机构和相关的行业协会。③颁布法律法规，提供制度保障。④增加投入，进行资金扶持。⑤实行国际化战略。韩国以中国、日本等亚洲市场为重点，进一步扩展欧美市场及其他地区市场。

2. 市场引导型

市场引导模式的前提条件是市场经济体制较为完备，政府有完善的法律法规政策，宏观环境良好，行业发展较为规范，注重行业中介组织的重要作用，政府的角色和定位多限于宏观调控领域。这种模式比较典型的代表国家是美国与英国。

美国文化产业位居全球首位，是世界各国发展文化产业争相效仿的对象。美国文化产业之所以能够领先全球，其市场的自由发展模式是基本动力。美国文化产业的发展有着深厚的背景和基础，强大的经济实力、科技力量和完善的市场体制是美国能够实行市场发展模式的基础条件。美国文化产业发展模式的基本特点如下。

第一，放松管制与提倡自由发展。美国文化产业不设文化部来专门管理，充分发挥法律政策、中介机构、地方政府、市场体制的作用。在管制行为上，政府是一个宽松的态度，对文化产业的管理比照其他经济形式，倡导自由发展。第二，强化法律法规的制度作用。美国文化产业发展中"弱政府"的调控措施主要依赖于法律法规的管理，法律法规建造了一个较为有序、公平和竞争的市场环境，在文化产业发展中也建构了较为完备的法律，如税法对产业的支持、版权法对知识产权的保护等。第三，文化自由贸易原则的推行。在全球化的背景下，美国倡导自由经济、自由贸易，为文化的输出疏通了道路，一大批的文化产品在全球化经济流通过程中输入到世界其他国家。第四，资本市场对产业发展的支撑。在资本市场上，美国拥有一个庞大而完善的金融市场，从而能够使文化产业发展获得巨大资金支持。第五，发挥行业协会的作用。政府力量在市场上的弱化，更多的管理职能赋予了行业协会，行业协会有效地承担起了政府赋予的职能，维护了行业的秩序。

英国创意产业也基于属于市场自由发展模式，但与美国不同的是，在创意产业推进方面英国逐渐形成了良好的政策体系、产业支持体系和市场运营体系。

第一，在法律法规上，允许较大的自由空间。政府为创意产业提供的政策空间比较大，通过创意出口推广、教育及技能培训、企业融资协助、税务和规章制度的监管、知识产权保护和地方自主权推动等政策来鼓励文化产业市场发展，制定了一系列的配套政策和法律法规等手段，引导、培育、扶持创意产业，将个人的创造性活力纳入国民经济社会发展轨道。第二，在管理体制上政府坚持"一臂之距"管理原则。政府文化部门很少直接干预文化产业各个行业及公司和组织运作，而是通过建立一些不属于官方的"第三部门"行使一定职权，这些中介性的第三部门由中立的专家组成，为政府文化产业发展提供建议和意见，负责文化经费的划拨，监管相关行业。第三，投资方面，在文化艺术领域政府每年给予大量拨款投入。在文化市场的具体运作方面政府不干预，资助也是主要通过政府委托的非政府公共文化机构对文化事业予以财政支持，比例一般小于50%，剩余资金主要靠自创收入和社会赞助。英国与美国同样都是基于市场力量来发展创意产业，但是英国的市场发展模式没有美国那样自由，在创意产业发展中政府的作用相对更大。

3. 混合发展型

混合发展模式是指政府和市场两种力量都起重要作用，典型国家是德国和法国。

德国实行的社会市场经济是政府宏观控制的，经济上既反对自由放任，也反对过度管制，将政府管理与市场发展相结合。在国家和市场关系上采取国家尽可能少干预，必需时才给予必要的干预原则。这种国家经济管理模式也移植到了文化管理模式上，形成了德国文化产业发展模式。文化产业管理模式既集权又分权。"集权"指德国从中央到地方的各级政府在文化管理中居于主导地位，"分权"指中央一级的联邦政府通过其各个部门，把某些文化管理责任移交给地区、自治市政府，联邦分权是德国文化政策最重要的一个方面。

法国既重视国家和政府在文化发展中的主导作用，也尊重市场发展的基本规律。法国文化产业发展的特点主要表现在：①国有经济在国民经济中处于重要地位发挥重要作用；②在市场机制发挥主导作用的条件下有效地实行经济计划；③国家对国民经济的有效运行进行强有力干预。文化产业的发展表现出了国家主导和市场发展的双重特征，这属于典型的混合发展模式。政府重视以政策法律保障文化产业发展，如制定了《法国博物馆法》等，同时也出台了一系列文化保护政策和文化产业发展的相关促进政策，特别是在资金扶植上给予了文化产业发展大量的政策倾斜。政府采取直接拨款的方式对文化产业投入，由文化和通信部对重要文化机构、地方政府有关部门直接拨款，不是美国那样通过社会中介组织完成扶持，法国政府在推进文化产业发展过程中发挥了较大的影响和作用。

（二）文化产业政策

文化产业政策是指国家对文化产业领域进行行政主动干预和调控的各种政策、措施的总和。与国家的其他政策相比，文化产业政策具有文化政策和产业政策的双重属性。为了促进文化产业的快速发展，世界上不少发达国家都比较重视本国文化产业政策的研究、制定和实施。国外主要国家文化产业发展的政策比较如表 2 所示。

表2　国外主要国家文化产业政策

国家	主要做法
英国	英国文化产业政策主要指英国工党 1997 年执政至今所推行的一系列创意产业发展政策。 ·建立了文化产业管理机构； ·制定了法律法规及其他政策文件； ·支持文化产业发展采取了不同的措施与行动。
美国	美国对文化产业的态度是向市场要效益，将文化产业部门和其他产业部门一视同仁，施行的是依靠市场调节的文化产业政策。 ·没有设置专门的文化产业管理机构； ·没有正式的以文化产业命名的法律、法规及其他政策文件； ·在文化产业领域采取了不少支持文化产业的措施与行动。

续表

国家	主要做法
德国	德国文化创意产业与英美国家的高度市场化文化政策不同，其文化政策更多体现的是政府对文化的管理、控制和引导。 ·联邦政府没有文化部，但各州政府建立了文化产业管理机构； ·联邦政府没有制定法律法规文件，但各州政府制定了法律法规及其他政策文件； ·联邦政府及州政府对支持文化产业发展均采取了不同的措施与行动。
法国	在文化产业发展政策上法国与英美等国的管理模式有很大不同，一方面让市场机制发挥基础性作用，另一方面国家又要予以大力支持。 ·政府设置并建立了全国性和地方的文化产业管理机构； ·政府立法制定了法律法规及其他政策文件； ·政府通过支持文化产业发展采取了不同的措施与行动增加就业、带动经济增长。
日本	在依靠市场机制发挥作用的前提下，日本十分重视政府支持的作用，制定和实施了一系列的法律、法规等相关鼓励政策，形成了"官、产、学"的文化产业发展模式，使日本的文化产业发展潜力得到充分挖掘。 ·建立了由经济产业省和文部省负责的文化产业管理机构； ·政府及各部门制定了对文化产业发展的法律法规及其他政策文件； ·政府采取了不同的措施与行动促进本国文化产业的发展。
韩国	韩国文化产业取得的成就得益于政府对文化产业战略意义的高度重视和全力扶持。政府制定了文化产业发展的专门法律法规，确立"文化立国"的发展方针，从国家层面高度明确发展文化产业的具体方向。 ·政府的文化体育观光部是文化产业的管理机构，公共机构的文化产业振兴院也专门为支持文化产业的发展提供服务； ·韩国政府陆续出台了一系列法律法规及其他政策文件； ·政府还在组织管理、人才培养、资金支持、生产经营等方面直接采取了一系列具体措施和行动，对文化内容产品的研发、制作、经销、出口等实施全面支持。

1. 英国

英国政府是世界上最先提出"创意产业"概念的国家，颁布实施了一系列推动英国创意产业发展的方针政策。[6]

（1）文化产业管理机构。中央政府部门中，有三大部门对创意产业进行支持和管理：文化传媒体育部、贸易与工业部、外交部。文化传媒体育部是创意产业的主管机构，主要职责是创意经济的规划、政策制定、向海外市场推销产品和服务、技能培训、区域支持、与其他部门协调、知识产权等；贸易与工业部负责制定有利于创意产业部门经济表现的政策；外交部负责对外文化交流事务。

（2）法律法规及其他政策文件。英国政府目前还没有为文化创意产业发展制定专门的法律法规，文化产业政策主要体现在每年发布的各种报告和文件中。①政府对创意产业的发展有明确的规划。这些规划包括《创意产业规划文件》《文化创意十年规划》等。②政府注意对创意产业的经济贡献进行统计和分析。如《居于领先：英国创意产业表现》对英国创意产业进行了经济分析，《创意产业的经济评估》强调了创意产业对英国经济的巨大贡献。③政府注意人才培养及对创意产业中小企业进行扶持。如《培养创意产业企业家》《创意不列颠：新人才新经济》《资金指南：如何获得资金》。

（3）支持文化产业的措施与行动。为了扶持创意产业发展，英国政府不仅制定和颁布了各种政策文件，而且直接采取了各种措施和行动：第一，成立"创意产业特别工作小组"；第二，开发历史文化资源，促进文化资源向文化资本的转变；第三，对创意产业进行财政支持；第四，创意教育及技能培训；第五，保护知识产权；第六，促进英国创意产业开发海外市场。由于英国对发展本国的创意产业高度重视，制定的政策文件全面细致，创意产业在英国得到快速发展。

2. 美国

美国没有统一的文化产业政策或是为文化产业发展制订具体的规划，也没有对应的文化产业管理部门。美国对文化产业的态度是向市场要效益，将文化产业与其他产业部门同等对待。[7]

（1）文化产业管理机构。美国联邦政府中没有设置专门统管文化事务的文化部，更没有专门针对文化产业成立任何管理机构。从政府对文化艺术的资助体系来看，美国存在着一些对文化艺术所需资金进行审核和拨款的政府性机构，这些机构直接或间接地对美国的文化产业发展予以支持。

（2）法律、法规及其他政策文件。美国至今也没有一个正式的以文化产业命名的政策文件，但有一些相关的政策文件来间接地支持其文化产业政策，其措施主要包括：一是对人文艺术项目的资助政策间接地体现了文化产业政策；二是政府在文化领域放松管制为文化相关产业的自由发展提供了法律基础；三是新的产业分类和统计体系体现了对文化产业中"内容"创意的重视；四是版权保护立法为文化产业商业化运作奠定了基础。

（3）支持文化产业的措施与行动。美国没有明文颁布的文化产业政策，但政府在文化产业领域采取了不少实实在在的具体行动与措施，这些措施包括：第一，通过税收政策实现对文化产业的有效调控。第二，有选择、有限度地拨款资助文化产业。第三，大力推动文化产业国际贸易。第四，美国对文化产业采取的是多方投资和多种经营的方式，鼓励非文化部门和外来资金的投入。第五，美国注重本国文化产业人才的培养，同时积极吸收世界各国优秀文化创意人才。第六，美国政府重视加强文化基础设施建设，推动文化产业与高科技的结合。

3. 德国

德国文化政策更多体现的是国家对文化的管理、控制和引导。[8]

（1）文化产业管理机构。德国的联邦政府没有设立文化部，但联邦政府中设有文化和媒体专员一职，主要负责向总理在政策制定上提供建议。文化和媒体专员的职责涉及文化产业和文化教育。各联邦州及市政府文化产业管理机构是文化领域主要的责任机关，负责决定自己的文化政策重点，向文化机构提供资金，支持地区文化项目等。16 个州的议会均有自己处理文化事务的委员会。德国的政府主导集权式文化管理模式有利于国家文化发展战略的顺利实施。

（2）法律法规及其他政策文件。目前德国政府没有以"文化产业"命名的法律法规或其他文件，但有与文化产业发展相关的法律法规及政策措施。第一，德国政府把文化写入宪法，定为基本国策。第二，德国政府提出"新文化政策"，作为当今德国文化政治的口号，新文化政策的中心理念是"文化工作"。第三，德国政府对版权保护制定了相关法律，保障了文化产业自由竞争，为文化产业发展提供了有利的发展环境。

（3）支持文化产业的措施与行动。除了法律规定外，在德国文化产业还获得了其他很多形式的政府支持，主要表现在：第一，联邦政府希望进一步扩大文化产业的产值，制订了"联邦政府文化与创意产业行动计划"，支持高质量的娱乐媒体及提高传媒技术；第二，重视文化产业人才培养政策；第三，制定文化产业相关优惠税制；第四，在城市规划上注重与文化产业之结合；第五，非常重视国际文化交流与合作，积极开展文化产业的国际贸易。文化外交被看作德国外交事务的第三支柱。

德国的文化产业政策取得了显著效果，现有文化创意产业公司 210000 家，产值约 580 亿欧元，对德国 GDP 的贡献达 2.6%，是公认的世界文化产业强国之一。

4. 法国

法国与英美等国对文化产业采取的管理模式有较大不同，既依赖于市场机制的基础性作用，又得益于国家的支持。政府不仅对社会文化产业机构进行政策和资金扶持，法国文化部还直接领导近 40 个国有文化机构，如重点文化设施、文艺团体等[9]。

（1）文化产业管理机构。法国涉及文化产业管理的政府机构分为全国性文化管理机构和地方性文化管理机构两个级别。全国性文化管理机构主要是文化与通信部，除了文化部之外，中央政府中还有其他一些机构也涉及文化事务的管理，文化产业的地方管理机构是地区文化事务局。

（2）法律法规及其他政策文件。政府立法使法国在文化产业的发展上从法律上得到了充分保证。文化相关法律草案由文化部提出，之后由议会对草案进行修改。如《历史保护选区和不动产修复法》《文化宪章》《博物馆法》等。

（3）支持文化产业的措施与行动。由于经济危机的影响，近几年法国的经济增长缓慢，失业率较高，但在文化产业发展上法国政府仍然增加了投资，通过各种措施来促进文化产业发展，增加就业，带动经济增长。其主要措施包括：第一，重视文化基础设施建设与管理；第二，制定文化产业相关优惠税制；第三，政府通过多种方式对文化产业给予财政支持或赞助；第四，文化部直接管理一些重要的国家文化机构；第五，国家对艺术家进行支持；第六，法国各行政部门还通过向文化团体定做艺术品、预订演出节目、设立奖项等方式来扶持文化产业发展；第七，大力推进国际文化贸易。文化部在国外推广法国文化是法国外交政策中历史最悠久的重点政策之一。

法国制订大量文化产业发展政策的主要目的是提高文化价值而不是经济价值，主要战略是为了抵抗英语文化和美国文化的冲击从而寻求民族文化生存的可能性，扩大传统文化发展空间，捍卫法语和法国文化地位。

5. 日本

日本政府为促进文化产业发展，在依靠市场机制发挥作用的前提下也重视政府支持的作用，制定、实施了一系列法律、法规等相关政策，形成了文化产业发展的"官、产、学"模式，挖掘了文化产业发展潜力[10]，使日本跻身世界五大文化产业强国之列。

（1）文化产业管理机构。在政府机构中，文化产业管理职能的部门是经济产业省（以下简称"经产省"）和文部科学省（以下简称"文部省"）。经产省从经济的角度管理文化产业，负责政策制定并组织调研课题，研究文化消费和市场规模。文部省主要致力于文化角度管理文化产业，促进国际文化交流。

（2）法律法规及其他政策文件。在对文化产业属性认识逐步深入的基础上，政府在文化产业政策制定上也逐步完善。第一，出台了一系列鼓励政策；第二，实施"知识产权立国"战略，为文化产业的发展提供法律依据和保证。如《著作权管理法》《著作权与邻接权管理事务法》以及《著作权等管理事业法》等。

（3）支持文化产业措施与行动。政府采取的一系列实际行动促进本国文化内容产业发展，主要包括：第一，文化和市场深入结合；第二，将文化产业发展提升到国家战略高度；第三，对文化产业进行财政支持；第四，振兴地方和地区文化产业；第五，重视中介组织作用；第六，重视内容产业人才的培养；第七，积极开拓海外市场。建立民间的"内容产品海外流通促进机构"，拨专款支持其在海外市场开展文化贸易与维权活动。在文化产业发展中，政府提供法律保障和政策支持，学术和研究机构提供市场预测、发展前景等信息支持，文化企业在政府和研究机构合作中谋求发展机会，成功实施了"官、产、学"发展模式[11]。

6. 韩国

韩国政府提出了"文化立国"方略，强调文化的产业化和信息化，为了发展韩国的文化产业，制定了专门法律法规，从国家层面高度明确发展文化产业的方向。政府为此制订了具体的实施规划，明确发展目标，从立法、组织管理等方面给予文化产业强力支持[12,13]。

（1）文化产业管理机构。文化产业的管理机构主要是文化体育观光部，此外，公共机构的文化产业振兴院也专门为支持文化产业发展提供服务。文化体育观光部职责是"在文化、艺术、体育、观光、宗教、媒体、国政宣传等方面实行各种各样的政策，以使全国民都能享受韩国文化"；韩国文化产业振兴院主要是对文化产业进行有效援助，使其成为引领韩国经济的核心产业之一，最终目标是将韩国发展成为世界"文化产业五大强国"之一。韩国文化产业振兴院还在美国、欧洲等国家设有代表处。

（2）法律法规及其他政策文件。韩国政府陆续出台了一系列法律法规及其他政策文件。第一，政府为促进文化产业发展而专门立法；第二，政府为文化产业制订了一系列整体规划；第三，政府把文化产业提升为国家的未来核心技术之一。将文化产业技术与情报技术、生命技术、环保技术、宇宙技术等一起被列为国家六大核心技术之一。

（3）支持文化产业的措施与行动。韩国政府在文化产业发展方面采取了一系列措施和行动，对文化内容产品研发、生产、市场、出口等全面支持。第一，提供产业发展的资金支持；第二，支持民间成立各种文化产业发展的协会组织；第三，政府支持挖掘地方特色文化内容商业化运作；第四，在人才培养上，政府提供支撑文化产业的可持续发展战略；第五，加强推动文化产品出口；第六，积极引进和利用外资投资本国文化产业；第七，支持文化产业相关研究的国际国内学术交流；第八，构建集约化文化产业生产经营机制。

短短几年间，韩国一举摆脱金融危机造成的经济低迷，世界经济史上奇迹的取得，文化产业起到了重要的作用，文化产业成为引领当代韩国经济发展的核心产业之一。

（三）发展策略比较

通过对英国、美国、德国、法国、日本、韩国 6 个文化产业发达国家从战略意识、管理机构、立法、财税支持、人才培养、对外贸易 6 个方面比较分析，发现这些国家文化产业都是建立在资本主义制度之上，也都是市场经济国家，都体现了资本主义市场经济体制的特点，但由于各国文化传统、政治法律体系、经济发展水平等方面的差异，在文化产业政策上也有各自特点。世界主要国家文化产业发展策略比较如表 3 所示。

表 3 世界主要国家文化产业发展策略比较

比较项	主要策略	英国	美国	德国	法国	日本	韩国
发展程度	世界五大文化产业强国	★	★	★	★	★	
战略意识	文化产业对经济和就业的贡献	★	★			★	★
	保护本国民族文化				★	★	
	制订了比较明确的文化产业战略发展规划	★				★	★
管理机构	设立中央文化产业管理机构	★				★	★
	设立地方文化产业管理机构	★			★	★	★
立法	为文化产业明确立法					★	★
	制定和颁布文化产业发展的相关政策文件	★	★	★	★	★	★
财税支持	中央对文化产业有选择和有限度的资金支持	★				★	★
	通过税收款项、税收优惠、民间基金等方式提供资金扶持	★	★	★	★	★	★
人才培养	对艺术家进行资助和支持	★	★	★	★	★	★

比较项	主要策略	英国	美国	德国	法国	日本	韩国
	大学教育中开设了文化产业相关课程		★	★		★	★
对外贸易	在国际文化贸易中主张自由竞争	★	★				
	在国际文化贸易中采取文化保护政策			★	★		
	积极开拓海外市场，增强本国文化产业的世界影响力	★	★	★	★	★	★

注："★"表示主要策略中与此相关，空白为不相关

世界文化产业主要以美国为引领，国外文化产业强国占据了相当大的市场份额，由于这些国家之间经济利益、政治利益和国家文化安全等的不同原因，存在不同的模式，在国际文化贸易政策上也形成了两派对立的观点：一是以美、英为代表，它们占据了文化产业的制高点，主张进一步开放文化市场，实行文化自由贸易；二是以法国为代表，在文化产业发展中处于相对弱势地位，主要是基于保护民族文化考虑，主张"文化例外"。日本和韩国则介于两者之间，主张"文化例外"的法德等国在经济和政治上的实力不足以与美英抗衡，法国、德国主张"文化例外"的根本目的是抵御别国文化大规模冲击本国文化。在促进本国文化产品出口方面，任何国家都是不遗余力，文化外贸政策的基本取向基本相同。

三、对贵州省文化产业发展的建议

在分析总结贵州省文化产业存在问题的基础上，参照国外文化产业发展的基本经验，对贵州省文化产业的发展提出对策建议。

（一）转变政府文化管理职能

文化产业是新兴的第三产业，对扩大就业、提高服务业竞争力和国民经济可持续发展意义重大，而转变政府文化管理职能是整个行政职能转变的一个重要环节。在宏观体制框架上建构"党委领导、政府管理"的文化领导管理模式。在贵州省文化产业发展中，政府要尽快转变职能，从直接管理向间接管理过渡，将政府管理与市场调节、社会效益与经济效益发展相结合，强化政府宏观调控职能，建立政府宏观管理体制，制订好文化产业发展规划，建立健全相关法律法规，推动文化产业创新。

（二）促进文化产业的国际化和市场化

从国外文化产业发展策略对比看，都是重视文化产业发展的市场化和国际化。贵州文化产业的发展需重视国内和国际市场的重要作用，在国际市场的拓展方面不断完善文化产业"走出去"战略的相关法律法规政策引导和扶持措施。采取措施，培养与扶持有较强创新能力和较大竞争实力的大型国有文化企业，做大做强文化品牌，树立精品意识，打造贵州地方特色的文化产业民族品牌，使"走出去"的文化产品和服务更有国际竞争力。贵州省文化资源丰富，文化底蕴深厚，应充分利用贵州省的优势走特色发展之路。对汉族、布依族、苗族、侗族、土家族、仡佬族等丰富多彩的民族文化资源进行更加合理有效的配置，将资源优势转化为产业优势，利用文化产业的辐射和带动作用，促进区域文化产业的国际化和市场化发展。

（三）优化文化产业组织结构

文化产业机构是文化产业发展基本细胞单元，是文化产业的主体。目前我国文化产业机构来源：一是由传统的文化单位转企改制而来，多分布于新闻出版、文化艺术、广播电视电影行业，这类文化产业组织属于"事业单位、企业化管理"的组织模式，少部分为"企业单位、企业化管理"组织模式；二是在市场中新生的文化产业组织，是独立的市场主体。调整和优化贵州省文化产业的组织结构，建立和完善现代企业制度，培育区域内文化产业集团实现规模化、集约化发展。

（四）完善财政税收政策

国外文化产业发展的成功无一不是在政策扶持及财税政策上予以支持，因此文化产业的大力发展，离不开政府的财政和税收扶持。贵州省文化产业发展要走向良性发展道路，政府从财政上需给予配套支持。加大对公益性文化事业和具有重要社会效益的文化行业的投入，改善投入方式，创新投入机制，为社会提供更多更好的公共文化服务，提升全民的文化素养与审美水平，为文化产业的持续稳定发展打下良好基础。实施税收优惠政策。针对新成立的文化企业，在一定期限内免征所得税。对文化艺术、新闻出版、广播影视、音响、文物等部门上缴的税收和利润，实行奖励性返还。对国家重点发展的文化行业，如数字广播影视、电子出版物等，以及一些依靠高新技术发展的文化产业门类，应当享受相应的税收优惠政策。对文化产品的进出口实行税收奖励返还政策，鼓励出口。要实行差别税率，择机设立文化产业发展专项资金，不断完善资金资助办法，借助财政引导机制引导社会力量对文化产业的资助，逐步形成政府与社会共同推进文化产业发展的良性机制。

（五）提升行业中介组织地位和作用

国外文化产业发展经验表明，文化产业的发展应当发挥好行业中介组织的作用，通过行业中介组织的协调和管理，促进行业的自我发展。一是赋予文化行业协会正确的定位，对行业协会的地位、职能、作用提供政策和制度的保障；二是加强行业协会的自身建设，建立有效的运行机制；三是学习西方经验，加强文化行业协会的国际交流。世界文化产业大国的行业协会发展都比较成熟、规范，在规范和管理文化行业方面的经验可为贵州省文化行业协会建设提供重要参考。

（六）加强文化与科技融合

促进贵州文化产业的发展，必须大力依靠科技力量，促进科技与文化的融合，带动文化产业的转型和升级。一是要注重引进国外先进技术，对文化产业进行技术改造和创新。结合贵州省情和文化产业发展状况，大力引进相关先进技术，促进文化产业的技术革新。二是要加大文化科技投入，出台更多鼓励政策，不断提高文化科技水平。三是要加强文化产业中技术手段的运用。运用高新技术不断地包装、挖掘、改造传统文化资源，对大量的传统文化资源进行数字化存储、保护与利用开发，形成庞大的文化资源数据库，实行产业化开发。运用科学技术手段对布依族、苗族、侗族等优秀民族文化资源进行保护与开发，提高文化产品的科技含量和附加值，将文化资源转变为文化资本。四是加快科技成果转化利用。将文化科技成果尽快转化为文化产品，提升文化价值和市场价值。

（七）完善人才培养体系

文化产业的竞争归根结底是人才的竞争，高素质的人才队伍是保证文化产业发展的关键。在人才强省战略的指导下，也应当重视文化产业人才的引进、培养、使用工作，建立完善的文化人才培养体系，建立合理的人才流动和激励机制，拓宽人才选拔途径，创造优秀人才脱颖而出的环境。一是要建立文化产业的系统教育培养体系，同文化产业相关的重点高校合作建立一个系统的教育培养体系，完善人才培养机制，建立联合的、多层次的、多行业的文化产业人才教育和培训机构；二是重点培养既懂经营又懂文化的综合性、复合型人才；三是建立畅通的文化人才流动机制，发挥不同人才的特长，形成人才能进能出、能上能下的良性竞争机制；四是改革分配制度，建立绩效激励机制；五是加强对民族民间文化艺术人才的保护和培养力度。

参考文献

［1］霍步刚. 国外文化产业发展比较研究［D］. 东北财经大学，2009.

［2］刘铮. 我国文化产业法人单位增加值去年增长 16.5%［N］. 中国文化报，2013 - 8 - 27（第 1 版）.

［3］李霞. 传媒文化创意产业资本运作研究［D］. 复旦大学，2009.

［4］雷光华. 西方国家文化产业发展模式与发展趋向探析［J］. 湘潭大学学报（哲学社会科学版），2004，28（2）：130 - 133.

［5］陈少峰. 关于文化产业发展模式的思考［J］. 华中师范大学学报（人文社会科学版），2012（4）：77 - 81.

［6］嵇敏. 文化产业发展的国家方略——英国《创意产业中生产力各项指标的评估》分析及其给予我们的启示［J］. 西南民族大学学报（人文社会科学版），2012（5）：159 - 162.

［7］程立茹，周煊. 美国文化产业发展融资特点研究［J］. 人民论坛，2013（32）：238 - 239.

［8］于雪梅. 新经济时代下文化与经济的融合之路——德国北威州文化产业发展经验解读［J］. 德国研究，2005（2）：55 - 59.

［9］夏国涵. 法国文化产业的国家战略［J］. 才智，2013（31）：262 - 263.

［10］沈强. 日韩文化产业发展比较研究［D］. 吉林大学，2010.

［11］张慧娟. 美国文化产业政策及其对中国文化建设的启示［D］. 中共中央党校，2012.

［12］徐索菲，李建柱. 韩国文化产业振兴举措对我国培育新经济增长点的启示［J］. 经济纵横，2014（4）：116 - 120.

［13］向勇，权基永. 韩国文化产业立国战略研究［J］. 华中师范大学学报（人文社会科学版），2013（4）：107 - 112.

从"多彩贵州"文化品牌建设得到的几点启示

蔡 伟[*]

摘 要

　　经过多年的坚持培育和全力打造,"多彩贵州"品牌建设取得成效,给各授权企业发展带来了莫大的助力,已成为中国文化产业发展的一大亮点,被中宣部专门行文作为推广的成功典型,对建设知名文化品牌具有重大的借鉴意义。

关键词

　　"多彩贵州" 知名文化品牌 建设

　　近年来,贵州省委、省政府牢牢把握文化资源的竞争力优势进行顶层设计,以大视野、大手笔实施品牌战略,全力打造多彩贵州品牌,展示贵州文化特色,彰显贵州文化魅力。2011 年,"多彩贵州"品牌荣获了"中国最佳品牌建设优秀案例奖"和"中国元素国际创意大赛文化贡献奖";2012 年,"多彩贵州"品牌荣获贵州省自主创新品牌 100 强和贵州省十佳著名商标称号;2012 年 12 月,中宣部专门行文对"多彩贵州"品牌产业化运作进行了推广,已成为中国文化品牌发展的一大亮点。

一、"多彩贵州"品牌发展现状及成效

　　目前,"多彩贵州"已对品牌核心价值紧密联系的演艺、主题公园、工艺品、文化旅游网站、酒、茶、酒店等十余个行业的十八家企业进行了商标授权。通过使用多彩贵州品牌,给各授权企业加快发展带来了巨人的推动作用。主要表现在以下方面(见表 1)。

---

　　* 蔡伟,贵州省社会科学院区域经济研究所助理研究员,研究方向为区域经济、产业经济。

表 1 多彩贵州品牌授权情况

企业名称	类 别	产 品
贵州安酒集团有限公司	白酒	多彩贵州酒
贵州演出集团有限责任公司	演出	多彩贵州黔印象
多彩贵州文化艺术有限公司	演出	多彩贵州风
贵州空中黔信科技有限公司	网站	多彩贵州文化旅游平台
贵州信友实业有限公司核桃乳厂	饮料	多彩贵州核桃乳
贵州多彩动漫文化传播有限公司	动漫	多彩贵州梦
贵州榜香郁苗绣服饰开发有限公司	工艺品	多彩贵州工艺品
黔东南苗乡侗寨文化传播有限公司	工艺品	多彩贵州工艺品
贵州省多彩贵州生态农业有限公司	茶叶	多彩贵州茶
贵州省多彩贵州文化传播有限公司	文化活动	多彩贵州演出季
贵阳金凯利民族文化产业有限公司	工艺品	多彩贵州工艺品
北京富达尔城市发展咨询有限公司	文化咨询	多彩贵州文化旅游研究院
多彩贵州印象网络传媒股份有限公司	网站	多彩贵州印象网
贵州省多彩贵州城建设经营有限公司	旅游文化地产	多彩贵州城
贵州省广播电视信息网络股份有限公司	电视	多彩贵州咨讯频道
贵州省多彩贵州酒店管理有限责任公司	酒店	多彩贵州酒店
贵州省多彩民族民间文化艺术发展有限公司	工艺品	多彩贵州工艺品
贵州晴隆怡丰源贵翠文化产业有限责任公司	工艺品	多彩贵州玉

1. 提升企业影响力

随着贵州省委、省政府组织的各类多彩贵州宣传推广活动的开展，特别是每年耗资上亿元在中央电视台黄金时段播放《走遍大地神州醉美多彩贵州》系列形象宣传片，多彩贵州品牌知名度迅速扩大，有力地帮助品牌授权企业认知度快速提升。同时，"多彩贵州"品牌的使用，将"多彩贵州"品牌的政府公信力充分转化成为品牌授权企业的信誉，切实提高了消费者心目中对品牌授权企业产品的形象，极大地提升了品牌授权企业的影响力和竞争力。此外，贵州省多彩贵州文化产业发展中心通过搭建传播、营销平台，整合品牌集群内各方资源，推动授权企业抱团发展，也着实增强了品牌授权企业的竞争力。

2. 增强企业发展活力

通过使用多彩贵州品牌，给各授权企业发展注入了活力。如：多彩贵州酒目前已累计投资 1.3 亿元用于技术改造；多彩贵州城开工建设，吸引众多商家纷纷入驻发展；大型民族歌舞《多彩贵州风》演出场场爆满，截至 2013 年已演出 2200 多场，接待观众近 300 万人次，与茅台酒等一道并列于"贵州自主创新品牌 100 强"榜首；多彩贵州核桃乳产值每年以 40% 的幅度攀升，目前年销售额已达 3000 多万，预计 2015 年销售量将达到 1 万吨以上。据初步统计，"多彩贵州"商标授权使用拉动投资 40 亿元以上。

3. 带动就业

一方面伴随"多彩贵州"品牌授权企业不断发展壮大，对劳动力的需求也必然不断增加，从而带动就业的扩大；另一方面"多彩贵州"品牌授权使用项目的不断增加，尤其是进入茶、工艺品、核桃乳等行业领域后，由于这类行业企业多采用"公司＋基地＋农户"模式，因此较好地解决了当地群众就业问题，收入大幅提升，生活条件得以改善。据相关资料显示，"多彩贵州"商标授权使用带动就业 5000 余人（见表 2）。

表 2　2012 年十八家"多彩贵州"品牌授权企业情况

项　　目	单　位	数　据
资产总额	亿元	11.83
销售总额	亿元	1.04
利润总额	万元	1264.61
上缴税金	万元	3431.48
广告投入	万元	3615
职工人数	人	1141
带动就业人数	人	5250
农民增收	万元	8820

二、"多彩贵州"品牌建设的主要做法

近年来，全省上下"多彩贵州"品牌建设工作蓬勃发展，通过坚持培育和全力打造，"多彩贵州"已成为全国知名的文化品牌，被誉为中国文化品牌发展的一大亮点。"多彩贵州"品牌建设能取得如此成功，概括起来讲，其主要做法有以下几个方面。

1. 领导重视

自"多彩贵州"品牌诞生开始，得到了省领导的高度重视，被放在整个贵州发展的大局之中。贵州省委书记赵克志强调，多彩贵州前程似锦，一定要

管理维护运营好多彩贵州文化品牌，提升贵州知名度。贵州省长陈敏尔提出，多彩贵州品牌是贵州综合文化旅游品牌，要让多彩贵州风行天下。在领导高度重视下，"多彩贵州"品牌建设纳入了全省经济社会发展的战略部署之中，做大做强多彩贵州品牌，写进贵州省十届十二次全会文件，写入贵州省"十二五"经济社会发展规划纲要，进入了贵州经济社会发展决策。《国务院关于进一步促进贵州经济社会又好又快发展的若干意见》（国发〔2012〕2 号）更是明确指出，"深入挖掘民族文化，做大做强以'多彩贵州'为代表的民族歌舞、工艺美术、节庆会展、戏剧、影视、动漫等文化品牌"，标志着打造"多彩贵州"品牌已经上升为国家战略。

2. 多元传播

改变传统各自为战、小敲小打的对外宣传模式，采取把有限的人力、物力、财力集中起来，通过整合宣传、文化、旅游、经贸、体育、农业、媒体等资源，多位一体、聚合发力，形成了以"党政传播、媒体传播、企业传播"相结合的全方位、多层次、宽领域的大外宣格局。

（1）党政传播。贵州省领导在各种媒体上强力推荐多彩贵州品牌，并且以大型民族歌舞《多彩贵州风》为载体，多次亲自率团赴我国北京、上海、广东、香港、台湾等地和日本、美国、俄罗斯、西班牙、奥地利等国家进行演出，吸引了境外大量媒体的关注，大幅提升"多彩贵州"知名度和美誉度。此外，贵州省政府牵头每年举办的多彩贵州旅游商品"两赛一会"、原生态国际摄影大赛等系列活动，以及贵州省委宣传部牵头宣传部门循环举办了多彩贵州歌唱大赛、舞蹈大赛、旅游形象大使大赛、小品大赛等公益文艺活动，也大容量、多角度宣传了"多彩贵州"品牌。据不完全统计，截至 2013 年底，全省共有 35 万余人次报名参加"多彩贵州"冠名的各级赛事，各类比赛 8000 余场、现场观众 2500 万人次，各级电视台录播、直播比赛 2000 余场，电视观众累计达数亿人次。

（2）媒体传播。2011 年以来，推出的《走遍大地神州，醉美多彩贵州》系列形象片，每天在中央电视台综合、新闻频道黄金时段播放，利用国家级媒体浓墨重彩地宣传了"多彩贵州"品牌。同时，贵州画报社、贵州日报报业集团、贵州广播电视台等宣传媒体，还先后举办了全国网络媒体多彩贵州踏春行、全国画报媒体"行摄"多彩贵州、全国广播电台听多彩之声看魅力贵州、全国卫视聚焦多彩贵州记录奋进历程、中华旅游"名博"走进多彩贵州等大型活动，承办了深圳文博会"多彩贵州馆"，卓有成效地向外界展示推介了

"多彩贵州"品牌。

（3）企业传播。"多彩贵州"品牌授权企业通过赞助公益活动、进行商贸推介和推出产品广告丰富了"多彩贵州"品牌宣传的渠道，扩大了传播面，进一步提高了品牌知名度。如：多彩贵州城树立了 43 块大型户外广告牌；多彩贵州酒独家冠名了第九届全国少数民族运动会的火炬传递仪式，还在中央电视台、贵州电视台及全国 532 个火车站的 3000 多块 LED 广告屏幕上投放了品牌宣传片；多彩贵州工艺品在贵阳、北京等地开设了专卖店，并为世界时尚品牌 ZARA 在欧美的上百家门店供货，销至海外；❶《多彩贵州风》作为多彩贵州品牌的一张靓丽"名片"，代表贵州参加了奥运会宣传展演、新中国成立六十周年展演、上海世博会贵州文化活动周等重大文化活动，并且坚持每日商演，成为品牌宣传的重要力量。

3. 专业运作

按照品牌发展和运行规律，成立专门机构、编制发展规划、开展品牌运作等专业运作措施，为"多彩贵州"品牌建设工作的顺利实施提供了有力的保障。

（1）组织保障。贵州省委、省政府早在"多彩贵州"品牌诞生之初，就成立了贵州省多彩贵州文化产业发展中心，专门负责"多彩贵州"品牌的运营和管理，并根据品牌运营和管理需要，聘请了一流的商标事务所和律师事务所作为法律顾问团队，邀请了一批在业界有影响有品牌实操经验的专家、学者和企业家作为品牌顾问团队，为"多彩贵州"品牌运营和管理提供完备的组织保障。

（2）规划先行。贵州省多彩贵州文化产业发展中心为使品牌发展符合科学化、规范化和市场化要求，让品牌的资源整合、产品开发、产业延伸、品牌传播、资产管理以及相关政策设计等得到系统指导，委托中国十大策划机构之一的广州天进品牌管理机构编制了《"多彩贵州"品牌价值研究与品牌"十二五"发展规划》，进一步厘清"多彩贵州"品牌发展的有关问题，探索了"群体品牌营运模式"，为做实、做大、做强"多彩贵州"品牌提供强有力的保障。

（3）实施商标全面注册。为加强对"多彩贵州"品牌保护，有效避免其他企业和个人抢注商标的风险，贵州省多彩贵州文化产业发展中心 2008 年初

---

❶ 西部地区文化品牌建设可以实现跨越发展—以"多彩贵州"品牌模式的有益探索为例，贵州文化改革发展案例选编［D］．贵州人民出版社，2013.

就向国家商标局提交申请，启动全面保护性商标注册。截至 2011 年底，贵州省多彩贵州文化产业发展中心已获得 46 个类别、460 个商品（服务）项目的商标注册证，实现了对所有行业的全覆盖。

（4）构建品牌合理架构。考虑到"多彩贵州"商标包括 46 个类别、460 个商品（服务）项目，为避免品牌授权和管理的混乱，采取在"多彩贵州"品牌下设立 12 个子品牌，用于对各具体产业产品品牌与"多彩贵州"品牌的分类有序链接，构建成一套完整的品牌架构体系。详见表 3。

表 3 "多彩贵州"品牌体系

母品牌	子品牌	具体行业
多彩贵州	多彩贵州·游	旅行社
		旅游车队
		旅游景区
	多彩贵州·酒店	休闲疗养度假酒店
		四星级以上商务酒店
		经济型特色连锁酒店
	多彩贵州·品牌体验馆	多彩贵州品牌体验馆
	多彩贵州·味	调味品
		蜂蜜
		豆制品
		糕点
	多彩贵州·黔菜馆	多彩贵州风味餐饮
		多彩贵州特色小吃联盟
	多彩贵州·酿	果酒
		果汁
	多彩贵州·水	纯天然矿泉水、苏打水
	多彩贵州·养	少数民族特色中成药
		纯天然滋补类药材/食品
		温泉或水疗按摩服务机构
	多彩贵州·茶	红茶/花茶/绿茶等特色茶叶
		茶饮料
		休闲茶馆
		专业茶叶卖场
	多彩贵州·生态农场	有机果蔬产品
		生态冷鲜肉
		有机粮油

母品牌	子品牌	具体行业
多彩贵州	多彩贵州·艺	民族民间工艺品 布艺 各种民族服饰
	多彩贵州·网	贵州旅游风情集中展示与旅游预订平台 多彩贵州官方活动与会员商家产品集中展示、销售平台

（5）规范商标管理。近年来，贵州省多彩贵州文化产业发展中心通过体制制度建设、组织品牌活动、加强维权保护、品牌研发基地的建设等措施，规范和促进"多彩贵州"商标的使用，具体规范商标管理情况及成效见表4。

表4　贵州省多彩贵州文化产业发展中心规范商标管理情况一览表

行动	目的和成效
成立多彩贵州商标管理办公室	负责受理"多彩贵州"商标使用申请、接受商标侵权举报等"多彩贵州"商标的管理工作。
发布了《"多彩贵州"商标管理使用办法》及配套管理文件	
建立商标数据库和项目库	对企业使用商标后的营销宣传、产品质量、社会效益和经济效益等情况进行不定期跟踪管理。
组织品牌活动	进行各类品牌活动20余次，指导多彩贵州商标的正确、规范使用，提供品牌战略、策略及管理咨询服务
加强维权保护	配合职能部门查处三起商标侵权案件，着实保护了多彩贵州品牌形象和价值。
完成多彩贵州VI系统的设计工作	确保多彩贵州品牌拥有了一套完整、系统和固定的视觉传达体系。

（6）分类推进商标授权许可。贵州省多彩贵州文化产业发展中心按照申请企业的规模、实力等因素，采取普通许可或单一许可方式进行商标授权许可；根据不同行业和企业的具体情况，采取免费支持、收取商标使用费及商标折价入股等多元化的授权费用模式；初步形成"多彩贵州"品牌商标授权体系。

表5 "多彩贵州"部分授权企业授权费用情况

授权费用模式	企 业
免费支持	多彩贵州印象网、多彩贵州文化旅游电视频道
阶梯式上升的固定商标使用费	多彩贵州茶、多彩贵州核桃乳
商标基本管理费和商标动态使用费（根据经营情况而定）	多彩贵州酒、多彩贵州酒店
商标折价入股	多彩贵州城、多彩贵州文化传播公司

（7）加快推进品牌研发基地的建设。贵州省多彩贵州文化产业发展中心加快推进多彩贵州品牌研发基地的建设，搭建起多彩贵州品牌产品和相关企业的服务平台，促进相关企业开展品牌研发、产品交易、人才培训、合作交流等，切实增强品牌可持续发展的后劲。

4. 彰显特色

"多彩贵州"品牌的成功，在一定程度上还归因于"多彩贵州"的形象定位。尽管品牌授权企业类型多样，但这些产品和企业与"多元、和谐、原生态"的"多彩贵州"品牌内涵和精神具有密切联系，产品彰显多彩的贵州特色文化，助推了"多彩贵州"品牌的打造，"多彩贵州"也是对这些商品内涵精神的丰富和归纳。

三、启 示

通过"多彩贵州"品牌打造过程中的主要做法及取得的成效，有以下几点启示。

1. 充分发挥政府的主导作用来培育和打造文化品牌

知名文化品牌建设过程中应充分发挥政府的主导作用，将建设知名文化品牌纳入各地的经济社会发展战略规划之中，并因地制宜地制订文化品牌发展规划，避免文化品牌低水平重复建设和文化资源的浪费。

2. 企业、政府和社会的共同努力建设文化品牌

政府在当好创立文化品牌主导力量的同时，文化企业要积极发挥创立文化品牌的主体力量，社会要发挥好创立文化品牌的辅助力量，只有三管齐下，才能使文化品牌建立在内外力共同作用的基础上。此外，政府还要强化法律手段和市场监管，确保文化品牌有效有序运营。

3. 应全方位、多元化的传播文化品牌

建设知名文化品牌需要借助舆论力量，通过各种媒介，将自主开发的文化品牌传播开来。尤其是在全球化的大背景下，文化品牌已不再仅属于一个民族或国家，只有成为世界级的品牌，才能成为真正的文化名牌，因此应更加注重对各种媒介的开发和利用，将文化品牌传播到海内外文化市场，成为世界知名文化品牌。

4. 注重文化品牌的原创性

建设知名文化品牌必须以创意为主导、以资源为依托，文化品牌是创意的结晶，而非单纯开发文化资源的结果。文化产业如果仅仅依靠对特定文化资源的开发和利用，那只能停留在低附加值的层面上。只有注重原创性、开拓性、新异性，将创意有机融入文化产业之中，才能跃居文化产业的高端，创立出优秀的文化品牌，进而提升文化产业的发展层次。

5. 文化品牌建设要求真务实、锲而不舍

实践表明，建设知识文化品牌没有捷径可走，没有通途可行，更不可能一蹴而就。世界上许多知名文化品牌几乎都经历了几十年、上百年的时间才最终定型成功。这就要求我们必须在产品质量、管理、营销等方面求真务实、坚持不懈，精心打造货真价实的文化品牌。

6. 文化品牌建设要与时俱进、顺势而为

一个文化品牌由默默无闻到家喻户晓，并且历久弥新，长盛不衰，关键在于持续地赋予其新的内涵、特点和品质。只有开阔思路，拓展视野，与时俱进，顺势而为，不断运用高新技术进行改造升级，不断注入时代信息和新的内涵，才能增强文化品牌的生命力。

参考文献

［1］2011—2012 年度多彩贵州品牌产业化发展报告［D］.

［2］《多彩贵州品牌》DM 策划运营方案. http：//www. docin. com/p－679292913. html.

［3］多彩贵州"品牌驶入发展快车道［J］. http：//roll. sohu. com/20120126/n332981837. shtml.

［4］石德生. 知名品牌建设：我国文化产业发展的战略选择［J］. 文化产业研究，2012.

［5］赵胜男. 黑龙江民间工艺品文化品牌建设研究［J］. 艺术教育，2011（7）.

［6］多彩贵州官网. http：//www. dcgz. cc/brand_ 03. asp？id＝8.

贵州省电视购物产业发展初探

朱　薇　黄剑平　张廷扬[*]

摘　要

　　电视购物行业自 20 世纪 90 年代初期在中国大陆地区兴起之日至今，一方面走与外资结合发展之路，一方面又在政策的不断引导和整顿中几经起伏，逐步完善成长，目前已形成以家庭购物频道为主的较为成熟的市场。作为贵州广播电视台、贵州广电传媒集团重点打造的企业，家有购物通过四年多的不断探索进取，开辟了一条"融合共生"的发展之路。截至 2012 年 12 月 31 日，家有购物会员数达到 400 万人，销售额超过 20 亿元，形成以电视频道、购物网站、商品目录为主导的三大立体化销售渠道，同时辅以报刊、实体店、外呼、广播、手机等其他渠道资源，致力于打造中国家庭购物行业最具商业价值的销售平台，并成为目前信号覆盖最广的家庭购物频道，市场份额与影响力位居东方 CJ 与快乐购之后的前三甲。贵州省作为家有购物的核心市场区域，家有购物为贵州省人民带来了全新的消费模式，并有力地带动了贵州省文化产业的发展。

关键词

　　电视购物　家有购物　发展趋势　机遇与挑战

　　从全球范围看，电视购物节目有 40 多年发展历史，专业的电视购物频道也诞生了 20 余年。电视购物目前已成为欧美、日韩等国家地区消费者普遍接受和喜爱的一种消费方式，并发展成为一个规模庞大的产业。参考其他国家的电视购物市场，目前国内市场仍处于发展的初级阶段。对比各国电视购物行业

---

　　* 朱薇，贵州省社会科学院区域经济所副研究员；黄剑平，家有购物集团总裁；张廷扬，家有购物集团副总裁。

总产值占社会消费品零售总额的比例，中国内地的电视购物行业还存在巨大的上升空间。按照发达国家电视购物占社会消费品零售总额 2% 计算，电视购物的潜在市场规模将会达到 500 亿美元。可以看出，我国电视购物业市场潜力巨大，是广电系统重点关注的发展方向，是带动区域文化产业发展的有效路径之一。

因此，家有购物在全国已形成较大影响力的前提下，如何成为国内电视购物行业的领军企业，并进一步走向全球，打造国际化知名企业，对未来贵州省文化产业的带动意义重大。

一、贵州家有购物发展现状

（一）全国范围信号覆盖模式，打造全国覆盖最广的无店铺购物企业

家有购物由贵州电视台注资 1 亿元人民币成立，2008 年 7 月 25 日正式运营，总部位于北京，是一家整合电视、网络、商品目录、手机等无店铺销售形式的全国性家庭购物公司。目前，家有购物已覆盖全国 22 个省和 3 个直辖市，覆盖户数达 8143.2 万户，是全国覆盖范围最广的电视购物频道（见表 1）。截至 2012 年 12 月 31 日，家有购物会员数达到 400 万人，销售额超过 20 亿元，形成以电视频道、购物网站、商品目录为主导的三大立体化销售渠道，同时辅以报刊、实体店、外呼、广播、手机等其他渠道资源，致力于打造中国家庭购物行业最具商业价值的销售平台。

表 1 2012 年家有购物覆盖区域情况

频道	覆盖地区数	覆盖户数（万）	会员数（万）
家有	22 省及 3 个直辖市	8143.2	413
快乐	22 省及 3 个直辖市	7623.11	500
东方	10 省及 1 个直辖市	2367.25	200
好享	9 省	3305	180
优购	20 省及 2 个直辖市	7137.24	—

资料来源：拓展中心数据。

家有购物将贵州、吉林、宁夏、河南、四川、重庆等作为重点区域，在商品开发、商品编排时充分考虑这些区域的特征，实现重点区域在全国范围内的领先优势（见图 1）。

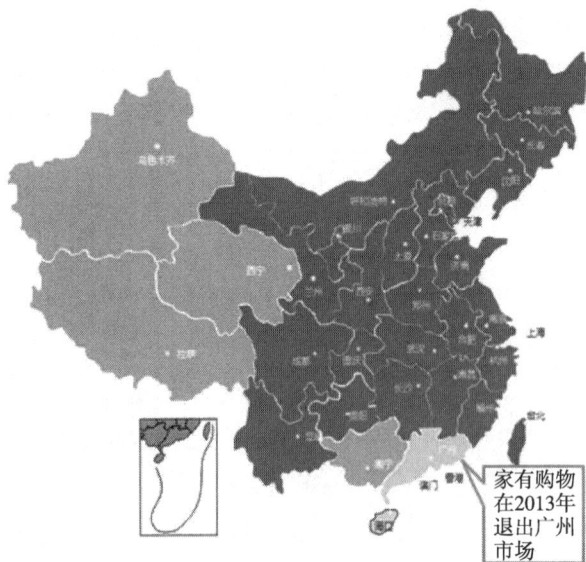

图 1　2012 年家有购物覆盖区域情况

资料来源：拓展中心数据。

（二）全国性人才引进平台，符合公司阶段性发展人才供给、储备、晋升及选拔和自我提升管理机制

家有购物集团通过资源整合，积极搭建统一的人力资源服务交付平台，主要包括：基本保障平台，提供员工基础薪酬、福利及员工关系等服务；人才招募平台，选择合理有效的人才招聘渠道，保证公司各岗位的招聘有效性；文化平台，通过团队建设、集团以及外埠机构一致化的管理模式，形成家有集团统一的文化并贯彻实施。

此外，家有购物还通过组织建设及人力资源开发配置，建立符合公司阶段性发展的人才供给、储备、晋升及选拔和自我提升的通道，具体措施有：建立家有人才盘点体系及核心岗位胜任力模型，寻找并确认家有集团各岗位高绩效人才的核心标准；建立家有商学院管理模式雏形，形成家有商学院的初步课程体系搭建；完善家有组织建设，合理设置组织机构，达到组织及岗位设置的最大合理有效化。

最后，家有购物集团人力行政部门通过了解公司各项业务，以及设置合理的绩效激励机制，稳步提升公司人力效能及组织效率。一是设置 HR BP，深入业务最前端了解公司各业务实际情况，协助业务部门负责人制订合理的有针对性的人力资源解决方案；二是合理利用公司各业务单元的资源，提升公司整体人力效能。

（三）清晰的市场定位，打造中国一流现代化家居用品服务平台

家有购物最初与其他电视购物频道一样，销售全线产品，包括旅游、3C、家居、珠宝收藏等30多个品类。但是运营存在许多问题，如高退货率、服务投诉率高，新客户增加较少，营业额停滞不前。为了从根本上解决以上问题，家有购物对行业、企业、竞争状况进行了充分的研究，走访了重点城市的数百名消费者，了解他们的心智认知状况，随后形成了家有购物的品类战略规划。

第一，中国台湾和韩国电视购物的模式无法照搬。中国台湾和韩国是小市场，采取百货模式是合适的；中国是个大市场，需要开专卖店，家有购物要真正成为全国性电视购物频道，必须进行聚焦。

第二，通过宣传诚信的方式无法解决信任度低的问题。消费者对不同产品的信任度不同，对实用性较强的产品，如家居厨房用品信任度较高，但对收藏等类别信任度较低。

第三，家有购物应该聚焦核心顾客所关注的、具有广泛需求的"家居用品"品类，主营厨房用品、寝具、清洁用品等类别，成为国内第一个"家居用品电视卖场"。相应地，砍掉价格变动频繁、退货率高的3C类产品，以及大家电产品、旅游产品和收藏等类别产品。在覆盖区域上集中几个重点区域，停止较为边远、配送难度较大地区的销售。

第四，针对传统卖场，核心定位为"家居用品，天天特价"，率先实现品类聚焦，通过定位于"家居用品，天天特价"，突破电视购物行业同质化问题。

（四）公司联合各地强势媒体及专业电视购物业务运营企业，共同开展区域性电视购物合作业务

家有在区域扩张上采取了与各地强势媒体联合的策略，分别成立了贵州家有、河南家有、上海家有、吉林家有、宁夏家有和北京家有，为不同区域的消费者提供地区化的专属服务。

在省会城市设立分子公司、实体店等实体机构，并扩展与当地消协的合作，以提升服务满意度，并进行送货、售后等服务优化，同时在分子公司所在地，进行大事件的品牌营销推广，形成围绕会员的体验营销活动，以扩展品牌知名度。尤其在贵阳和长春两地，家有购物于2011年10月开始，推出了物流

"次日达"的服务，在当日 24 时之前订购的商品，次日就能送达顾客手中，大大增加了电视购物的便利性。

采取这种与当地广电集团合作、建立分公司的扩张模式，可以使每个区域的子公司采取独立核算、自主采购、自主编播、自主销售、呼叫统一的方式进行运营，同时由于得到当地广电集团的协助，可以以较低落地成本进入其市场。另外由于中国地大物博，相对独立的运营可以更好地进行商品细分，来满足不同区域顾客对产品的不同需求。

此外，家有购物通过集中资源优化区域频点（位序）、扩展双频道播出、增加时段播出、推广市场品牌等一系列强化营销的手段将家有购物在重点区域内打造成领先于同行的购物频道。

二、海外成功电视购物企业之经验

（一）美国成功电视购物企业简介及经验借鉴

1. 美国电视购物市场规模

在整个美国家庭购物市场中，家庭电视购物渠道的份额并不高，但是作为家庭购物领域第一名的企业 QVC 在家庭电视购物频道的市场份额达到 60% 以上。

依照美国统计署所发布的报告，2011 年美国社会消费品零售总额为 4.69 万亿美元，2011 年美国电视购物市场规模达到 600 亿美元，占美国社会消费品零售总额的 1.5%，占无店铺销售市场规模的 15%。

美国主要的家庭购物企业包括 QVC、HSN 和 ShopNBC，其他还有一些家庭购物频道，但是市场份额较低，一篇刊登在 WIKIINVERST 上对 Liberty Interactive 的分析报告中提出，QVC 占据 63% 的市场份额，HSN 占 26%，ShopNBC 占 7%，对比这三家企业公开的财务数据，其市场份额是可信的。这三家企业在美国家庭购物市场的合计份额达到 96%，其余的家庭购物企业合计市场份额仅占 4%。

经过二十年的发展，美国的家庭购物市场已经走向成熟和稳定，各个企业的市场份额在近年内没有发生剧烈的变化。2009 年美国家庭电视购物市场规模为 78.04 亿美元；2010 年为 82.43 亿美元，比 2009 年增长 5.62%；2011 年市场规模增长至 84.69 亿美元，比 2010 年增长了 2.74%（见图 2）。

2. 美国 QVC 集团

QVC 的公司名称就体现了其三个原则：质量（Quality）、价值（Value）、

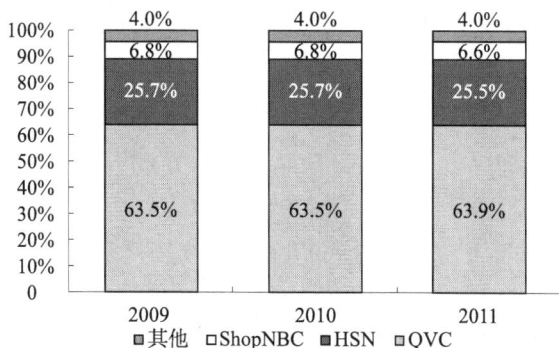

图 2 2009—2011 年美国主要的家庭购物企业的市场份额
资料来源：**Liberty Interactive**、**HSNI**、**ValueVision Media** 财务报告。

便利（Convenience）。QVC 在全球拥有超过 1 亿 6 千万的家庭用户。在德国、日本，QVC 通过与当地电视台联营拓展经营范围。

QVC 公司常年有 150 多名专业人员在全球范围内采购世界精品，提供的商品种类多，价格低，品种全。2011 年 QVC 继续调整产品结构，提升节目制作水平，提高和优化在网站和多媒体领域的投入。2011 年和 2010 年 QVC 在全球的销售额分别较上年增长了 5.9% 和 6.2%，2012 年上半年同比增长 4.6%。其中产品销售的回报率比例从 18.9% 上升至 19.4%，到 2012 年上半年则上升至 19.9%，这主要是由于服装及配件在产品结构中比重上升的结果。

表 2 2011 年上半年和 2012 年上半年 QVC 在全球的销售情况

地区分布	2011 年上半年（亿美元）	2011 年上半年各区域占比（%）	2012 年上半年（亿美元）	2012 年上半年各区域占比（%）
QVC 美国	24.24	64.93	25.2	64.52
QVC 日本	5.02	13.45	5.99	15.34
QVC 德国	5.05	13.53	4.57	11.70
QVC 英国	2.92	7.82	2.96	7.58
QVC 意大利	0.1	0.27	0.34	0.87

资料来源：Liberty Interactive 2012 年上半年财务报告。

QVC 的销售类型 1/3 来自各国知名品牌；1/3 来自公司的联合促销活动。1/3 来自独家销售产品，这些产品来自刚刚起步或刚进入美国市场的企业。特别值得一提的是，QVC 销售时尚设计师的产品。

QVC 的新产品必须通过 QVC 内部质量控制，保证实验室的严格测试。这些测试多数情况下由公司员工手工完成，只有 15% 的产品第一次就通过公司检测，三分之一的产品可能永远都不会面世。

QVC 实行 24 小时全天候的直播，全年无休。销售产品包括食物、化妆品、衣服、珠宝首饰、电子产品、家具等，可谓应有尽有。美国的电视购物频道的观众并非单纯为了购物，很多观众收看的目的只是获取资讯或娱乐。QVC 的电视购物节目就具有突出的便利性与娱乐价值，非常注重节目的娱乐性、欣赏性和知识性，营造节目的感染力，QVC 的 24 小时促销现场秀就曾受到消费者欢迎。另外，QVC 每期节目时长约为一小时，并且都有主题，如"烹饪时间"或"清洁小贴士"等；QVC 还邀请名人如时装设计师或作家在特别节目时段到现场推销他们的产品。近年来，QVC 在电视购物节目中融入了一些流行的电视节目制作的概念。譬如他们就在一档"居室改进"（Room for Improvement）中介绍如果对一个家庭的卧室和厨房进行改进，不留痕迹地把商品植入节目之中，淡化销售的意味，降低了消费者"被推销"的感觉。

除了电视和网络渠道外，还有 5 间代销店和 1 间旗舰店，给消费者提供更多的选择。QVC 实现了 24 小时不间断地销售商品，其顾客每年购买商品的次数平均达到 14 次。

QVC 很重视以多媒体形式打造营销网络，综合运用邮件提醒、RSS 订阅、InsideQ电子杂志、QVC 社区、社交媒体等方式进行产品宣传推广，并实现消费者能在任何地方浏览 QVC 并订购产品。1995 年，QVC 推出零售网站 iQVC（后更名为 QVC. com），2010 年 QVC. com 的销售额已占 QVC 美国的 33%。除了提供可以用 PC 和手机访问的网站外，还于 2008 年在 Facebook、2009 年在 Twitter 平台上设立了官方账号，利用社会化媒体平台收取用户的实时反馈，解答各种产品咨询。同时还开发了基于 Iphone（2009 年）和 Ipad（2010 年）的 APP。

QVC 在美国有 3 家，德国 2 家，英国、日本、意大利各一家呼叫中心。呼叫中心可以通过批量转移的方式将一个呼叫中心的电话转移至另一个呼叫中心，从而减少顾客的等待时间，减少漏接电话。除意大利之外，呼叫中心以及地方代理允许与员工在高峰时间灵活处理电话订单。QVC 还采用计算机语音应答系统处理大约 34% 的订单。

在新技术开发方面，在英国，顾客可以从电视遥控器上的"购买"键进行购买。美国、英国、德国的用户可以通过短信、WAP 以及市场信息提示进行订购。全球目前约 6% 的订单来自手机。

3. 美国电视购物可借鉴经验

（1）有线电视的密切合作。在美国，电子零售、电视购物的发展都需要有线电视的支持与合作。通常的做法是购物公司同有线电视公司发挥各自的优势与特长，有线电视通过提供频道或时段，获取一定比例的销售提成。美国经历了在节目里插播电视直销节目和购物公司仅仅支付广告时段费的发展过程。经过几年的实践，有线电视公司与购物公司都发现这种购买时段的广告经营模式无法适应电子零售的发展需要。只有找到一种机制能够有利于发挥有线电视连接千家万户的优势，把市场做大，合作才有生命力。反之仅仅着眼于短期利益，市场就会萎缩，失去商机。

（2）有线电视与互联网相辅相成。除了电视频道以外，网络购物的发展也使有线电视宽带网的优势有了更多的用武之地。以 QVC 公司为例，网络购物业务在短短两年内就达近一亿美元的年销售额。互联网技术的应用，弥补了电视媒介在时间和空间上对顾客选择商品的限制。漫游购物网站，顾客就等于走进了百货公司的大仓库，可以尽情欣赏，随意挑选。而与此同时，电视媒介的强大宣传功能，又能使购物网站在成千上万的网址海洋里独树一帜。

（3）健全的法律法规。在美国，电视购物的发展也经历了一个监管缺失、行业纷乱的发展过程。随着一系列法律法规的出台和监管责任的明晰，在竞争和规范中，逐渐理顺了市场，规范了行业。

（二）日本成功电视企业简介及经验借鉴

1. 日本电视购物市场规模

日本电视购物发展得比较早，兴起于 20 世纪 70 年代，是从通信产品做起。Jupiter Shop Channel 株式会社是日本电视购物业的先锋，直到现在仍是该市场的老大。知名的美商家购物频道 QVC 在 2001 年进军日本市场，然后，通信业者 Japanet Takata 株式会社的电视购物节目于同年稍后开播，它目前在日本的电视购物市场所占份额仅次于 Jupiter。

在日本，电视购物销售额占其零售市场的百分比已经达到 12%，是可以和大型商场、减价超市相竞争的"第三势力"。日本最大的电视购物公司 Jupiter 运营的 SHOP CHANNEL2011 年的营业额达到了 1209 亿日元，QVC 日本也达到了 880 亿日元，显现出较强增长态势。

2. 日本 SHOP CHANNEL 集团公司

SHOP CHANNEL 的电视购物节目是自家摄影棚制作，24 小时现场直播。电视购物节目通过有线电视、卫星电视、数位电视均可收视。可收视家庭约

2700 万家，由于无法期待更多顾客群，所以为了扩大顾客层，采用加强网络通信节目。2011 年 7 月开始，其计算机网络现场直播节目也是该视听服务的一部分。网络节目通信是将电视直播映像，通过计算机网络画面视听，比起电视购物顾客群，网络购物顾客群透过检索商品后顺便购买产品的几率较可期待。东京有乐町、大阪梅田、名古屋荣 3 家直营门市店。可以直接购买商品，且平日也举办各种试吃、特卖、公开直播节目等活动。

SHOP CHANNEL 每周会推销 700 种左右的商品，其中半数是新品，对服装等商品的细部如接缝、口袋等部分展示十分细致，还会经常有电视购物与品牌进行合作，为电视购物提供限定款式的产品。这些商品买进的数量并不多，不但可以更好地适应时尚转变迅速的市场，还可以以限量和限定为噱头，刺激消费。

在日本的电视购物产业中，SHOP CHANNEL 最先导入从商品采购、节目制作、订货、咨询到送货、网上销售等全部由自己公司负责的一元化管理系统，用户可以根据多种渠道了解和购买到 SHOP CHANNEL 的商品。

图 3 日本 SHOP CHANNEL 业务内容

资料来源：SHOP CHANNEL 官网。

SHOP CHANNEL 的网上商城除了会提供节目预告、节目回放和常规的商品外，还会提供一定数量的电视购物频道中卖断货的产品，同时还专门设有 OUTLET 区，将剩余数量不多、不能很好地发挥电视渠道特长进行销售的产品放在 OUTLET 专区。此外 SHOP CHANNEL 还开发了适用于 iPad 的型录 APP、专门用手机进行购买操作的手机商城、大型的特卖会活动以及可以进行实物展示的实体店，将营销活动扩展到尽可能多的渠道当中。

3. 可借鉴经验

（1）精准营销。电视购物频道能在日本立足，在于掌握了日本零售市场的脉搏。根据有关研究分析人士的看法，都市居民占日本人口多数，他们闲时最喜欢逛橱窗，再加上日本的杂志业欣欣向荣，综合前述因素，造就出全世界最精明、最挑剔的消费族群——日本女性。这群人崇尚跨国名牌，绝不会只看东西便宜就掏钱买，而且，日本女性如风，时尚周期很难维持到六个星期。面对精于挑剔的日本消费者，Jupiter 在展示商品上不敢马虎，一定做到让观众看得清楚仔细的程度，比如说为衣服的接缝及后口袋做特写，因为主妇们往往对这些地方看得很仔细，Japanet Takata 则以严选商品、懂门道、内行的行销方式建立信赖感。

（2）产品更新速度快。主要卖珠宝、服饰和化妆品的 Jupiter 针对日本的风尚转变迅速的特点，每周推销七百件左右的商品之中有半数是新品，另外，它针对日本消费者对独特性的要求而采取少量买进的策略，绝不因商品热门而追加销售。Japanet Takata 则将经营重点放在家电。由于日本法令近来松动，大型低价商店在日本如雨后春笋般出现，商品琳琅满目，消费者不知从何下手选购，于是它评选出各类商品中最具卖相的"杀手"商品，上电视展示。

（3）严格的制度管理。日本建立了一套行之有效的保护消费者权益的法律制度，包括《消费者保护基本法》《消费者合同法》《食品卫生法》《电子消费者合同法》《特定电子邮件法》《产品责任法》《分期付款销售法》等一系列针对不同领域的消费者权益保护方面的法律法规。

针对电视购物、电话购物、媒体购物、上门推销、通信销售（包含电视购物、家庭购物、广播购物）等 6 种特殊商业交易形式，日本专门设立了《关于特定交易的法律》。电视购物的概念是通过电视媒体介绍商品，再通过通信手段进行订购，其本质上是　种异地销售。为了保护消费者的权益，保障交易顺利有序地进行，《关于特定交易的法律》明确规定通信购物的广告信息必须完整，禁止虚假广告，禁止违背消费者意愿销售，禁止未经同意向消费者发送电子邮件等。

其还对电视购物的广告规范做出了十分细致的规定，其中需要明示商品价格、邮费、其他费用、支付时间与方法、送货时间、商家名称、地址和电话、法人代表姓名、申请有效期等信息。在预付款交易中，如果未能按约定时间发货，必须向消费者提供书面材料，表明到款数额、到款时间、能否继续交易等，在无法交易的情况下必须立即返款。

为限制电视购物中不切实际的宣传并有效监控产品质量，该法律明令禁止广告与事实不符或让人产生有利于商家的误解。如电视购物若播放使用者谈感想的画面，一般都会打上"个人感受，并非介绍效果与功能"或"效果因人而异"的字幕以避免纠纷。另外，如果宣传商品治病、防病不仅违反《特商法》，还会触及《药事法》《商品标识法》等。

（4）建立确定连带责任保障消费者权益。在日本的电视购物栏目中，电视台、供货商、代言人三者是具有连带责任的，一旦电视购物中所售的产品与服务出现质量问题，三者都将面临严厉的处罚。这一点对国内来说，是个很大的借鉴。

在售后这一块，与国内电视购物的售后环节缺失不同，日本电视购物频道的运营主体、经营主体与责任主体都十分明确，消费者可以很容易找到供货商。

三、家有购物进一步开拓市场所面临的问题

（一）行业不规范，市场竞争日益激烈

1. 东方 CJ 扩张趋势

东方 CJ 是国内最早采取家庭购物模式的电视购物公司，成功地在上海市场上引导培育出电视家庭购物的消费模式，并且采取区域合作的方式对上海以外的市场进行拓展。

东方 CJ 目前已经构建出电视、型录和网络三位一体的立体传播平台，并且借助 IPTV 等新媒体技术拓展媒体通路，突破了传统电视购物节目在传播空间和时间方面的限制，为其全国扩张打下了基础。东方购物频道在上海市实现了对数字网、模拟网和 IPTV 电视用户的全面覆盖，全市覆盖人口高达 1765 万，对全市电视人口的覆盖率高达 95%，也就是说上海市有 95% 的电视观众都能够收看到东方购物频道。与此同时，在上海市最近一个月收看过东方购物频道的电视观众有 950 多万，每周收看 3 天以上的稳定电视观众约有 100 万

人，喜欢此频道的电视观众有 68 万人。

东方购物尽管立足上海本地市场，但也从 2011 年选择在青岛、成都、武汉等地开播，加大在全国市场的覆盖范围。东方 CJ 以我国最具消费潜力的华东地区为基地，致力于向跨区域的全国性电视家庭购物运营商发展，借助长三角地区观众较强的消费能力和对新事物的快速接受，东方购物在过去几年中销售都保持着较好的势头。

2. 快乐购扩张趋势

跨区域连锁经营是快乐购比较显著的特点之一，积极追求规模最大化、模式标准化和市场连锁化，提出了"以全国若干经济发达城市的电视媒体为主要通路（以网络、型录为辅助通路）"，通过租用频道或时段的方式，将其连锁开到了长三角和珠三角的多个城市，快乐购物频道在中南地区和华东地区的覆盖水平较高，对数字电视用户的覆盖率分别为 28.6% 和 18.8%。

快乐购物频道在全国扩张时也采取与区域广电合作方式的战略。在不同区域采用与当地广电集团合作的方式设立分公司，每个区域子公司采取独立核算，自主采购，自主编播，自主销售，呼叫统一的方式进行运营。这种合作模式，一方面由于得到当地广电集团的协助，可以以较低落地入网成本进入目标市场；另外一方面，通过不同区域的自主采购、自主编播，以区域化细分的供应商品，独立的电购节目，来适应不同区域顾客对产品的不同需求，而不是大一统的，简单地用一个频道，一套节目，对全国市场进行简单的覆盖，这样商品的销售效率可以达到一个较高的层次。

3. 优购物扩张趋势

优购物经国家广电总局批准成立，由北京优购文化发展有限公司、优购物频道和山西广播电视台与实力企业集团联合打造，可覆盖全国数字电视网络的专业购物频道，目前已覆盖北京、天津、河北、河南、山西、山东、江苏、浙江、四川、广西、内蒙、黑龙江、海南、福建、安徽、江西等地。优购物积极拓展全国区域，现已经是继家有购物和快乐购后覆盖区域最广的电视购物频道。在华北地区，优购物频道覆盖水平高于其他频道，对数字电视用户的覆盖率达到 55.5%。

（二）运行模式不够完善，导致市场运作成本增加

1. 推广覆盖成本增加

中国卫星电视经历了"自然落地"到"对等落地"，再到"收费落地"三个阶段。上星频道越来越多，而广播电视网有固定带宽，因此，电视节目落地的资源是有限而相对稀缺的。正因为如此，近年来，各地的电视频道落地费也不断加大。根据克顿顾问公司的统计，2001—2004 年，全国省级卫视每年的覆盖预算几乎都在以翻番的速度递增。一些省会和沿海发达城市的落地价格甚至上涨了 10 倍。曾经只需十几万元、几十万元就可以落地的城市，在一年间就窜到二三百万元。

2. 物流运输成本增加

物流成本（Logistics Cost）是指产品的空间移动或时间占有中所耗费的各种活劳动和物化劳动的货币表现。即物流成本指的是在物流活动过程中发生的成本。具体地说，它是产品在实物运动过程中，如包装、装卸、运输、储存、流通加工等各个活动中所支出的人力、财力和物力的总和。物流成本管理就是对物流相关费用进行的计划、协调与控制。据统计数据显示，我国的物流成本占 GDP 比重达到 18% 左右，远高于大部分发达国家 8% ~ 10% 的比例。也就是说，在中国每生产 100 元的产品，从原料采进、成品输出直到最终上架，需要花费在流通上的成本为 18 元，而欧美只需要 8 ~ 10 元。与此同时，中国物流成本过高的现状并没有改观，全社会的物流总费用依然在大幅增长。据国家发改委统计，2012 年 1 ~ 10 月，全社会物流费用总计 6.4 万亿元，同比增速达 18.7%。

关于物流成本高涨的原因，最明显的一点就是劳动力、燃料、土地使用成本的刚性上涨。这一点也是业内专家经常谈到的一个方面，同样也是物流企业提"涨"的御用王牌。的确，近两年来，物流企业的人工成本、燃料及土地使用成本都在不断提高，这成为物流总成本居高不下的关键原因。

《2012 年上半年物流运行情况分析》中指出，物流成本高企的另一原因是物流行业税费偏高。目前我国物流企业仍旧面临税负偏高、费用多乱的问题。除了税负问题，我国物流业的各项费用也提升了物流企业的成本。例如，以公路运输为主的物流企业，过路过桥费是其沉重负担。中国物流与采购联合会指出，37% 的物流企业过路过桥费占运输成本比重超过 40%。

"物流执行成本"（包括运输、订单处理、仓储、收发货和退换货等成本）已成为电视购物企业除销货成本外的最大支出。在中国市场，未来的趋势是物流成本大幅增长。现在这一趋势已十分明显，高速公路乱收费严重，油价不断上涨，人工成本大幅增长，这就使得物流成本的增长速度更高更快。

3. 专业人员成本增加

目前电视购物频道运营商销售规模、覆盖区域规模不断扩大，运营环节也更为复杂，涉及的环节包括商品遴选、质量检验、节目制作和播出、呼叫中心管理、物流管理、信息系统管理等，同时面对新的市场环境电视购物频道不断开拓新的领域，如网络购物、新媒体购物等，广电总局对电视购物频道和电视直销企业的人才和管理制度也提出了很高的要求，这使得电视购物行业既需要大量的专业技术型人才，也需要越来越多有经验的管理人才，企业在专业人才的招聘上支出也越来越大。

在行业快速发展的背景下，人才与诚信、物流一起成为影响电视购物产业发展的三大瓶颈之一。专业人才招聘网站英才网联最近进行的职场热点调查显示：从细分数据来看，专业人才当中，三成多人今年获得加薪，不过仍有22%的人表示目前薪酬非常低，44%的人认为目前薪酬偏低，可以再高点；29%的人面对高物价表示淡定，薪酬还过得去；只有5%的人对目前薪酬满意。从调查数据分析来看，专业人才的收入整体呈现向好的趋势，23%的专业人才收入增长超过10%，20%的人收入增长在10%以内，41%的人基本持平，另有16%的人呈下降趋势。

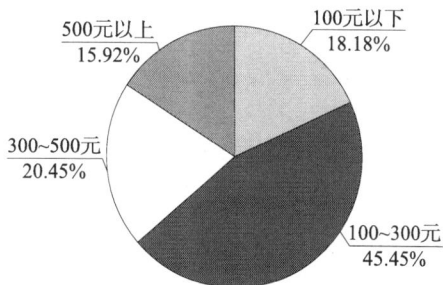

图4　2012年招聘一个员工平均需要付出的综合成本

资料来源：中国电子商务研究中心。

四、家有购物走向全球的机遇和挑战

（一）机遇

1. 实现家有购物信号覆盖扩张至国际市场

家有购物频道信号已经基本实现全国覆盖，未来须把拓展重点放在渠道下沉，将信号覆盖至二三线城市和农村市场。此外，在完成全国覆盖的同时，还可以向国外优秀电视购物企业学习，积极向国外市场拓展，率先迈出中国电视购物企业的国际扩张步伐。

加快家有的国际扩张是由于随着我国电视购物行业以及电子商务的快速发展，国内电视购物经营空间变得拥挤，而国外却存在有利可图的经营空隙导致的企业资源（或产品）在国际上的有效流动．即由于企业所需的某项资源国内匮乏而又不可替代或国内市场已趋饱和等原因，致使企业在国内范围经营由于边际效益递减而获利甚少甚至无利可图，而国际上却存在某种资源的丰裕或市场经营的空隙以及企业拥有利用该项资源或占领市场空隙的优势，很自然地企业将以适合的方式（出口、许可证交易或直接投资）实现经营阵地的扩张或转移，以在更广阔的空间里谋取利益。由上可见，企业国际扩张旨在寻找机会，扬长避短，以适宜的方式进入国际市场进行国际经营，其基本动因在于追求经营效益的提高而实现利润最大化。

2. 完成国际覆盖的同时，获得更大的市场效益

国际扩张是指企业为了在全球范围内获取竞争优势，通过对外投资，在国外设立分支机构或子公司从事跨国经营的一种方式。通过国际扩张可以充分利用公司内未开发的或闲置的资源，在向跨国市场扩张和对这些市场的合并中，将有新的机会出现，能够从现有的能力中生成附加的收益，也就是说产生能力优势。第二，在国际化的扩张和全球一体化过程中，企业可以觉察到新的市场，将它国陌生文化和陌生思想内部化了，从而使国际化公司从民族主义变为多元文化的实体。与此同时，接近了新的资源，遇到了新的竞争者，这些因素都使得公司的能力得以构建，机会得以创造。

如 QVC 在维持美国市场的同时，也积极向北美以外的顾客提供购物广播，尝试着进入新市场。在过去 10 年间，QVC 已经扩张到英国、德国和日本，覆盖了这 3 个国家近 7000 万新家庭。部分地看，由于进入了新的市场，过去几年间，购物频道强劲销量增长的一大部分来自持续增加的新顾客。在一个正常的月份，QVC 可以在全球吸引 20 万新顾客，其中的许多人都成了回头客。公司的顾客群分散在几个不同的国家，总规模接近 4500 万人。

3. 为平台上的产品供应商走向世界开辟一条新途径

电视购物是中国产品走向世界的一个补充，电视购物企业的全球扩张不仅可以为其供应商搭建一个高效率、低成本、零距离对接的重要平台，也可以为中国企业进入全球跨国采购系统、扩大中国产品在跨国采购网络中的份额起到了重要的推动作用。传统的出口行业的利润到了渠道商那儿，国外的渠道商、国外的零售商可能拿走 70% 的利润，扣减掉渠道成本，国内制造商、国内的

企业能分到利润的 15% 左右。但是通过电视购物，产品供应商可以跨过国内外的渠道商，减少中间环节，利润率也可以得到大幅上涨。

（二）挑战

1. 吸引外部投资是家有目前需要解决的主要问题之一

企业国际化经营是企业突破地域限制向高层次发展的重要路径，是公司业务发展的必然趋势。开拓国外市场，需要有足够的资金支持，如何吸引外部投资，是目前需要解决的主要问题之一。要实现电视购物企业的全球化扩张，不仅需要购买不同国家的商品和频道资源，还需要具备配套的全球性的仓储和物流配送系统以及全球性的专业人才，这都需要强大的资金支持。因此，企业走出国门首先是一种资本输出，但目前家有购物还缺乏这样的经济实力，需要不断吸引外部资金注入。

2. 构建国际化人才引进机制是家有成功实现全球化扩张的关键所在

如何形成国际化人才引进机制，吸引更多的具有国际化管理背景与运作经验的人才加入到家有购物，是目前所面临的另一挑战。在海外扩张的开始阶段，不应采用本国的管理模式，因为产品选择、顾客定位等方面还是要针对当地的市场需求来运作。同样，也不能只采用当地的管理模式，一家外国的企业要适应当地文化是需要时间的，在适应的过程中，很有可能"中途夭折"。

在中国企业的全球化进程中，最大的障碍之一无疑当属缺乏具备合适专业知识的员工。那些意欲或已经开展全球化的企业，几乎每个部门都没有足够的、能与国际业务完全匹配的全球化人才，特别是能够与合作伙伴进行谈判和对欧美市场有深刻了解的人才。在海外扩张过程中，先本土化进入，雇用当地人才经营管理，再慢慢地过渡到中外合璧。不过，这个模式不能太久，最后还是要强化以母国管理为主。这样可以快速打入当地市场，又有自己个性，在竞争中有自己独特的优势。

3. 深度整合国际供应链是家有走向全球的必经之路

如何深度整合国际供应链，吸引更多国际知名品牌商品来合作是家有购物实施全球扩张战略面临的重要挑战之一。企业实施国际化的一个重要的体系建设就是企业以全球为基础的无缝供应链系统。全球化供应链管理的实现把供应商、制造商、独家代理商、分销商等所有环节联系起来，通过供应链中各环节的信息网络尽快把握真实的需求与准确的需求量，并把不断变化的市场需求情况及时反馈到企业的中央管理系统，并通过信息的实时共享，组织快速供应，使物流以最快的速度，通过生产、分销环节变成增值的品牌产品，来满足消费者需求。

品牌意味着高质量、高信誉、高效益、低成本。品牌的背后就是一个在市场竞争中始终立于不败之地的成功企业。增加知名品牌的商品，可以使家有购物有重点地进行产品宣传，简单而集中，效果明显，印象深刻，有利于使消费者熟悉产品，激发购买欲望。此外，增加知名品牌的产品销售，可以快捷有效地帮助家有购物进入新的市场领域，树立企业形象，提高企业知名度。

一个地区和企业要做大做强不能局限于狭小的空间范围，必须不断扩大眼界，不断扩大经营范围，最终走向全球化经营。家有购物作为贵州省电子商务和文化传媒行业的领军企业，为贵州省文化产业和国民经济的发展做出了重要贡献，其全国扩展路径以及国际化发展策略为贵州省电子商务和文化产业的发展提供了良好的示范作用，也为其未来的可持续发展提供了一种可靠的参考策略。

五、贵州电视购物发展对策及建议

1. 建立健全法规规章，规范行业竞争

虽然我国电视购物已有 10 多年的发展史，但贵州电视购物起步缓慢，迄今没有一部明确的电视购物节目方面的法规。电视购物业起伏发展和行业法制建设滞后已成了十分尖锐的矛盾。目前，广电总局负责对电视购物频道的审批，工商总局负责对销售产品的广告审核，商务部虽然于 2004 年颁布了《零售业态分类》，将电视购物归为"无店铺销售方式"的行业管理，但这三个管理部门都没有明确的实施细则与分工。而《中华人民共和国广告法》《广告管理条例》《广告管理条例实施细则》对电视购物的管理又存在盲区。譬如，最近 5 年国外电视购物巨头纷纷来华寻觅商机，以多种形式和各地电视台联合成立电视购物公司。由于政策方面的限制，广电总局只能对电视台自办的购物公司进行管理，对甚多民营公司和异军突起的外资合办公司却无权管辖。从业务性质讲，电视购物归属商品零售业，理应由工商部门管理，但电视购物节目赖以传播信息、组织货源、组织销售的行为又同电视、网络等媒体密不可分，甚至多位一体、利益同享。加上电视媒体实行属地化管理，由当地政府部门主管，广电总局不具备直接处理的权限。如此一来，电视购物就陷入了与各方有关，但各方又都无法单独处理的怪圈。对电视购物管理首先应该颁布法律、法规、规章，使电视购物节目做到有法可依。杂乱无章的管理体制，必然导致市

场环境恶劣，企业发展缓慢。加强当前电视购物的法制建设刻不容缓。

2. 建立播、供、销诚信体系，降低运营成本

广播电视节目的对象是观众，而电视购物的对象是用户与消费者。由于电视购物中消费者无法和商品直接接触，因此会对播出机构与商品公司的信誉、实力有着苛刻的要求。消费者如果对自己购买的东西不满意，必然要求退货或者换货，他们在选择电视购物时一定会把提供退、换货服务作为一条重要原则。电视购物机构如何加强售后服务，是价值链上的重要一环。如果说电视购物节目是一张"天网"，售后服务则是一张"地网"，"天网""地网"怎样牢固，需要社会各方的紧密配合。

当然，电视购物中也有消费者的诚信问题。譬如个别消费者买到了不合自己心愿的商品，就不停地退货，或者想方设法给自己退换商品寻找理由，造成送货、物流、快递等方面的大量耗费。目前国内电视购物存在的10%左右的退换货率中，有些是消费者恶意为之的。一些电视购物公司也玩恶作剧，你折腾我，我也折腾你。因此，要鼓励和加强电视购物的社会监督。社会监督仍然可以消费者监督为主，通过第三方的举报处理，来维护电视购物的信誉度。

此外，电视购物的支付方式也一直被广为诟病。虽然电视购物宣称"货到付款"，听上去很"公平合理"，实际操作却是"付款拿货"。对于消费者来说只有拿到配送来的包裹，才有知情权。而一旦出现问题，电视购物企业、产品供应商、物流公司又常常互相推诿，直到把消费者拖得没脾气为止。目前，网购流行的第三方支付值得借鉴，至少可以减少这方面的风险。为创造未来的持久发展，电视购物渠道需要播出机构、商品供应商与消费用户之间的强强联手，这种合作将是未来电视购物诚信体系的重要途径。

文化产业与城乡建设融合发展研究

蒋莉莉*

摘　要

　　新移民对城镇文化的冲击将成为今后一个时期我们不得不正视的问题。一个城市的发展需要传统文化的沉积，也需要新文化的填充。当一个城镇的产业、资源、文化特质与一个时代的发展特质相结合时，这个城镇就出现一个自发打造城镇主题文化的机遇，也给城乡文化产业的发展带来了新的契机。以城镇为依托进行文化生产和消费的聚集，文化产业可以为城镇化提供更加多样和坚实的产业支撑。反之，不断提高的城镇化水平也可以为文化产业创造更大的需求空间。两者融合发展，可以促进现代城乡经济和社会形态的进一步发展。

关键词

　　文化产业　城乡建设　融合发展

　　城市文化是城市的灵魂，历史悠久、博大精深，与城市同生同长，包藏着传统文化的底蕴，洋溢着时代文化的气息，展示着城市生命力的顽强，凸显着城市发展的勃勃生机，体现着城市的"真、善、美"，透射着城市的"精、气、神"。城市文化与城市发展互为条件，兴衰与共，是城市发展的不竭动力，也是城市建设的无形财富。城市文化的力量深深地熔铸在城市精神之中，决定着城市建设的创造力、凝聚力与竞争力的强弱。2012 年，我国的城镇化率达 52.6%，而按城镇户籍人口计算的城镇化率仅 35.3%，之间存在着 17.3个百分点的差距。这说明 2.5 亿农民工和约 7500 万城镇间流动人口还在城市

---

　　* 蒋莉莉，贵州省社会科学院工业经济研究所副研究员，主要研究方向为产业经济、城市经济、财税金融。

还没有真正融入城市生活中。如果按照每年一个百分点的增长速度，到 2020 年，我国城镇化率将达到 60%，意味着我国的城镇人口将会达到 8 亿人左右。进城的农民工将会在现有基础上再增加接近 1 亿人。由此，新移民对城镇文化的冲击将成为今后一个时期我们不得不正视的问题。同时，作为城市管理者，又该如何实现他们对城市的认同感，建设他们的精神家园，也是当前群众路线教育活动应该着力解决的突出问题。

一、文化是城乡建设的基础

所谓新型城镇化，就是要实现城镇化从数量型增长到质量型提升的转变，也就意味着当前城镇化的工作重点是如何实现人的城镇化，其中一个重要的方面就是如何在精神文化方面铸造不同群体对城镇的认同感。城镇作为人类相互联系、聚集、聚居的产物和一定区域内的政治、经济、文化、信息中心，是人类智慧的结晶和人类文明进步的标志。文化是城镇形成和发展的前提和纽带，是城镇发展的灵魂和生命。文化在城镇发展进程中得以继承、发展和延续。城镇文化的延续过程，记载着城镇的过去，标志着现在，预示着将来。有特色的城镇文化能给市民以自豪感，对新移民充满吸引力和诱惑感。文化存在于城镇的每个领域和角落，文物古迹、风景名胜、历史街区和建筑更是浓缩了历史文化的精华，它们是一个时代、一个地区民族文化的象征，记载着先人的智慧、劳动、情感和创造精神，是最具说服力的历史文化见证和化石。失去了历史底蕴和文化内涵的城镇，就失去了城镇生存和发展的根基，就失去了城镇自己的特色，更谈不上城镇的现代化。国内外城市发展的实践告诉我们，经济越发达，城市越现代化，对文化的依赖就越强烈。综观世界名牌城镇，形成的城镇主题文化往往会给人带来精神震撼和灵魂燃烧。那种城镇文化主题是宏大的、矩阵式的、铺排而来的、堂皇富丽的、史诗交响般的。这种主题文化，从城镇精神到城镇文化活动，从城镇景观到城镇色彩，从城镇经济形态到城镇建筑形态，都是以矩阵式、大体量、宽对接、多维度的方式呈现在世界面前的，使这种城镇主题文化让人产生尊崇和渴望。

二、文化产业的发展可以促进城乡经济建设

众所周知，城镇是资源的聚合体。各种产业、资源、经济形态都会在一个

城镇交互存在。但由于资源占有的不平衡性和产业发展程度的离散性，构成了文化发展的差异性，这就成为每个城镇最基本的也是其特有的特质潜力。当一个城镇的产业、资源、文化特质与一个时代的发展特质相结合时，这个城镇就出现一个自发打造城镇主题文化的机遇，也给城乡文化产业的发展带来了新的契机。2011 年 10 月 18 日中国共产党第十七届中央委员会第六次全体会议通过了《中共中央关于深化文化体制改革的决定》，决定要求"加快发展文化产业，推动文化产业成为国民经济支柱性产业"。文化产业是全球化条件下，以消费时代人们的精神文化娱乐需求为基础，以高科技手段为支撑，以网络等新传播方式为主导，以文化艺术与经济的全面结合为自身特征的，跨国、跨行业、跨部门、跨领域重组或创建的新型产业集群。它是以创意创新为核心，以知识产权为根本，统摄生产、传播、流通、消费等产业发展全过程的复合概念，是向大众提供文化、艺术、精神、心理、娱乐产品的新兴产业集群。城乡建设与文化产业相融合，将更加有利于城镇主题文化的形成和发展，给新移民和老居民创造共同建设新家园的机会，更加有利于城乡经济社会的进步和发展。

1. 文化产业是市场经济的时代特征

马克思指出，人类生产劳动的社会分工首先是人的体力劳动和脑力劳动的分工。这种分工造就了物质生产领域和精神生产领域的分离，于是社会生产分化为物质生产和精神生产。他还指出，人类的物质生产、精神生产、个人生命的生产和再生产，是人类生存和发展的基本形式和普遍形式。在精神生产中创造精神产品的能力，形成了精神生产力，也就是文化生产力。

2. 文化产业标志着城乡文明发展的新阶段

以往物质产品生产和消费已经逐渐被精神产品生产和消费所融合。这种需求转型反映出文化在城乡经济发展中的地位和作用越来越重要，以文化与经济相互结合的形态成为城乡经济发展的主流，城乡社会发展正在逐渐走向文化经济时代。

3. 深刻认识发展文化产业对城乡经济的现实意义

文化产业作为新兴朝阳产业，已经在世界范围迅猛发展。美国的影视业已成为全美居于前列的创汇产业，可与其航空航天业和现代电子业并驾齐驱；软件和娱乐产业出口销售早在 1996 年就超过了其他行业，迪斯尼娱乐业等文化产业 1997 年就进入世界企业前十名。英国文化产业发展的平均速度是整个经济增长率的近两倍。日本仅文化娱乐业的经济收入，就可与汽车工业的产值相等同。

4. 发展文化产业推动城乡相关产业升级

随着经济全球化的趋势加快，文化与经济相互渗透，相互融合，相互促进，文化对经济社会实现可持续发展的支撑作用越来越明显，呈现出经济文化一体化发展的新模式和新趋势。文化产业的进一步发展可以推动旅游业、民族民间演出业、民族民间工艺品业、民族节庆与会展广告业、山地体育与户外运动业、广播电影电视业、新闻出版业、休闲娱乐业、网络新媒体与动漫网游业、文化艺术创意设计业等行业的发展，也给城市新移民和城镇失业人口创造了新的就业机会。

因此，有必要借助当前城乡建设与文化产业融合发展的契机，以城乡建设作为文化内涵的有形载体，以城乡公共服务设施作为文化传播的公众平台，注重对文化归属的挖掘和推广，更好地服务于文化繁荣、文化产业的发展，形成一批建设富有特色、文化功能完善、文化产业初具规模的特色城镇。

三、促进文化产业与城乡建设融合发展的建议

促进文化产业与城乡建设融合发展，就是要在城镇化推进过程中，不断满足全社会日益增长的精神文化需求，坚持"科学为纲、规划为要、环境为重、历史为基、文化为魂、特色为旗、以人为本"的原则，通过加强文化产业的大力发展，精心塑造符合自然和历史环境、具有地方特色、体现时代特征的城镇形象。

1. 围绕城镇历史文化特色发展文化产业

特色文化是城镇发展的灵魂和精髓，也是文化产业发展的灵魂和精髓。每一座城镇的发展都面临着对历史传统、风格和地方特色的继承和发展，都面临着如何将历史民族文化和具有时代特征的现代风格相结合的问题，都不能割断历史和文化。而文化产业作为现代服务业，与各民族的民俗、艺术、文化、信息、休闲、娱乐等服务活动相关，它是满足小康形态下人们精神文化娱乐需求的"新兴产业"，是城市化过程中精神消费与娱乐经济融合发展的新载体，是城乡现代服务业的高端组成部分。因此，文化产业的发展就是要围绕城镇历史文化特色，满足现代人们的精神文化需求。

2. 结合城乡发展规划，打造主题文化圈

以贵州省为例，城镇主题文化可由点及面地呈"带状"或"圈状"，由其不同的文化特点分类规划，做强做大。当前，贵州省的主体功能区发展战略主

要呈三大格局。一是构建我省大中城市和黔中城市群为主体的城市化战略格局❶,二是"两屏五带"为主体的生态安全战略格局❷,三是构建"五区三带"为主体的农业发展战略格局。因此,(1)贵州省结合全省主体功能区规划可打造出大中城市和黔中城市群主题文化圈,黔东、黔西、黔北小城镇主题文化圈,"两屏五带"生态文化主题圈,"五区三带"农业观光主题文化圈等。(2)在不同的主题文化圈中,还可以大圈套小圈,根据各自城乡内部文化特色,建立例如"遵义会议""四渡赤水"红色文化圈、"自然遗产"绿色文化圈、"民风民俗"民族文化圈、"名城古镇"历史文化圈、醉美贵州"国酒"文化圈、"爽爽贵阳"休闲文化圈等。(3)每个不同的主题文化圈可以建设各类体验馆、博物馆、展览馆等公共文化设施,并评选出符合文化圈主题的标志性建筑和城市名片。例如在大中城市和黔中城市群主题文化圈建设中,应注重现代艺术和传统艺术的结合,大众艺术和民族艺术的结合,建立符合主题的文化馆和主题公园,例如"锦绣黔城",把贵州的各类自然风光、民族建筑、古城古镇等缩小一定比例,建立一个观光娱乐城。在"两屏五带"生态文化主题圈内,可建喀斯特地貌形成博物馆、丹霞地貌形成博物馆,或称"世界自然遗产科技馆"。在"五区三带"农业观光主题文化圈内,可建观光农业体验馆。在醉美贵州"国酒"文化圈内,可建各类酒文化概念性主题馆。在"遵义会议""四渡赤水"红色文化圈内,可参照江苏无锡的三国城等建设红色文化实景体验城等。在"名城古镇"历史文化圈内,可在古街古屋中建立夜郎文化历史博物馆、屯堡文化生活体验馆等。在"民风民俗"民族文化圈内建设中,应注重旧城保护的完整性和协调性、新旧城市的多样性和灵活性,既要保护好非商业中心吊脚楼、石头楼、权权房、耳房等建筑原文化的延续,又要注重商业区少数民族建筑文化与进驻品牌文化的融合。

3. 城乡建设要为文化产业发展提供服务

(1)准确定位城镇性质。一座城镇必须有自己的风格和个性。没有个性的城镇就没有生命力。要根据城镇的地域特色、历史传统、资源条件、现代的

---

❶ 贵阳、遵义、安顺、都匀、凯里等。

❷ 以乌蒙山—苗岭、大娄山—梵净山山体("两屏"),乌江、赤水河及綦江、沅江、都柳江、南北盘江及红水河水系("五带")为框架,实施生态保护分区控制。在自然保护区、世界自然遗产地、风景名胜区、森林公园、地质公园、重要水源地保护区等禁止开发区域和天然林保护区、重要水源涵养区、石漠化地区、水土流失地区等限制开发区域,建立重点生态功能保护区,构筑以"两屏五带"为骨架、以重点生态功能区为支撑的生态安全战略格局。

城镇功能以及在城镇群中所处的地位，确定城镇的形象基调。如贵州的遵义市，它是贵州省北部区域中心城市，在机械制造、电气设备、有色冶金、电力等重工业和烟酒等轻工业以及旅游服务业等方面均有一定实力，但是这些产业在全国均没有明显的特色和比较优势，相反其作为红军长征的重大转折点，遵义会议在全国几乎妇孺皆知。可见，遵义市塑造城镇形象首先应立足于长征文化，定位于"历史文化名城"。只有这样城镇的文化产业发展才能有根有据有灵魂。

（2）科学编制城镇规划。城镇形象的塑造涉及自然、社会、经济、政治、历史等诸多因素，必须规划先行。在制订城镇形象总体规划过程中，要有全局观念，总揽历史、文化、城市格局等因素，做好经济、社会、环境效益的综合评价。坚持以功能调整为主，在强化管理功能、服务功能、集散功能的同时，突出文化功能；在抓好城镇供水、供气、供电、道路等基础设施建设的同时，完善优化文化基础设施功能；把保护城镇生态环境作为设计城镇形象的基本点，最大限度地做到人工环境与自然环境有机结合，力求做到建设的总量有控制，给未来保留开拓的余地，维护城镇发展在历史文化上的连续性。与此同时，要切实抓好详细规划的编制和实施，特别是对城镇中心区、商业区、生活区、文化区、广场园林等城镇公共空间，一定要精心设计，精心塑造，突出地方民族建筑特色。

（3）构建适应文化产业发展的公共文化设施网络。当前，城镇建设中忽视公共文化设施建设的倾向十分明显。据统计，近一半的县城没有公园，没有一定规模的公共活动场所，图书馆、文化馆、体育馆、科技馆等设施建设也严重滞后于城镇发展，远不能满足城镇现代文化发展的需要，远不能突出地方文化特色。各地在城镇规划和建设中，必须把城镇公共文化设施纳入重要内容，切实做到公共文化设施与其他建筑的协调统一。要重视城镇的建筑、街道、交叉口、广场、绿地、雕塑等人文景观和空间景观荟萃的城镇景观文化建设，重视这些具有丰富历史文化价值的地段及城镇设计的焦点。我国是多民族国家，民族风情浓郁，民族节日众多，在城镇规划建设中，要充分考虑民族文化的继承发展和群众文化艺术活动的需要，重视表演场所等必备的硬件设施、民族文化主题公园、民族民俗文化生态博物馆所等项目的建设。

由此，以城镇为依托进行文化生产和消费的聚集，文化产业可以为城镇化提供更加多样和坚实的产业支撑，反之，不断提高的城镇化水平也可以为文化产业创造更大的需求空间，两者融合发展，可以促进现代城乡经济和社会形态的进一步发展。

行业与区域发展篇

2014 年贵州演艺业发展报告

蔡 伟 钟 晴*

摘 要

全文详述了 2013 年贵州演艺业发展取得的显著成效，分析了贵州演艺业发展存在的问题，对贵州演艺业 2014 年发展情况进行了初步预测，最后针对贵州演艺业发展存在的问题和面临的形势，提出了对策建议。

关键词

演艺业 发展报告 贵州

近年来，贵州省委、省政府认真贯彻落实中共十七届六中全会通过的《中共中央关于深化文化体制改革，推动社会主义文化大发展大繁荣若干重大问题的决定》的有关精神，按照《文化产业振兴规划》《文化部"十二五"时期文化产业倍增计划》等规划和文件的部署，强力推进全省文化产业发展。其中，值得一提的是，作为文化产业重要内容的演艺业近年来通过深化国有文化企业体制改革、推进演艺业重大项目建设、组建文化金融企业、搭建文化产业投融资平台等一系列措施，初步培育起了演艺业健康、有序发展的运行机制和保障体制，推动全省演艺业实现快速发展，并显现出生机勃勃的发展态势。

一、贵州演艺业发展成效

2013 年，贵州演艺业不论是在演艺市场，还是重大项目立项，甚至在体制改革等方面都取得了骄人的成绩。

---

* 蔡伟，贵州省社会科学院区域经济研究所助理研究员，研究方向为区域经济、产业经济。钟晴，贵州省文化馆馆员，研究方向为文化产业。

（一）演艺市场发展势头良好

2013 年，贵州演艺市场呈现出良好发展势头，主要表现在：一是文化艺术服务业快速发展。截至 2013 年底，全省文化艺术服务单位共 2808 个，较上年增加 287 个；共有从业人员 55771 人，与上年相比增加了一倍多；全年实现增加值 12.61 亿元，较上年增长 38.27%；增加值占 GDP 的比重由上年的 0.13%，提高到 0.16%，提高了 0.03 个百分点❶。二是演艺业市场主体实力和竞争力不断增强。培育打造出了多彩贵州文化艺术有限公司、贵州文化演艺集团、黔东南州歌舞团、遵义市文化艺术发展股份有限公司、遵义川剧团、毕节乌蒙演艺集团、安顺市黄果树艺术团文化有限责任公司等在全国乃至国际都具有较强影响力和竞争力的文化艺术表演团体。三是作为重点打造的贵州演艺第一盛典《多彩贵州风》再推新高。截至 2013 年 8 月 30 日，《多彩贵州风》演出已达 2275 场，观众达 250 多万人次，已成为与《印象刘三姐》《云南印象》等齐名，反映贵州民族文化的大型歌舞演艺节目。四是在舞台艺术剧目创造取得了丰硕成果。成功打造了大型花灯剧《枫染秋渡》，民族舞剧《多彩贵州风》（旅游版），京剧《鱼玄机》《七妹与蛇郎》，歌舞剧《仰阿莎》《海棠·秀》，话剧《钟幺爷开心剧场》《霹雳猪梦境奇遇记》等一批精品剧目；编排上演了以酒文化为题材的《多彩贵州风》（旅游版）和《我爱桃花》《这里的黎明静悄悄》《极品邻居》《古韵镇远》《萨玛千岁》《秘境从江》等深受广大群众喜欢的文艺节目。五是贵州演艺走出去迈出了实质性步伐，取得了明显成效。省民族乐团赴加拿大参加音乐无极限国际艺术节，贵州省民族乐团青年演员龙国洪等 4 名演员所演奏和编配的歌曲分别荣获 2013 年渥太华音乐无极限国际艺术节第一名、第二名和两个第三名；贵州京剧院赴墨尔本参加第五届"中国戏剧节"，演出了京剧《十八罗汉斗悟空》《霸王别姬》《拾玉镯》《天女散花》等折子戏；省花灯剧院赴印尼参加亚洲民俗大会文化交流，演出了花灯戏《七妹与蛇郎》，是贵州省花灯剧首次以完整剧目形式到异国他乡演出；遵义市演艺集团有限公司最新编创的文艺晚会《赤技之巅》于 2013 年 12 月 26 日在香港艺术节上首场精彩亮相，可容纳 1200 多人的香港屯门大会堂剧场座无虚席。六是成功举办了贵州省 2013 年春节团拜会文艺演出、第八届贵州省残疾人艺术汇演；开展了"送欢乐、下基层"活动，演出 20 余场，观众近 6 万人次；参与了"生态文明贵阳国际论坛 2013 年年会""中华文化四海

---

❶ 数据来源：贵州省统计局 2013 年文化产业初审数据。

行——走进贵州"联谊文艺晚会、"活力澳门推广周（贵阳）"开幕式活动、欢迎华润集团拓展贵州市场专场文艺晚会、接待美国基辛格博士一行、"舞动乌蒙·唱响毕节"文化艺术系列（舞蹈和声乐）大赛等演出活动。七是举办了多场大型演唱会，如，刘德华巡回演唱会，张信哲贵阳演唱会，林忆莲贵阳演唱会，五月天贵阳演唱会等；开展了"第九届中国舞蹈'荷花奖'民族民间舞大赛"、贵州省 2013 高雅艺术巡演等文艺演出活动。此外，黔西南、铜仁等地演艺公司灵活适应旅游市场需求，依托景区景点打造文化旅游演艺剧目，在旅游景区中开展了形式多样、内容丰富精彩的驻场演出，以及城市夜生活不断丰富所形成的歌厅、酒吧夜场演艺等都实现了快速发展。

表 1　2013 年贵州演艺业创新和打造精品剧目情况

剧目名称	上演时间	类型	取得成效
《枫染秋渡》	2013 年 8 月首演	花灯剧	获第十四届"文华奖"文华剧目奖
《仰欧桑》	2013 年 8 月首演	歌舞剧	首部在"中国最高艺术殿堂——国家大剧院"演出的贵州作品
《钟幺爷》	2013 年 5 月首演	话剧	演出 160 余场，上座率均在 80% 以上
"四滴水组合"		器乐	"第十届中国艺术节·中国民族器乐民间乐种组合展演"比赛二等奖
《追恋》		舞蹈	"第十届中国艺术节·全国舞蹈比赛"进入总决赛
《水寨龙珠》		木偶戏	"全国木偶戏、皮影戏优秀剧（节）目展演"，获"优秀剧目奖"
《霹雳猪梦境奇遇记》	2013 年 6 月登陆	儿童歌舞剧	
《多彩贵州风》（旅游版）			
《严寅亮与颐和园》		花灯剧	

（二）启动实施了一批演艺业重大项目

2013 年，贵州各级各部门及各演艺单位都狠抓演艺业重大项目建设，强力推进贵州演艺业更好更快发展，主要表现在：一是狠抓演出"阵地"建设。启动实施了贵州文化广场项目、北京路大剧院改造项目，截至 2013 年底，文化广场项目已完成河滨、"人剧"和朝阳三地块的土地挂牌工作，并且中天集团完成朝阳地块和"人剧"地块摘牌工作，于 2014 年上半年落实上述两地块的搬迁工作；北京路大剧院改造项目，已完成改造项目审批工作，初步设计方案修改并取得发改委批复及土地过户等相关手续，于 2014 年年中动工建设。继续全力推进多彩贵州城的多彩贵州风大舞台、遵义大剧院等一批演艺场地重点项目建设。二是狠抓剧本创作。围绕以世界级非物质文化遗产"侗族大歌"为题材创作一台音乐剧《大地飞歌》（暂名），取材于贵州民族音乐创作的首部大型交响乐组曲《多彩贵州·韵》，以西班牙名著《堂·吉诃德》为蓝本改编京剧《无风的风车》及以青少年教育成长为题材创作话剧（音乐剧）《一同成长》（暂名）等四项重点项目，向社会各界约稿，截至 2013 年底陆续收到近 10 件出自名家撰写的剧本（稿件），目前正在着力推进这些剧目的编排工作。

（三）文化体制改革完成阶段性任务，改革红利日益显现

按照中央和省关于文化事业单位机制改革的部署和要求，贵州文艺院团改革历经了 2006 年试点启动、2008 年加速推动尤其是 2010 年全面铺开并纵深推进，已于 2011 年底提前一年完成中央"时间表"要求。截至 2013 年底，已完成全省全部 22 个国有一般性文艺院团的改革，全部注销事业单位法人，转企组建公司 16 个，撤销 6 个，核销事业编制 2132 人，按中宣部、文化部核准仅保留了一家事业单位（黔剧团），同时还注销省直 4 家剧场（剧院）事业法人，核销事业编制 170 人。

贵州国有文艺院团认真贯彻落实中央和省关于"推动国有经营性文化单位转企改制"的部署和要求，在积极稳妥推进劳动人事、收入分配、社会保障等制度改革的同时，坚持国有资产管理体制改革的方向，不断深化完善法人治理结构，充分与市场接轨，走市场化发展路子，使企业自主经营、自我创新能力进一步提高。如，黔东南州歌舞团转企改制后，通过创作精品剧目、积极走出省门国门商演等路径，企业发展取得显著成效，2013 年上半年该公司累计实现收入近 310 万元，利润总额近 90 万元，尤其是与中央民族乐团合作打造的大型民族管弦乐苗族歌舞剧《仰欧桑》，于 2013 年 8 月 1 日在国家大剧院成功进行全球首演，与民营企业合作打造的国内首个大型苗侗风情舞台剧《银秀》，更是转企改制文化企业走高端、闯市场的成功典范；省文化演艺集团公司积极开展与万达等公司项目合作，参与《海棠·秀》全国巡演；省杂技团转企后着力开发创作精品剧目，在日本演出取得成功后，2013 年又远赴加拿大开展商演；省演出公司主动全面转企，与赫章夜郎文工团实施省、县跨区域合作，联袂打造《"多彩贵州"黔印象》，并在省外开展商演；遵义川剧团通过改革创新，打造精品剧目闯市场，全国各省市巡演 600 余场；毕节地区整合地县演艺资源组建毕节乌蒙演艺集团有限责任公司，推出的剧目《滚山珠》不仅参加了 2011 年中国首届民间艺术节非物质文化展演，还参加了中央电视台农民春晚等演出；转企后新组建的毕节歌舞团有限责任公司，2013 年已完成 90 余场演出（截至 2013 年 11 月 20 日），创收 490 余万元，实现利润 75 万余元，较去年增幅达 10%；安顺市黄果树艺术团转制后活力倍增，一批剧目在国家赛事中获奖，公司演出收入比转制前翻了几番；梵净山歌舞团有限公司完成了列入贵州省"十二五"重点剧目大型花灯剧《严寅亮与颐和园》的首演和公演，2013 年全年创收 50 余万元。

二、存在的主要问题

2013 年，尽管贵州演艺业发展成效显著，但仍存在一些问题，制约贵州演艺业的发展。主要表现在以下方面。

（一）企业法人治理结构不完善

目前，由原国有经营性文化事业单位改制组建的演艺集团有限公司大多还处于转制推进阶段，集团公司领导干部需由政府部门确定，因此一些演艺集团虽有董事长，但没有确定总经理；一些是有董事长，但没有董事；一些是有董事会，但还没有监事会；一些是建立了党委班子、董事会、经理层、监事会等，但领导人员配置还不齐，等等。因此企业法人治理结构还有待进一步完善。

（二）人才缺乏

近些年来，随着老一代艺术家的退休和谢世，以及受贵州文艺院团普遍不景气、职工工资待遇偏低等因素影响，一部分优秀中青年演员流失，当前贵州演艺人才不足问题十分突出，尤其是贵州演艺业中的骨干力量。由于演艺单位大多是由原国有经营性文化事业单位改制组建的演艺集团有限公司，集团公司领导干部和集团公司下属单位的正职领导干部大多是从其他政府部门或事业单位抽调来的行政管理人才，即使是从集团公司内部提拔上来的领导干部，也大多受改制之前事业单位"重生产、轻市场"观念的影响较重，所以贵州演艺业不仅同一般演艺企业一样编剧、导演、音乐、舞台美术、演员等艺术人才严重不足，而且营销、中介人才、管理人才更是奇缺。

（三）剧目创作经费紧张

目前，财政对院团剧目生产的扶持渠道不复存在，而财政每年根据各院团公益性演出给予的补贴又十分有限，再加上各院团自身的家底比较薄弱，因此基本都无力承担剧目生产的高额投入。尤为突出的是原国有经营性文化事业单位改制组建的演艺集团有限公司，由于企业转制前已离退休人员的工资待遇除社保统一发放的养老金外，还有单位自行发放的二次生活费，这笔费用给企业造成了沉重的负担，而且由于这类人员社保养老金一直执行 2011 年转企改革时核定的标准，随着近年来物价水平、工资水平的不断增长，为了确保此类人员的稳定，导致企业不得不占用部分其他经费，使原本就十分紧张的剧目创作经费更是捉襟见肘。

（四）市场培育不足

演艺节目缺乏品牌，目前除《多彩贵州风》外，其他演艺类节目都还缺乏市场名气，没有形成品牌。演出大都是一些公益性演出，经营性演出很少，尤其是贵州演艺业中的骨干企业每年开展的商演的场数屈指可数。创作剧目不符合市场需求，尽管也创作了《枫染秋渡》《水寨龙珠》《追恋》等具有很高艺术价值的演艺剧目，但是这些剧目并不符合观众的口味，不都为大众所接受。虽然已培养出了一批演艺界杰出人才，甚至是戏曲梅花奖获得者，但仍没有培育出具有较强票房号召力的明星。

（五）演出设备设施陈旧落后

目前，大多数艺术院团的设备设施陈旧落后，部分院团即使举办一些小型演出，也要到其他单位借用设备，直接影响艺术创新手段的发挥和演出水平的提高。此外，北京路大剧院改造、贵州文化广场建设项目、多彩贵州风大舞台等具有较强影响力和规模的演出阵地正在建设之中，预计最快也要 3～5 年才能建成，其间部分院团不得不租借场地进行排练、演出和办公，因此演出无"阵地"问题也十分突出。

三、贵州演艺业发展趋势

近年来，随着全省文化体制改革工作的深入推进和人民生活水平的不断提高，有利于演艺业发展的政策环境和市场环境已经形成，必将推动贵州演艺业实现跨越式发展。

（一）文化体制改革的深入，推动贵州演艺业实现跨越发展

随着文化体制改革工作的深入推进，贵州演艺业发展的体制障碍不断得到

破除，尤其是《国务院办公厅关于印发文化体制改革中经营性文化事业单位转制为企业和支持文化企业发展两个规定的通知》（国办发〔2008〕114号）、《贵州省人民政府办公厅关于经营性文化事业单位转企改制后人员分流、社会保险和支持文化企业发展有关问题的意见》（黔府办发〔2009〕143号）、《中共贵州省委 贵州省人民政府关于深化文化体制改革的意见》（黔党发〔2011〕16号）等一系列文件的实施，加快推进了贵州国有文艺院团转制、进入市场，并配套出台了加大对演艺业资金投入、人才培养、引进社会民营资本等一系列积极的政策和举措，使得贵州演艺业发展实力进一步增强、发展活力极大地得到释放，必将推动贵州演艺业实现跨越发展。

（二）演艺业供求能力增强，演艺业发展空间进一步拓展

1. 演艺业的有效供给增加

演艺剧目创作能力进一步增强。一是成立了以文化厅主要领导为组长的贵州省精品剧目打造工作领导小组，负责全省贵州省精品剧目的组织、协调和服务工作，小组下设专家组，目前已邀请专家、学者20余人，为全省精品剧目生产提供智力支持。二是全省共有18个世居少数民族，是仅次于云南的省份，有着丰富多彩的民族文化资源，并且是红军长征历时最久的省份，有着"遵义会议"、"黎平会议"、"猴场会议"、"娄山关"等一批红色文化资源，这些宝贵的文化资源可为贵州演艺剧目创作提供良好的创作素材。三是2012年贵州还出台《贵州省非物质文化遗产保护条例》，支持具有代表性的民族民间戏剧、曲艺、诗歌、音乐、舞蹈等非物质文化遗产演艺剧目的传播与利用，加强对非物质文化遗产研究人才的扶持和培养，并成立了专项资金来扶持非物质文化遗产演艺剧目的开发，为剧目创作提供了强有力的资金、人才保障。四是近年来一批演艺剧目重点项目的成功，有效地增加了演艺剧目的供给。

演艺业市场主体的实力不断增强。随着贵州一批国有文艺院团纷纷转制、组建演艺集团进入市场，实现了各院团之间资源的有机整合，极大地激发了内部活力，强化企业承接和举办各类大型活动的能力，从而打造出了一批具有较强实力和竞争力，能适应国内外演艺业发展形势需要的市场主体。

2. 演艺业的需求增大

第一，2013年，贵州全省人均地区市场总值已到达22922元，农民居民人均纯收入和城镇居民人均可支配收入分别达5434元和20667元，分别同比上年增长14.3%和10.5%。随着全省经济社会的不断发展，居民收入的不断提高，富裕起来的城乡居民必然会加大对精神文化娱乐消费支出，这必然会导致演艺业这类精神文化娱乐的需求进一步增加。第二，2013 年，贵州全年接待旅游总人数 26761.28 万人次，比上年增长 25.1%；全年旅游总收入 2370.65 亿元，比上年增长 27.4%。随着贵州一批旅游资源的开发、旅游配套基础和服务设施的不断完善，近年来贵州旅游实现了快速发展。文化和地域的差异性，必然会吸引大量的游客去观看反映贵州民族民间文化特色和历史文化的演艺和一些旅游景点举办的驻场演艺节目，必然带来贵州演艺业市场需求的扩大。

四、加快贵州演艺业发展的对策与建议

（一）深化改革，加快完善现代企业制度

针对目前贵州大多数国有演艺集团有限公司改制组建不久，企业法人治理结构不完善、不健全，企业用人方式、管理方式上往往沿用以前事业单位时的那一套老办法，基本不适宜市场经济的要求和规则，所以应着力深入推进改革，加快建立和完善现代企业制度。一是应继续完善法人治理结构，按照产权清晰，权责明确的原则进一步健全完善现代企业法人治理结构，各公司根据集团总体发展目标及规划尽快组建董事会、经理层、监事会，并建立独立核算、自主经营、自负盈亏、自我发展的企业生产经营模式。二是应实施全新用人机制，吸引和培养适应集团发展的优秀人才。实施全员聘任制，坚持实施劳动聘用合同，以岗聘人，择优用人，竞争上岗，以岗定薪。三是应着力进行绩效考核管理。按照存量不减，增量拉开的原则，在基本工资的基础上，制定和完善岗位工资和绩效工资薪酬制度。四是各集团公司和集团公司下属企业还应尽快建立和完善业务经营、经济效益科学量化方法，以及企业财务制度等。

（二）着力抓好艺术生产，增强核心竞争力

应以贵州省支持文化旅游结合为契机，结合贵州省非物质文化遗产的丰富文化背景，以走市场为导向，以符合省内外观众文化消费需求、赢得市场认可为目标，创作生产一批高质量、高水平剧目，既能驻场又可巡演的精品舞台剧目。同时要根据广大群众对演艺节目的需求，有针对性地创作、排练出群众喜闻乐见的优秀节目，坚持送戏下乡，深入各乡村、街道、学校、厂矿、部队演出，让广大基层人民群众欣赏到高水平的文艺节目，尤其是应以"爽爽的贵阳、原生态音乐之夏"为平台，吸引更多优秀团队到贵州进行演出。应将

"十艺节"优秀剧目,例如歌舞剧《钢的琴》、说唱剧《解放》、话剧《红旗渠》、歌舞诗《魅力西藏》、杂技剧《聊斋遗梦》、黄梅戏《徽州往事》、舞剧《红高粱》、秦腔《西京故事》、京剧《大唐贵妃》及上海国际艺术节优秀节目如音乐剧《国之当歌》、话剧《推拿》等以文化交流形式引入贵州舞台,并引进一两台国内外知名大剧和深受群众喜爱的演艺节目,例如百老汇、红磨坊经典剧目,开心麻花、德云社巡演版剧目等。

(三) 鼓励演艺企业整合资源和股份制改造,拓展市场

鼓励演艺企业通过多形式、多领域合作,面向市场积极参与市场竞争,实现多元发展、共同发展。一是依照《公司法》《企业国有资产法》及其他相关法律有关规定,引入战略投资者。在引进资金的同时,伴随引进先进的创意理念和技术,引进先进的经营管理方法。二是鼓励演艺企业寻求与知名企业合作节目并展开驻场演出及巡演,形成品牌和有可持续竞争力的市场产品,维护和推动企业发展。三是鼓励演艺企业积极探索演艺与旅游、演艺与科技、演艺与民族民间工艺品生产等方面融合,发展舞美工程及舞台艺术咨询服务,舞台艺术衍生产品的开发、销售及经营,以及文化活动策划与制作等相关产业发展,拓展经营领域。

(四) 加大对国有改制院团的资金扶持力度

一是加大政府购买演艺服务的力度,一方面应进一步提高每场公益性演出费用,由当前的每场给予一定费用,转变为按演出节目的长短、内容、演员数量、效果等综合确定每场演出的价格;另一方面是增加购买场次,"以买带补",扶持一批国有演艺企业顺利完成改制,适应市场发展需要,并且建立相应的制度和措施,确保扶持政策的相对稳定性。二是在设立"精品剧目"专项资金的同时,将"非物质文化遗产保护和开发"和"文化产业发展"等专项资金进行整合,对院团的艺术剧目创作,尤其是"非物质文化遗产"类的戏曲、舞蹈等演艺节目的开发和保护予以资金支持,鼓励和扶持院团创作出具有市场竞争力和深度文化内涵的艺术精品,切实增强院团的核心竞争力,确保院团的后续发展。三是针对贵州演艺企业普遍设备设施落后的现状,给予各院团一定金额的财政贴息资金,用于添置和更新必要的服装、乐器、音响、灯光等设施设备贷款贴息,以提高各院团艺术生产的质量和水平。

(五) 建立健全文艺人才发展机制

一是要重视人才的引进和培养。一方面要不拘一格地面向全省、全国招聘

演艺人才，尤其应建立高端演艺人才的引进机制，对获得"文华奖""梅花奖"等国家级专项大奖的艺术人才引进开辟绿色通道和给予奖励，吸引一批高端人才来贵州发展；另一方面应同省内外艺术类学校大力合作，加强实习基地建设，加大艺术演艺人才的培养。二是营造事业凝聚人、制度管理人、待遇留住人、真情感召人的良好人才环境，切实解决好演艺人才的引得来、留得住问题。

（六）切实转变演艺业发展模式

自从中央执行"八项"规定以来，尤其是中央五部委联合发出了《关于制止豪华铺张、提倡节俭办晚会的通知》以来，晚会演出、节会庆典受到大量削减。因此，针对这一政策，贵州演艺企业应积极转变当前以参与政府与国企组织的演出项目为主的发展模式，充分了解市场需求，明确自身发展定位，有针对性地调整自己"艺术生产"方向，"脱官入民"，将演艺业从"小众艺术"发展到大众文化消费，切实转变演艺发展模式，加快推进贵州演艺业发展。

（七）切实解决好各国有院团改制前离退休职工待遇问题

针对大多数改制院团都普遍存在的离退休职工待遇问题，应将各院团的离退休职工全部纳入社保进行社会化管理，由财政拨专项资金用于解决这类人员的待遇问题，切实减轻各国有演艺企业的经济负担和管理负担。

参考文献

[1] 演艺业"脱官入民"才有真正出路 [J]. http：//zt. rednet. cn/c/2014/01/16/3252698. htm.

[2] 胡敏姿. 湖南省演艺业发展现状与推进策略研究 [D].

[3] 赵迎芳. 山东省演艺业发展现状与对策研究 [J]. http：//wenku. baidu. com/view/e763e9eb998fcc22bcd10d47. html? from = rec&pos = 0.

[4] 刘筠梅. 内蒙古演艺市场的发展对策研究 [J]. 内蒙古大学艺术学院学报，2012 (4).

[5] 2013 年贵州省国民经济和社会发展统计公报.

2014 年贵州广播电视产业发展报告

朱 薇❶

摘 要

　　贵州广电以加快发展为主题、以体制机制创新为重点、以满足人民群众文化需求为出发点和落脚点，坚持事业、产业协调发展，全面推进文化改革发展，新兴产业开发初见成效、产业经营稳步增长、重点项目建设稳步推进、上市融资筹备工作有序开展，为贵州广电事业产业发展奠定了坚实的基础。在当前国家大力支持文化产业发展的背景下，在贵州前所未有的重大历史机遇中，贵州广电局抢抓机遇，实现自我突破，力争到"十二五"期末，发展成为全省首家传媒行业百亿集团。

关键词

　　广电产业　发展报告　贵州

一、贵州广电产业发展现状

　　自改革开放以来，贵州广播电视业发生了翻天覆地的变化，取得了巨大成就。往昔难寻的精神盛宴，今日习以为常；往日只属于城镇居民享有的特殊待遇，如今已为城乡共享。电视、电影、广播想看就看，想听就听，这些项目已然成为给贵州百姓带来最显著、最愉悦的休闲娱乐之一，同时也成为贵州人民群众文化精神生活的重要组成部分。2013 年，贵州广播电视业以增强竞争力和舆论引导力出发，继续深化人事、劳动、分配等机制改革，建立正确舆论导向、提升竞争优势、盘活经营体制，经营管理模式逐步市场化、多元化，经营

---

❶ 朱薇，贵州省社会科学院区域经济所副研究员。

产业链以产业优势为主体向上下游延伸，在部分企业中已取得显著效益，并呈现广阔发展前景。

（一）行业发展总体情况

2013 年，贵州广播电视产业在省委、省政府的坚强领导和大力支持下，在省广电局、广播电视台的推动下，贯彻落实党的"十八大"和省第十一次党代会精神，坚持"稳中求进、提速转型"，深入推进文化体制改革，着力稳增长、扩投资、调结构、增活力，各项工作有序推进，产业发展呈现稳中有进、稳中提升、稳中向好的态势。

2013 年全省广播电视电影服务单位有 239 个，个体工商户 67 户，共有从业人员 7216 人，收入 12.77 亿元，实现增加值 7.06 亿元，占 GDP 的比重为 0.10%。年末共有广播电台 4 座，自办节目 38 套；电视台 5 座，广播电视台 85 座，自办节目 102 套，有线广播电视用户 394.28 万户，其中农村 218.2 万户，有线电视入户率 32.1%，年末广播人口覆盖率为 90%，比上年提高 1.5 个百分点。电视人口覆盖率为 94.1%，比上年提高 1.1 个百分点。

表1　2012 年全省广播电影电视服务业概况

指　标	单　位	2013 年
增加值	亿元	7.06
增加值占 GDP 的比重	%	0.10
收入	亿元	12.77
广播电视电影服务业单位数	个	239
个体工商户	户	67
从业人员数	人	7216

表2　2013 年全省广播电视及覆盖率情况

指　标	单　位	2011 年	2012 年	2013 年
广播电台	座	4	4	4
自办节目	套	31	39	38
电视台	座	5	5	5
自办节目	套	101	101	102
广播电视台	座	79	84	85
有线广播电视用户	万户	396.57	396.61	394.28
有线电视入户率	%	34.30	32.90	32.1

续表

指　　标	单　　位	2011 年	2012 年	2013 年
年末广播人口覆盖率	%	88.00	88.50	90
电视人口覆盖率	%	92.80	93.00	94.1
农村广播人口覆盖率	%	86.10	86.60	86.60
农村电视人口覆盖率	%	91.70	91.90	91.90

从 2013 年的发展结果来看，广播电影电视业多元发展，主要表现在三个方面：一是整合资源，促进产业融合发展。如贵州广电集团在培育核心竞争力的同时，加快与其他资源，特别是与高新技术、旅游资源的嫁接合作步伐，通过融合发展，不断延伸产业链、丰富产业结构。二是城市影院建设稳步推进。2013 年全省新增城市影院 22 家，城市影院达到 58 家，并且星空影业新建了 4 家县级影院，其中，龙里星空影院已开业，习水、沿河、黔西星空影院已完成建设工作，力争在近期开业。三是支持鼓励民营资本进入政策许可领域。2013 年，省广电局为 4 家机构颁发了广播电视节目制作经营许可证，其中 2 家机构为民营企业（贵州人尹文化传媒有限公司、贵州黔北记忆旅游文化股份有限公司）。全省新增 22 家城市影院中就有 18 家为民营影院。

（二）稳步增长中促进产业经营

贵州广播电视传媒集团自诞生之初，就表现出企业规模较大、发展速度较快、领导期望较高、自我要求较多等特征，但与全国同行相比，却表现出体量相对较小、经营收入主要依靠广电基础性产业、人才短缺等不足。集团自组建以来，一是不断整合内资源，优化配置，将原既有局属企事业又有台属企事业的十分分散的广电企业进行有效整合和优化，使得原来互相独立的孤岛资源形成合力，向纵深和产业链发展；二是不断整合外部资源，大力发展战略型新兴产业，通过产业链条的延伸，丰富产业构成，并逐步形成贵州广电独有的资源优势；三是不断创新投融资渠道和手段，依托资本运营实现产业转型升级；四是重视人才培养和引进，确立了"全媒体融合提升、多元化跨越发展"的新战略，构建"以人才提升为引擎，以科技创新和资本运营为两翼"的新格局。集团结合自身实际多措施多形式的战略部署，实现了企业规模的稳步扩大，为充分发挥贵州广电优势，实现文化产业和事业的大繁荣大发展构建了蓝图，夯实了基础。

1. **突破体制、创新机制，集团企业规模稳步扩大，焕发出新的生机和活力**

集团作为新兴市场主体，不断深化完善法人结构，建立健全组织架构，并依据《公司法》的相关规定，加强顶层设计，制定了党委会、董事会、监事会、总经办等重大会议制度，建立起了科学的管理体系和规范的决策机制，为培育具有核心竞争力的多元化发展的现代传媒集团打下了坚实基础。

截至目前，集团注册资本 3.77 亿元，资产总额近 60 亿元，有员工 6164 人，下辖 3 家省属大中型国有文化企业在内的 18 家二级子公司、20 家三级子公司、25 家四级子公司、4 家五级公司，其中，贵州广播电视信息网络股份有限公司在全省共有 84 个分公司，家有购物集团有限公司下辖 17 家分子公司。

集团企业规模的稳步扩大，既顺应我国及省委省政府大力发展文化企业的要求，也是广电产业适应市场发展的迫切需求和做强的必然选择。集团整合广电产业后的规模效应正在日益显现，逐步建立的符合自身发展的适应社会主义市场经济发展要求的机制，释放了生产力，焕发了新的生命力。

2. **依附平台、集中优势，集团打造了贵州广电独有的产业链**

广电产业的核心资源，毋庸置疑在于电视和广播的播放平台。集团谋求打造广电全产业链，让广电资源实现强大的盈利能力。目前，通过整合广播电视台频道频率资源，实现广告收入的倍增。在此基础上，打造上游的贵州天马传媒公司进行广告内容制作，家有购物依托电视的播放平台，成为全国前三甲的电视购物公司。北京经纬星有限公司依托广电媒体资源，同时通过影视剧投资公司和集团资金管理中心的资金有效配置，实现精品电视剧的拍摄和制作。省广电网络公司作为播放渠道运营商，成长潜力巨大，同时借助推行"三网融合"的契机，拓展网络平台，同时与高新技术对接，谋求电子商务平台和手机终端运用领域。集团通过紧紧围绕播放平台，实现了从制作到播放、内容到渠道的全产业链拓展。

3. **整合资源、优化配置，集团获得了强大的资源优势**

集团经过两年的产权划转、股权整合和完善组织架构，整合内外资源、优化配置，已逐步成为产权清晰、具有独立法人地位的产业集团，并通过获得贵州广电独有的关联性资源、垄断性资源、市场性资源优势，不断推动广电产业跨越性发展。(1) 为顺应科技创新带来的变革和冲击，探索传统媒体与新兴媒体有效的融合模式，集团与上市高新技术企业朗玛公司共同发起设立"朗视传媒"，从而形成贵州广电独有的关联性资源。(2) 加快推进示范性新型电子商务文化产业基地——家有购物集团电子商务文化产业基地项目建设，抢夺

"贵阳市白云区动漫产业园"等其他新兴文化产业园区阵地，率先搭建贵州省文化交易平台等。集团将在壮大自身发展实力的同时，引发"核聚变"效果和爆发式增长，从而形成贵州广播电视产业链上的垄断性资源。（3）通过强化和提升影视资源、院线资源，提高星空影业的市场化水平，抢占贵州的院线市场资源。（4）利用家有购物已形成的品牌优势积极参与市场竞争并发挥其核心竞争力和影响力，丰富贵州广电品牌内涵，获取更为广阔的品牌市场资源。（5）通过贵州广电旅游客运有限公司积极推动和促进文化与旅游的深入合作，极大提升了获取市场竞争性资源的优势和储备。

4. 吸附资金、融合共生，建立了贵州广电发展平台

为着力解决制约广电产业发展的资金瓶颈问题，集团不断创新投融资手段，依托资本运营实现产业转型升级。（1）2013年6月，集团成立"资金运营中心"，从宏观层面对资金进行统筹和合理配置，解决下属公司资金分散，没有规模效益的问题，同时集中资本助力产业升级，集团所属28家公司已纳入资金池，月平均归集资金2.6亿元，实现理财投资收益367万元。（2）集团继续深化"银企合作"，分别在工行、招行取得了1.5亿元的低息授信，获得民生银行5亿授信，中行、交行对集团的授信审批也基本完成，预计2014年将获得25亿～30亿元的银行融资。（3）为建构文化产业连接资本市场的通道，集团主导的贵州文产基金开始运行，并设立了贵安创业投资基金、贵州省能矿产业投资基金、遵义红色旅游发展投资基金等多个子基金，控股贵州文化产权交易所。截至目前，贵州文产基金已从北京、上海、广东、深圳、江苏、黑龙江、南京以及省内各地市考察获取项目482个，最终储备入库项目135个，完成项目概要报告186份，项目评估报告35份，签订投资意向书13份、投资报告6份，如遵义红色旅游项目。（4）大力推进省广电网络公司和家有购物公司上市工作进程，培育上市主体，以及天马公司上市准备，构建产业资本聚集能力。目前省广电网络公司战略投资者引进工作已基本完成，上市前置审批已获国家新闻出版广电总局批准，并呈报了中宣部，在2014年底前实现上市，填补贵州文化企业上市的空白。

（三）各主体产业发展迅速

根据广电集团NC财务系统统计，2013年集团实现经营收入41.98亿元，利润2.7亿元。

贵视文化传媒有限公司，其本部于2013年全面代理贵州卫视频道广告、节目制作、购剧、覆盖、宣传推广，经营"贵视大厦"及"金阳世纪城"两

处房产，其子公司运营电视购物、影视剧投资投拍、代理地面频道及物业等业务。贵视公司 2013 年面对"限广令""限娱令"等国家宏观经济政策的调整、新媒体的严重冲击与激烈的市场竞争等不利因素，不断创新经营方式、积极探索经济增长点，到 2013 年 11 月底实现营业收入 23.26 亿元，保持了两位数的增长。

其中，贵视公司本部 5.76 亿元，家有购物公司 14.34 亿元，天马公司 2 亿元，数美华广 6493 万元，科健 1644 万元，经纬星公司 751 万元，天娱公司 755 万元。

除经营创收工作圆满完成外，值得一提的是，由贵视公司全面代理的卫视频道，一方面全国人口覆盖量达 9.46 亿，排名第 7 位，超过北京、天津、安徽、广东等省市，再创新高，且覆盖经费节约 2000 余万元，运营成本下降；另一方面收视排名全国领先，已位居西部第一。

贵州广电网络信息有限公司，作为传统媒体的转播平台，没有故步自封，而是勇于面对来自新媒体传播以及诸如中国移动、电信等强大对手的挑战，抢抓发展机遇，强化内部管理和实施技术创新，不断总结"三网融合"试点经验，克服整体收视率下滑的市场环境，大胆开拓新的经济增长方式，着重推动高清互动业务的开展，到 11 月底实现收入 13.48 亿元，利润 2.16 亿元的既定目标，收入和利润较去年增长分别为 29% 和 81%。目前，高清互动业务已成为广电网络公司创收的第二大主要来源，用户数量将会在 2014 年初突破 70 万，带来 1.68 亿元的订购收入。

贵州星空影业有限公司，在践行现代企业管理制度的道路上，建立健全各项制度，不断完善法人治理结构，实施以制度建设为核心的企业文化建设；在实施精细化管理的进程中，推进以"创新力、执行力、向心力"三力并举的管理模式，着力素质提升工程，打造整个经营团队的核心凝聚力、战斗力；在推进品牌战略的过程中，通过组织承办星空微电影大赛和其他社会公益活动，展示和提升星空的社会责任感和品牌影响力；在面对激烈的市场竞争环境下，开创了多种经营方式并存的营销方向，在扭亏为盈的同时，借力星空会员卡，加强与星空影城周边的餐饮、休闲、娱乐等机构的合作关系，实现社会资金的吸纳，解决星空院线建设的资金难题，加快星空数字院线建设步伐，到 2013 年 11 月底实现总收入 4529 万元，超额完成集团下达年度经营收入目标，实现净利润 167 万元，这一实质上的经营成绩，为星空公司迅速抢占院线资源、以规模效益壮大自身实力、实现跨越发展奠定夯实基础。

贵州家有购物集团有限公司，紧紧围绕"成为极具商业价值的家庭购物企业、拥有行业影响力的先锋企业"的战略定位，坚持以用户满意为标准的质量宗旨，深入持久开展质量信誉工程活动，同时，以"提升客户体验、有效整合供应链体系"的核心营运理念，持续打造品牌效应。家有购物公司，通过领先的技术和经济的手段，实现产品质量和服务水平最大限度满足用户需求，在全球经济增长速度趋缓、电视购物市场交易规模增速放缓的形式下，保持经营业绩的持续增长，2013 年实现主营业务收入 14.34 亿元，较 2012 年增长了 19.7%，对集团经营收入在体量上的提升有着重大贡献。

贵州天马传媒有限公司，在广告运营与全国其他省级地面频道同样遇到严重困难的情况下，仍然保持了一定的增长速度，并大力拓展非电视广告业务，到 2013 年 11 月底完成了 2 亿元创收任务，超额完成年度目标任务。与此同时，天马公司积极寻求多元化发展：（1）针对贵州家居市场蓬勃发展的态势研发《家园美居》栏目，并将继续开发多档针对教育、旅游、婚纱摄影行业的商务栏目等，实现栏目创收渠道多元化；（2）通过为碧桂园、农村信用合作联社、罗汉营项目等项目提供品牌策略和媒介策略的整合营销全案代理服务，成功介入了产业上游，获得了新的盈利空间；（3）通过自建、收购、买断经营权、代理合作等模式先后对贵阳市机场、两城区户外和 LED 等媒体进行了市场化运作，成功掌控了多个户外 LED 和大牌媒体的经营管理权，提高了非电视媒体资源持有量，大大提升了非电视媒体业务的增长；（4）通过发挥自身优势，打造生活服务平台三驾马车（维雅风尚造型机构、优视摄影机构、非常完美婚庆机构），优化了要素资源配置，使资本、技术、人才的活动竞相迸发；（5）通过创立、运营天马酒业，延伸产业链条，丰富了产业构成；（6）加强影视制作产业的拓展，拉动业务模式的创新，持续进行和将开发涵盖微电影、公益广告、品牌设计三大板块的创新产品；（7）依托北京创意中心，为品牌提供全方位的策略、创意、设计、制作、升级维护及传播服务，并着力于拓展新媒体设计等未来发展势头强劲的核心业务。

贵州大众广播传媒有限公司，立足自身发展优势，通过多种措施扭转了部分频率收听率较低、经营长期困难的局面，实现经营收入 1.055 亿元，超额完成年度目标任务 9.61%，净利润 2400 万元，较好地完成了集团年初下达的既定目标。（1）投资 920 万元用于交通广播的高等级公路同频覆盖，以提升覆盖率来增强影响力；（2）通过开展各类营销活动 300 多余场次，在强化频率品牌建设的同时，创造新的赢利点和赢利能力；（3）加强对外广告合作，启动与云南优选都市广播的广告经营，拓展经营发展方向；（4）完成对上海大众和长城汽车两家 4S 店各 51% 的股权收购工作，大幅提升产业规模；（5）完成对贵州旅游客运有限公司的股份改造，获得 150 个贵阳市旅游客运经营权指标，首批 65 台车辆上路运行，成功进军旅游行业；（6）推进广电出租项目的发展，树立文明优质服务的良好形象，延伸广电品牌效益。

贵州广播电视报社有限公司，在纸质媒体不断受到新媒体的冲击下，突破自身发展约束，经星空公司正式运营改版后于 2013 年 3 月全新上市，前四期广告创收就已完成了全年任务的四分之一，9 月份就已完成集团下达的经营目标任务，在 2013 年实现经营收入 573 万元。同时，改版后的《贵州广播电视报》无论从印刷质量、栏目设置，还是宣传内容、广告收入等方面，都获得了量的提升和质的飞跃，发行量增长 171.11%，已成为贵州发行量最大的周报。

贵州卫星产业发展有限公司，不断巩固自有业务，推进中央卫星传播中心下达 2013 年的 3、5、6、8 加密卫星电视收视费收费任务，同时，积极拓展境外卫星电视节目订购业务，实现收费终端 1400 余个。为谋求新的经济增长点，卫星产业公司经多次向中影集团沟通和反映贵州目前县级电影放映的现状后，中影集团同意将贵州作为全国唯一探索不发达地区县城数字电影流动放映模式试点。该项目采取由中影院线（北京）公司授权的贵州鼎和影视文化传播公司和卫星产业公司共同组建投资"贵州容大影视文化传播有限公司"的运营模式，目前已完成贵州省内部分试点营运工作，大大提升了公司的经营创收能力，拓展了公司的经营思路。2013 年，卫星产业公司实现经营收入 1700 万元，较好地完成了集团年初下达的既定任务。

北京经纬星影视有限公司，作为台和集团进军影视剧领域的"先头部队"，于 2012 年 11 月将其核心主营业务转为影视剧拍摄制作，并致力于通过对贵州重大影视题材的打造，以及市场化的深度探索，以期成为西南产量最大，在全国具有一定影响力的影视公司。可喜的是，其投资的《领袖》《十送红军》被列为央视 2014 年重点剧目，并顺利地实现了 751 万元经营创收任务。

（四）深化体制改革稳中求进

（1）为深化文化体制改革，帮助集团所属公司在转制过程中更好地适应市场经济，培育合格的市场主体，集团及所属公司与省文改办沟通，积极做好 2013 年度中央和省文化产业发展专项资金的申报工作，争取到省级和中央有关资金扶持共计 2300 万元。

（2）为提高干部员工的认同感、归属感，加强集团的凝聚力，树立集团的整体形象，集团于 2013 年初便制作完成了 VI 视觉设计手册，年中搭建了集团官方网站，并在年底制作了集团的专题宣传片，利用 2014 年贵州广播电视台广告推介会（贵阳站）的机会进行了推广宣传，极大地提升了集团品牌认知度和社会影响力。

（3）为配合贵州建省 600 年，科健公司启动"600 年·纵横贵州"电视宣传活动，集合全省 9 个市、州和 88 个县、区电视台资源，从经济，文化等方面取得的辉煌成就，全景式展现贵州丰富多彩的民族文化，不仅提升了广大电视观众对贵州的文化认同感和自豪感，弘扬了后发赶超与全国同步实现小康的贵州精神，助推了贵州民族地区实现跨越式大发展，同时也展现了台和集团的社会责任和正确舆论导向及宣传作用。

（4）为加强和改进集团及所属公司领导干部的管理，推进全行业领导人员管理工作的科学化、制度化、规范化，造就高素质全行业领导人员队伍，推动以"政治素质好，经营业绩好，团结合作好，作风形象好"为目标的领导班子建设，集团根据有关政策规定，参照贵州省其他行业省管企业领导人员管理办法，并结合集团实际，出台了《贵州广电传媒集团有限公司领导人员管理办法》。

（5）抓好集团干部队伍建设。一是配合省委组织部完成集团监事会主席和下属三家大中型企业总经理人选的"两推一述"工作，从本系统内推荐提拔了四位同志为省管干部；二是配合完成了地厅级后备干部推荐工作，从集团内部推荐了四名同志为省地厅级后备干部。

（6）积极开展集团党建工作。一是积极向省直机关工委申请成立集团直属机关党委；二是完成全集团党组织和党员基本情况统计分析；三是拟定了理顺集团基层党组织的方案；四是拟定理顺部分党员支部归属方案；五是批准成立星空影业党支部、集团总部党支部等 7 个集团所辖新党支部；六是购置并掌握《全国党员管理信息系统》，拟定了基层党组织和党员建卡录入方案；七是完成了日常党组织关系转接、公文处理、公文制发、会议管理等。根据《关于统计集团党组织和党员基本情况的》（黔广集直党字〔2013〕7 号）统计结果，集团共有基层党组织 24 个（不含网络公司地州基层党组织，仅包括属局、台、集团的基层党组织），党员 1190 名（其中正式党员 1157 名，预备党员 33 名），发展党员人数 283 名（其中申请入党 122 名，积极分子 97 名，发展对象 64 名）。

（7）为谋求贵州广电事业和产业在贵安新区的发展空间，台和集团创新思维，于 2013 年 4 月成立台和集团贵安新区工作处（记者站）。贵安新区工作处"讲政治、顾大局",积极主动地配合贵安新区新闻宣传,累积在《新闻联播》《综合广播》以及其他频道播出新闻近 170 条,获得贵安新区领导和部门的赞誉,并荣获贵安新区党工委、管委会 2013 年度先进集体。同时,为集团文产基金与贵安新区开发投资有限公司旗下基金牵线搭桥,达成合作。

(8)为增强集团及所属公司办公大楼的使用效益和成本意识,积极推进了贵视大厦进行有偿使用工作,提高了办公用房使用率,合理分摊了房租、公共设施维修、水电等管理费用,进一步加快了市场主体培育。

(9)按照国家、省和集团关于开展"六五"普法的整体部署和要求,集团积极推进"六五"普法工作,并结合集团发展和实际需要,通过书籍、影片、互联网等多种方式,认真组织全集团干部员工学习《公司法》《劳动法》《保密规定》等重要法律法规,提高了集团用法律手段解决实际问题的能力。

(10)在集团党委的统一部署下,集团完成了相关事件的调研调查工作和有关党风廉政建设精神会议。按照中央及省委的要求,积极推进党风廉政建设,落实中央八项规定,省委十项规定。同时,按照省局和台的整体安排和部署,集团办认真对照习总书记在党的群众路线教育实践活动提出的总要求,形成对省局和台开展群众路线教育实践活动的建议。

(11)为丰富职工文化生活,台和集团举办了以"唱响金秋十月 携手共创未来"为主题的首届职工合唱比赛。集团及所属公司积极参与,活跃了集团干部职工的文艺生活,加强了集团总部和所属公司的沟通交流,集团凝聚力不断增强,为构建集团的企业文化奠定基础。

2014 年,在宏观经济错综复杂的形势下,在传媒竞争态势日趋白热化的形势下,在改革发展双重压力下,在政策严管、客源收入分流背景下,在高位运行、自我转型的拐点上,集团上下一心、合力奋进、脚踏实地、有条不紊地开展各项工作,成绩来之不易。

(五)上市融资筹备工作有序开展

1. 省领导高度重视,助力贵州广播电视公司尽早获准上市前置审批

根据国家相关规定,广电网络企业申请上市,需报国家广电总局及中宣部核准。公司于 2012 年 12 月底向国家广电总局上报了前置审批材料,2013 年 7 月通过总局审核上报中宣部,此后公司又向中宣部改革办补充上报了相关材料。在省委宣传部、省文改文产办的积极沟通协调下,中宣部相关部门对申报材料进行了初审,而前置审批未最终获准。

为尽快取得中宣部前置审批,遵照赵克志书记的指示,2013 年 11 月 22 日下午，由省政府分管副省长何力带队，省委宣传部副部长、贵州广播电视台台长白芳芹及贵州省广播电视信息网络股份有限公司董事长刘文岚等一行 5 人，前往中宣部汇报省广电网络公司筹备上市相关事宜，取得了较好的效果。中宣部表示，待公司 2013 年度财务报告出来后，将启动上市申报的有关工作。

2. 集中广电系统股权，规范公司资产管理

根据上市规范要求，全省原广电系统股东应将所持省广电网络公司股份集中划转至贵州广播影视投资有限公司。为此，公司积极协调原股东单位、当地人民政府和财政部门、贵州广播影视投资有限公司等，尽快完善股权划转协议的签署、房产确权、原股东对外投资批复及股权划转批复等法律要件工作。经过一年的努力，截至 2013 年 12 月中旬，除个别问题仍在协调处理外，相关应有法律要件已基本齐备，符合上市要求。

3. 引入战略投资方，优化公司股权结构

2013 年，经过对 20 多家战略投资者的认真甄选，贵州广播影视投资有限公司将其持有的公司 35% 股权转让给 6 家具有合作优势的国有或国有控股投资者，每股价格 3.5 元，引入资金近 10.2 亿元，目前已完成工商注册。这 6 家战略投资方中，有贵州省本土具有很高社会影响力和知名度的大型企业；有具备上市公司的运营管理经验、拥有丰富优质的业内资源的广电网络系统内已经上市的国有广电企业；还有在资本市场里集聚了大量资源、积累了极高声望的国有战略投资机构……这些战略投资方的加入，必将进一步提升公司的整体运营管理水平，增强公司整合及借力优质资源的能力，帮助公司早日实现上市并取得良好的市场表现。

4. 完善法人治理结构，优化内部运营管理

公司于 2013 年 3 月、4 月，先后召开了 2012 年度董事会、监事会、股东大会等，根据拟上市公司规范要求，对三会议事规则、重大事项决策管理、关联交易管理等重要制度完成了议定。战略投资方引入后，公司于 7 月 16 日、22 日先后召开了公司新一届股东大会、董事会、监事会，就公司新一届"董监高"人员的聘任、董事会内控管理制度、部门新增等相关议案进行了审议，一致通过所有议案。两次会议的召开，完成了公司新一届董事会、监事会的组建，完成了公司高级管理人员聘任，完成了公司相关内控制度的建设，进一步完善了公司法人治理结构，优化了内部运营管理，为上市工作的顺利开展奠定了良好基础。

5. 仍需着力解决的关键问题

需解决的关键问题有上市前置审批、电信同比减持股份、花溪民营资产清

算、完善股权集中划转批复及 2008 年网络整合时对外投资批复、房产土地确权等问题。

二、贵州广电产业发展存在的主要问题

贵州广电文化产业的发展，在省委、省政府的领导下，在广电体制机制改革和创新过程中，不断向前推进，积累了一定的经验，取得了一定成绩，但仍然存在许多困难和不足。

（1）政策配套不足。广电行业长期处于主要靠方针政策和行政手段进行管理，近年来，中央和省出台了一些政策，从市场准入、投融资、财政支持、税收优惠、人员安置、工商管理等方面提供了一定的支持。但总体上看，政策体系还不完备，有些政策针对性不强，仍需根据文化体制改革和文化产业发展的情况，不断加大支持力度。

（2）产业发展整体水平不高，结构单一。贵州省广电文化产业整体发展水平不高、市场面窄、活力不强，资源整合与开发利用程度低，产业优势尚未形成，与全国同行业相比属于体量小、实力弱的范围，存在资源优化配置难、产品融入市场难、效益发挥难的问题。成立贵州广电传媒集团公司后，虽然可以从体制机制上打破政事不分、事企不分的格局，但仍需要从政策支持、项目支持和资金支持等方面予以培育和扶持，才能做大做强广电产业。

（3）文化企业改制能力弱。一些转企改制单位面向市场的意识和能力不强，有的经营困难，仅靠门面收入维持生计，有的对如何开拓市场和发展壮大缺乏思考，办法不多；由于历史原因，一些单位资产不清，债务过重，人员复杂，影响了资产处置和人员安置工作，例如：贵州广电传媒集团公司处于市场培育、固定资产投入和人才培养的起步期，规模效益尚未显现，资金压力较大，需要在资金投入、项目支持、资源配置和财税优惠等方面加大倾斜和支持力度。

（4）缺乏专业技术性人才。广播电视体制、机制和队伍素质与广播电视的发展需要有较大差距，缺乏领军型人才和各种专业技术骨干人才。

三、贵州广电产业发展趋势

（一）贵州广播电视行业呈现快速发展势头

2010 年贵州广播电视产业收入 27.95 亿元，2011 年达到 40 亿元左右，2012 年末贵州广播电视业 12.77 亿，根据贵州广电集团 NC 财务系统统计，2013 年仅贵州广播电视传媒集团实现经营收入 41.98 亿元，利润 2.7 亿元。按照前三年的发展趋势预测，在 2014 年末贵州广播电视行业发展会突破 50 亿元，呈现稳定增长的良好态势。

（二）融资渠道拓展将取得新成效

融资在政策性方面，大力争取国家预算内财政拨款、预算外资金或政府基金支持，以及政策性银行贷款等资金支持，用于加快有线电视数字化发展等领域。新媒体产业发展方面，争取国家开发银行的长期贷款支持，加快基础设施以及运营服务体系的建设。继续拓展融资渠道，广播电视行业基础设施方面可尝试发行债券。适当引进非公有资本进入制作领域，例如节目制作、电影电视剧制作发行，农村电影放映等。2014 年的重点是大力推进贵州广电网络公司、家有购物公司上市融资，力争当年完成融资建设。

（三）广播影视公共服务体系日趋完善

按照巩固成果、扩大范围、提高标准、改善服务的要求，2014 年继续实施广播电视村村通、有线电视县乡联网、农村公益电影放映和乡镇广播电视综合服务站建设等工程，努力构建农村广播电视公共服务体系。一是继续完成 135000 座农村广播电视村村通直播卫星地面接收站建设，不断增加广大农村地区广播电视覆盖率。二是完成 24 万场农村公益电影放映任务，实现平均一村一月放映一场公益电影的目标。三是逐步完善以建成的 300 个"四位一体"乡镇广播电视综合服务站，继续完成新建 150 个综合服务站任务。

（四）电影影城开发规模将成倍增长

贵州电影市场快速发展，在贵州建立系统的电影院线公司是大势所趋。2013 年，贵州星空影业公司人才培养战略，多渠道吸纳人才，加快影城开发建设工作，新建运营 5 座影城，基本形成以影院为核心的业态文化产业综合性体系。同时，国内知名院线品牌横店影视城、世茂国际影城、星美国际影城（IMAX）、万达影城等都相继进驻贵州电影市场，各自发挥主动性，抢占重点市场，推动贵州电影市场良性发展。

四、加快贵州广电产业发展的对策措施

（1）对广播影视事业发展，建立以政府投入为主、社会资本参与的多元投资体系，继续支持有线电视、广播电视村村通、无线覆盖、农村电影数字放映等重点工程建设和农村广播影视等公共服务长效机制建设，支持安全播出保障体系、国家紧急广播体系、技术监管体系和传播能力建设。

（2）积极拓展投资融资渠道，继续加大投融资力度。在政策性融资方面，力争获得国家财政拨款、预算外资金或政府基金支持，以及政策性的银行贷款等资金支持，用于加快有线电视数字化发展等领域。新媒体产业发展方面，争取国家开发银行的长期贷款支持，加快基础设施以及运营服务体系的建设。适当引进非公资本进入广播影视制作领域，例如节目制作、电影电视剧制作发行、农村电影放映等。

（3）加快大型项目开发和建设的进程。贵州广电呈现加快发展的良好态势，但产业结构比较单一，需要通过投资项目建设延伸拓展产业链。加大新项目开发的力度。广电传媒集团将把新项目开发列为集团工作重点之一，发挥集团资源优势，捕捉市场机会，积极开发新项目。在充分调研的基础上，论证在贵阳市城效兴建影视文化产业园区的可行性，实现广电资源与旅游资源、动漫资源等的跨行业整合发展。

（4）对广播影视产业发展，要放宽市场准入制度，以国有资本为主，吸引、鼓励社会资本参与，支持符合条件的企业通过发行股票、企业债券以及项目融资、股权置换等渠道筹措发展资金，鼓励有条件的骨干企业上市融资。

（5）继续对体制改革、产业技术平台和产业基地建设、数字影院建设、重点骨干企业、重点题材影视剧和影视节目的发行放映、重点产品出口等给予资金、贴息和税收优惠政策。支持有线电视数字化转换、高清互动电视、数字声音广播、移动多媒体广播电视、网络广播电视发展以及下一代广播电视网络建设。

（6）建议政府加大对文化产业的投入，增加文化产业发展专项资金和文化体制改革专项资金，通过贴息、项目补助等方式扶持文化产业发展的同时，还应支持国有文化企业的发展，对新成立的文化企业享受减免营业税的优惠政策。

（7）在用人问题上，对事业单位如贵州广播电视台在晋级、职称评定等方面，对一些专业技术性很强的特殊人才，政府应出台一些用人的激励机制，以确保专业技术人才队伍的稳定和适用。

（8）建议各级党委、政府在做各地城市建设规划时，将有线电视网络建设纳入城市规划中统筹考虑，统一建设，以降低城市建设及有线电视网络开发、建设和升级改造的成本。

（9）科学利用现有的"村村通"工程、直播卫星、地面数字电视、移动多媒体、高清电视、MMDS等技术手段，发挥多种技术的综合利用，建立以广电网络公司为主的广播影视"四位一体"覆盖、服务主体，创新体制机制，实现资源优化配置，加大有线电视网络覆盖面，将有线电视网络逐渐向有条件的农村乡（镇）、村延伸，建立全省农村广播影视覆盖和服务长效机制。

2014 年贵州旅游业发展报告

陈绍宥*

摘　要

　　贵州旅游业规模不断扩大，发展条件不断优化，发展势头强劲，影响力不断增强，但也存在发展深度不够，配套能力不强，缺乏旗舰产品，产品结构较单一等问题，应通过深化体制机制改革，完善公共服务体系，提升品牌影响力，推进深度发展，打造升级版等措施加快贵州旅游业发展。

关键词

　　贵州　旅游业　对策

　　旅游是综合性产业，是拉动经济发展的重要动力。2013 年，全省旅游行业紧紧围绕"两加一推"主基调和"三化同步"主战略，按照生态文化旅游创新区的战略定位，恪守"四个青山绿水"和"五个一方"的发展理念，建立招商引资新机制，凝聚发展新合力，大力推进"100 个旅游景区"建设，加快打造贵州旅游发展升级版，全省旅游业呈现纵深推进、横向融合、全面发展的新态势。

一、贵州旅游业发展现状

　　2013 年，全省旅游行业按照文化旅游发展创新区的战略定位，以"100 个旅游景区"建设为抓手，以群众路线教育实践活动为契机，着力打造贵州旅游升级版，全省旅游业发展呈增长提速、规模扩大，发展环境优化，发展势头强劲，影响力增强的良好局面，保持了平稳、健康、有序的发展态势。

---

　　* 陈绍宥，贵州省社会科学院区域经济研究所助理研究员。研究方向：区域经济、产业经济。

（一）增长提速，规模不断扩大

2013年，贵州旅游业继续保持快速发展态势，游客人数、旅游收入等主要指标快速增长，旅游业的总体规模不断扩大。2013年，全省共接待国内外游客26761.28万人次，比上年同期增长25.1%，高于全国平均增速10.2个百分点，在全国各省份旅游总人数增速中列第三，仅次于甘肃、山西。其中，接待入境游客77.7万人次，同比增长10.21%；全年实现旅游总收入2370.65亿元，比上年同期增长27.4%，高于全国平均增速13.4个百分点，在全国各省份旅游总收入增速中列第五，位居江西、甘肃、西藏、青海之后，其中，实现入境旅游外汇收入2.01亿美元，同比增长19.24%。2011—2013年三年间，贵州旅游总收入从1429.48亿元提高到2370.65亿元，年均增长21.95%；旅游总人数从17019.36万人次提高到26761.28万人次，年均增长19.08%。

表1　2011—2013年贵州省旅游业主要发展情况及与全国比较

年份	旅游总收入（亿元）	同比增长（%）	高于全国平均增速（%）	旅游总人数（万人次）	同比增长（%）	高于全国平均增速（%）
2011	1429.48	34.7	13.9	17000	31.8	19.3
2012	1860.16	30.1	16.1	21401.18	27.7	16.4
2013	2370.65	27.4	13.4	26761.28	25.1	10.2

资料来源：贵州省统计局、国家统计局贵州调查总队编：《2014年贵州领导干部手册》，中国统计出版社，2013年。

（二）发展瓶颈逐步解除，发展条件不断优化

交通基础设施是旅游业最重要的依托和支撑。近年来，贵州下大力气加快基础设施建设，以交通为重点的旅游基础设施和配套服务设施建设取得突破性进展。2013年，贵州高速公路已建成通车3281公里，全省88个县中通高速公路的县达到68个，覆盖重点旅游景区72个；全省铁路运营里程突破2000公里，沪昆"客专"长沙至贵阳段年内将达到联调联试条件，贵广高铁将于2014年8月联调联试，12月20日全线通车运行，贵州迎来"高铁时代"；贵阳龙洞堡机场旅客吞吐量突破1000万人次，贵阳机场至国内省会城市及主要国家和地区航线增加到110条以上，全省已建成支线机场8个，实现省会城市通航全覆盖，"一干十三支"机场布局逐步完善，快捷的空中旅游通道网络日

渐形成。全省将进入高铁、高速、航空全面提速的"快捷时代",贵州与国内外旅游市场的时空距离越来越近,2013 年入黔游客占比 51.4%,同比提高 2.5个百分点,现代交通格局为旅游业提速转型注入新动力。长期困扰贵州的交通瓶颈正在加速破解,为旅游业转型发展创造了最难得的契机。

(三)重大工程建设推进顺利,发展势头强劲

2013 年,省委、省政府从战略和全局的高度,将"100 个旅游景区"列为全省"5 个 100 工程"重点平台建设,"100 个旅游景区"成为贵州旅游发展的重要抓手,全省上下形成了省、市、县三级合力推进景区建设的局面,全力推进旅游景区建设。2013 年,全省"100 个旅游景区"完成签约项目 193个,签约资金 1100 亿元,到位资金 180 亿元,金融机构为旅游建设授信 215亿元,发放贷款 82.09 亿元。"100 个旅游景区"全年完成建设投入资金223.57 亿元,景区固定资产投资突破 220 亿元,其中,21 个示范性旅游景区均开工建设,完成投资 133.6 亿元。2013 年"十一"期间,面向市场推出肇兴古镇、松桃苗王城、青岩古镇、天龙屯堡、镇远古城、西江苗寨等 15 个新景区、新项目,受到广大游客欢迎。百里杜鹃景区被评为国家 5A 级旅游景区,新增玉舍森林公园、赤水竹海等 7 家国家 4A 级旅游景区和荔波、漳江两个国家生态旅游示范。"100 个旅游景区"建设工程的顺利推进,在 2013 年12 月省旅游发展和改革领导小组办公室对 100 个旅游景区建设进行年度考核中,有 34 个景区的考核结果为优,有 43 个景区的考核结果为良,有 16 个景区的考核结果为合格(具体情况见下表),旅游重大工程建设的顺利推进为贵州旅游业发展集聚了强劲的力量。

表 2 2013 年贵州"100 个旅游景区"考核结果

地区	项目名称	考核结果
贵阳市 13	多彩贵州城旅游综合体、乐湾国际旅游综合体、天河潭休闲旅游综合体、花溪青岩古镇十里河滩旅游景区、蓬莱仙界·休闲农业旅游区、"泉城五韵"乡村旅游度假区、开阳南江国际生态旅游综合体、修文桃源河旅游景区、贵阳城市湿地公园旅游区	优
	南明河城市流域休闲度假带(未来方舟城市旅游综合体)、白云老龄休闲度假旅游综合体	良
	金阳十二滩户外运动旅游综合体、息烽露营度假基地	合格

地区	项目名称	考核结果
遵义市 17	赤水旅游综合体、湄潭茶海休闲度假旅游景区、凤冈·茶海之心旅游景区、土城红色文化旅游景区	优
	遵义红色旅游综合体（含遵义会议会址、长征文化博览园）、务川仡佬文化旅游景区、黄莲山峡高山生态旅游景区、宽阔水—双河洞旅游景区、娄山关生态文化旅游区、贵州九道水旅游景区、遵义市海龙囤古军事城堡、飞龙湖休闲度假旅游景区、共青湖旅游综合体、茅台旅游综合体	良
	大沙河仡佬文化生态旅游度假区、苟坝红色文化旅游产业创新区、遵义沙滩文化旅游景区	合格
六盘水市 5	野玉海国际旅游度假区、妥乐古银杏—乌蒙大草原旅游景区、韭菜坪旅游景区、牂牁江湖滨旅游度假区	优
	百车河旅游综合体旅游景区	合格
安顺市 7	黄果树—龙宫生态度假旅游综合体、贵州多彩文化万象旅游综合体	优
	格凸河户外休闲旅游景区、坝陵河生态文化旅游景区、环夜郎湖休闲度假旅游区、大屯堡旅游景区	良
	关岭古生物化石群国家地质公园	合格
毕节市 9	百里杜鹃旅游景区、织金洞旅游景区、大方慕俄格古彝文化旅游景区、台金现代观光农业科技园	优
	阿西里西旅游景区、毕节南山公园、威宁草海生态旅游度假区	良
	支嘎阿鲁湖文化旅游度假区、九洞天旅游景区	合格
铜仁市 12	梵净山生态文化度假旅游综合体、思南温泉—石林旅游景区	优
	苗王城民俗旅游景区、九龙洞旅游景区、乌江画廊旅游景区、玉屏城市生态农业观光园景区、万山矿山旅游景区、石阡温泉健康养生城、大明边城历史文化旅游景区、江口旅游风情小镇、佛顶山旅游景区、云林仙境景区	良
黔西南州 7	万峰林旅游综合体	优
	贞丰双乳峰旅游景区、"24道拐"旅游景区、万峰湖环湖休闲旅游景区、册亨岩架布依文化风情园、招堤旅游景区	良
	望谟双江口滨湖度假区	合格

续表

地区	项目名称	考核结果
黔东南州 18	雷山西江千户苗寨乡村旅游综合体、丹寨石桥古法造纸文化旅游景区、黎平肇兴侗文化旅游景区、镇远古城文化旅游景区、剑河温泉文化旅游景区	优
	台江施洞苗文化旅游综合体、凯里民族风情园综合体、麻江蓝莓生态旅游区、黎平翘街旅游景区、黄平旧州古城旅游景区、雷公山原生态苗族文化旅游区、杉木河—云台山—黑冲旅游景区、凯里经济开发区下司古镇景区、隆里古城旅游景区	良
	龙鳌河景区、丹寨龙泉蚩尤文化园、从江侗文化产业园七星侗寨旅游区、三宝侗寨侗文化旅游景区	合格
黔南州 5	荔波樟江旅游景区、中铁国际户外休闲旅游综合体、瓮安县猴场千年古镇旅游区	优
	福泉古城文化旅游景区、贵州高原千岛湖休闲度假区	合格

资料来源：根据 2013 年省旅游发展和改革领导小组办公室对"100 个旅游景区"建设进行年度考核结果整理。

（四）旅游营销力度加大，影响力不断增强

旅游产品的供给和需求之间要实现有效对接，交通是有形桥梁，营销是无形桥梁。2013 年，贵州通过多元化的营销方式，大手笔、大气魄、大动作、大力度对贵州旅游的特色和魅力进行了前所未有的推介，贵州旅游在国内外的影响力不断增强。2013 年 5 月 13 日至 19 日，陈敏尔省长亲自率团赴我国台湾地区开展旅游文化推介，并在"多彩贵州·风行天下"旅游推介会上阐释黔台两地地缘、人缘和文缘，宝岛刮起"多彩贵州风"。组织贵州企业先后赴法国、意大利、德国等地参加"西南少数民族文化之旅"推介活动，开展"美丽中国·多彩贵州——原生态的秘境之旅"文化旅游宣传推广，在韩国、我国港澳台地区、东南亚等国家和地区开展了系列现场推介。全行业赴全国 18 个省市、12 个重点客源国家和地区开展旅游推介、促销展会和文化交流活动近 90 批次。

加强与央视、凤凰卫视等传统媒体合作，在央视投放"走遍大地神州·醉美多彩贵州"综合形象片和全省各市州集群展示形象片，与凤凰卫视合作制作《今日中国·多彩贵州》在欧洲、美洲播放，全力举办景区导游词美文大赛和星级导游大赛，创新运用微博、微信、微电影等新媒体、新技术，创意策划"多彩贵州微摄影大赛""全家一起去漂流"等形式多样的微营销活动，

贵州旅游官方微博粉丝突破 75 万，形成利用全媒体、面向全社会、实现全覆盖的叠加效应。依托会展平台宣传展示旅游产品，在 2013 中国国内旅交会上，组织各类活动 16 项，推出贵州省 8 类主题的 10 大旅游产品和 215 条最新旅游线路。丰富多样的营销方式，提高了"多彩贵州风·国家公园省"的知名度，增强了影响力。

二、存在问题

贵州旅游业发展成效显著，但也存在不少不足。主要表现在旅游业发展深度不够，景区的配套能力不强，旗舰产品缺乏、品牌影响力有限和旅游产品结构较单一等方面。

（一）旅游业发展深度不够

旅游业发展的深度不够，主要表现为旅游业与文化的融合不够深入，以及对科技手段的运用不够。文化是旅游的灵魂，旅游是文化的载体。旅游业要实现又好又快发展，需要实现"灵魂"与"载体"的有机统一，即需要文化与旅游深度融合发展。近年来，贵州在大力打造文化旅游融合发展创新示范区，文化与旅游的融合发展较之以前有了较大的进展，但其融合的深度仍然远远不够。一是贵州旅游与本地特色文化的融合不够深入。贵州文化资源丰富，拥有民族文化、红色文化、佛教文化、阳明文化、酒文化等，但是除了以民族歌舞为代表的民族文化与旅游融合较好，成为全省旅游业的一部分，在国内外具有一定的影响力外，其他文化与旅游业融合有限，尤其是对中国文化具有较大影响的阳明文化以及在全国占有重要一席的酒文化，由于与旅游几乎没有融合，不利于文化自身的弘扬传承，对旅游带动作用较弱。二是贵州旅游与现代文化的融合不深入。现代文化以设计、创意等为代表，设计、创意与旅游融合，对旅游产品的表现力、吸引力具有十分重要的作用，贵州旅游业这方面的融合严重不足，产品的个性化、表现力不强，制约旅游业的发展。三是旅游与现代科技的融合不够。科技能够使传统的旅游资源获得现代展示，实现传统资源现代解读，增强表现力和震撼力。旅游对现代技术的运用不足是贵州旅游的一大短板。

（二）景区的配套能力不强

贵州旅游资源丰富，旅游景区较多，但是配套能力不强阻碍了这些景区对旅游业发展的支撑作用。主要表现在以下方面：一是与便捷交通存在一定差距，进入景区的便利性受到一定制约；二是旅游公共服务设施较为滞后，还部分存在高速公路服务区、旅游景区厕所卫生等问题久治不愈；三是公共标识有待完善，随着旅游从传统单一的观光旅游向度假休闲、体验等复合旅游转变，公共标识的重要性日益凸显，而贵州在公共标识方面有待完善，比如路上各种标识，高速公路现在都有标识了，但是部分支线公路没有标识或标识设置不合理；四是信息系统对旅游业的支撑不足，旅游业发展需要包括各种各样的交通标志、交通图、导航、旅游咨询中心、旅游信息中心等的支撑，贵州在信息系统建设方面虽取得重大进展，但与贵州打造旅游升级版的要求存在差距。

（三）旅游业旗舰产品缺乏，品牌影响力有限

资源有限，品牌无限。品牌依托于资源但不依赖于资源。在旅游业的发展中品牌带来的价值远大于资源本身。贵州旅游资源富集，种类多、组合好，拥有优美的自然风光、多彩的民族文化、厚重的历史文化，贵州旅游资源总体位居全国前列，但与丰富的旅游资源不相称的是，贵州旅游业缺乏在全国具有重大影响的顶尖旗舰产品。黄果树瀑布、遵义会址、西江千户苗寨、荔波小七孔等作为贵州旅游业的龙头产品，在全国具有较大的影响力，但与四川九寨沟、湖南张家界、云南丽江这样的龙头景区、旗舰品牌相比，仍存在差距。由于缺乏强有力的旗舰产品，贵州旅游业的品牌影响力有限，比如，在日本谈旅游，要是谁没去过黄山，就很没有面子；在韩国谈旅游，要是谁没去过张家界，就觉得很没有面子。贵州尚未在国内外形成如此强大的品牌影响力。

（四）旅游产品结构较单一，还未真正形成复合型的产品结构

随着经济社会的发展，人们的消费需求呈现出多元化的趋势。消费需求的多元化催生了消费产品供给的多样化。就旅游业来说，旅游产品供给已进入从传统单一的观光型产品向观光、体验、休闲型产品并举转变的阶段。近年来，贵州顺应旅游业发展新趋势，大力推进旅游产品体系建设，旅游产品外延不断拓展、内涵不断丰富，汽车露营地、自驾车营地、攀岩公园、山地运动、休闲度假等新产品相继落户和开工，旅游产品日益丰富，但总的来说，高水平、个性化、体验式旅游产品太少，主要是目标性产品，缺乏以深化体验为目的的过程性产品。旅游产品结构较单一，还未真正形成复合型的产品结构。

三、贵州旅游业发展的环境分析及展望

虽然贵州旅游业发展面临全国经济出现下行、旅游行业竞争激烈等的影响，但综合考虑资源、政策、市场等发展要素，从全国发展大局来看，贵州旅游业具有良好的发展环境，进入了升级提速的黄金发展期、政策优势叠加汇集期、潜力巨大的市场扩张期、特有优势凸显期。展望2014年，贵州旅游发展呈现出结构优化、提质增效、转型加快的良好局面，保持平稳、健康、有序的发展态势。

（一）环境分析

旅游业既是贵州国民经济的支柱产业，又是全省守住两条底线的有效抓手。加快推进旅游业发展对贵州经济社会发展具有重要战略意义。综合来看，贵州旅游业发展虽然面临激烈的竞争，但总体上迎来了前所未有的历史机遇期，进入了升级提速的黄金发展期、政策优势汇集期、潜力巨大的市场扩张期和特有优势凸显期。

一是升级提速的黄金发展期。一方面，为加快全省旅游业发展步伐，从2006年起至今，贵州每年举办一届"旅发"大会，每一届"旅发"大会，以省政府名义出台一个支持承办地加快旅游业发展的意见，从政策上给予承办地支持。同时，发改、住建、交通、财政等旅游发展和改革领导小组成员单位，结合部门职责加速推进承办地城市基础设施、旅游景区、配套服务设施改善等方面的建设，从各方面推动承办地旅游发展，形成了加快旅游业发展共识，凝聚发展力量，奠定了发展基础。另一方面，全省大力推进100个旅游景区建设，对提升旅游业核心竞争力，打造高品质、高知名度、高效益的贵州旅游发展升级版，推动旅游业更好更快发展具有重要的支撑作用。"旅发"大会和100个旅游景区建设工程是贵州旅游发展的助推器，贵州旅游已进入发展快车道，处于升级提速的黄金发展期。

二是政策优势叠加汇集期。贵州旅游业发展迎来政策优势叠加汇集期，除了与其他省市区共同享有政策之外，贵州旅游业发展还享有一些特有政策。比如，国务院《关于进一步促进贵州经济社会又好又快发展的若干意见》（国发〔2012〕2号文件）对贵州的五大战略定位，其中一大定位就是"文化旅游发展创新区"。提出要"传承优秀传统文化，弘扬社会主义先进文化，探索特色民族文化与旅游融合发展新路子，努力把贵州建设成为世界知名、国内一流的

旅游目的地、休闲度假胜地和文化交流的重要平台";2010 年 12 月,国家旅游局与贵州签署《关于进一步促进贵州旅游业发展合作备忘录》(以下简称《备忘录》),《备忘录》就加快贵州建设旅游大省步伐,共同推进贵州旅游业更好更快发展达成许多重要共识。比如:建立局省紧密合作机制,成立局省旅游工作协调委员会,共同研究贵州旅游业发展的有关事项,共同推进旅游业发展;国家旅游局将加大对贵州旅游业发展的支持力度,支持贵州旅游规划体系建设,打造旅游景精品、构建旅游目的地体系,加大旅游宣传促销和市场开发力度,支持贵州开展旅游体制改革和机制创新,加快人才队伍建设和旅游标准化建设,等等。此外,《贵州省人民政府关于深化改革开放加快旅游业转型发展的若干意见》黔府发〔2014〕3 号,从财政、建设用地、税费、投融资、人才智力等方面提出加快旅游业转型发展优惠政策。贵州省旅游业发展进入了一个前所未有的政策优势叠加汇集期,在多层利好政策的驱动下,全省旅游业将提速加快发展。

三是潜力巨大的市场扩张期。近年来,中国经济社会高速发展,国民的人均收入持续提高,城乡居民处于消费升级的时期,需求从求温饱时期的"吃、穿、用",逐渐转向新的"住、行、游",旅游消费需求已从"奢侈性消费"逐步转变为"大众消费",旅游已成为城乡居民的正常生活需求,正进入"寻常百姓家",旅游市场迅速扩大。同时,贵州旅游产品的种类日益丰富,观光、休闲、体验产品一应俱全,满足游客的各种需求。此外,交通等基础设施的建设全面推进,长期困扰贵州的交通瓶颈正在加速破解,搭建了旅游需求与供给之间便捷通道,方便了游客的出行。这些使得贵州旅游业巨大的潜力得到充分发挥,市场迅速扩张。

四是特有优势凸显期。近年来,全球气候变暖,国内部分地区出现极端气候现象,多次出现持续大范围雾霾天气、空气污染和持续高温。而此时,某种程度上可说"唯贵州这边独好"。贵州是一个"大空调",大部分地区年平均气温 15.6℃左右,贵阳市连续多年被评为"避暑之都",在"2013 中国城市榜——全球网民推荐的最美中国生态城市"评选中,贵阳市名列榜首。独特的气候资源是贵州发展的重要资源,有助于发展旅游业,贵州既适宜于观光,也适宜于度假、体验,能够满足不同消费人群个性化及差异性体验。在全国出现极端天气的背景下,贵州作为集自然、人文、环境、气候组合型资源于一身的省份,发展空间会越来越大,贵州旅游进入了独有的优势凸显期。

同时,贵州旅游的发展也面临一些不利因素,主要表现在周边区域旅游业迅速发展带来的激烈竞争压力，以及全国经济出现潜在下行趋势的不良影响等方面。

（二）展望

综合考虑100个旅游景区建设加快推进、乡村旅游蓬勃发展等对贵州旅游业的有力支撑，"两条底线"战略要求为贵州省旅游业发展带来的机遇，以及近年来贵州省旅游业发展的良好态势，可对2014年贵州旅游业发展展望如下。

一是旅游业继续保持快速的发展态势，规模进一步扩大。结合近年来贵州省旅游业的高增长态势及项目建设的支撑，可初步估计，2014年全省接待游客总人数可达33000万人次左右，同比增长23%以上；实现旅游总收入2910亿元左右，同比增长率约为23%。旅游业继续保持高增长态势，规模进一步扩大。

二是旅游业转型升级步伐加快，旅游产品从传统单一型向现代复合型转变。随着游客消费需求多元化的趋势，旅游业转型升级步伐加快，旅游产品从传统的观光型为主向观光、休闲、度假、体验等多样化的复合产品为主，旅游产品更加丰富。

三是贵州智慧旅游建设将取得较大进展。当前，贵州省正在大力发展大数据产业、建设云计算基地。"多彩贵州旅游云"是贵州省在发展大数据产业中，着力打造的"七朵云"工程之一。随着贵州省智慧旅游建设工作推进，贵州智慧旅游建设将取得较大进展。

四、对策建议

针对贵州旅游业发展存在发展深度不够，配套能力不强，影响力有限，产品结构单一等问题，提出加快贵州省旅游业发展的对策建议。

（一）深化旅游体制机制改革

为了充分发挥市场在资源配置中的决定作用，激发旅游业发展活力，需要深化旅游体制机制改革。一是深化旅游管理体制改革。加快建立旅游行政权力清单制度。清理前置条件、前置审查和前置审批，依法设立的审批事项和公共服务项目一律由政务中心受理。逐步将四星以上旅游饭店评定职能转移到省旅游协会。将四星及以下农家乐、3A及以下旅游景区、4A及以下诚信旅行社、诚信旅游饭店评定职能下放到市州。二是深化旅游运营机制改革。选择各种类型的旅游景区开展所有权、管理权、经营权相分离等形式的改革试点，大幅度减少政府对资源的直接配置，使资源配置依据市场规则、市场价格、市场竞争实现自由流动，提高旅游资源配置效率。

（二）大力推进旅游业深度发展

旅游业是综合产业，与其他产业密切相关。贵州要建设成为旅游强省，要充分发挥旅游的综合性，以大旅游的视角，在旅游业发展的广度、深度上下功夫，大力推进旅游业深度发展。一是推动旅游与文化的深度融合发展。贵州有丰富多彩的民族文化、悠久的农耕文明、厚重的历史文化、灿烂的红色文化，要推动旅游与文化的融合，实现以文化丰富旅游内涵、提升旅游层次，以旅游带动文化传播、促进文化繁荣的互动发展。二是推进旅游与工农业融合。以美丽乡村建设为契机，推进旅游业与农业融合，大力发展以农业观光、农耕体验、特色乡村美食享受等为重点的乡村旅游；推进旅游业与工业融合，发展以酒文化、航天文化等为重点的工业旅游。三是推进旅游业与创意、信息等现代技术的融合发展。资源有限，创意无限。要将创意理念贯穿旅游产品设计、营销、管理等各个环节，以创意延伸旅游产业链，以创意优化产品设计、旅游功能、销售网络。同时，再利用信息等现代技术加以表现，实现旅游产品的价值倍增。

（三）打造贵州旅游业升级版

当前，贵州旅游产品主要以传统观光型产品为主。总体来看，贵州旅游产品结构较单一，还未真正形成复合型的产品结构，因此，要打造贵州旅游业升级版，构建传统和现代相结合的产品结构，满足游客对生态、文化、休闲、度假、体验等旅游产品的需求，打造贵州旅游发展升级版。要依托各地资源特色，瞄准目标和预期市场，在巩固发展传统大众旅游产品的同时，重点开拓休闲度假、体育健身、商务会展、生态旅游、健康养生、山地户外、自驾游等休闲度假产品；积极开发温泉、漂流、修学旅行、探险、科考等体验旅游项目；大力发展野外拓展、户外露营、山地运动等健身产品，不断创造出能够满足游客心理、情感、审美享受的旅游产品，形成多元化、系列化、适应不同层次需求的旅游项目群。❶

（四）打造贵州旅游业旗舰产品，提升品牌影响力

贵州旅游资源丰富，也有一些有影响力的品牌，但是与其他旅游强省相

---

❶ 陈敏尔：《创新业态 转型发展 全力打造贵州旅游发展升级版——陈敏尔省长在第八届贵州旅游产业发展大会上的讲话》[DB/OL].省人民政府网。

比，贵州省旅游业缺乏顶级的旗舰产品，旅游产品的价值有限，要打造贵州旅游业旗舰产品，提升品牌影响力。一是充分利用好加快建设"100个旅游景区"的契机打造贵州旅游业旗舰产品。按照世界水准、国际一流、国内领先的要求，重中选重、优中择优，推动资金、资源、人才、技术向重点地区、优势景区集中，打造贵州旅游旗舰产品，尤其是要重点打造先行建设的21个示范景区。二是加强对贵州旅游产品的宣传营销。旅游产品的品牌影响力既与产品的特色、质量有关，也与宣传营销有很多的关系。在强化旅游产品特色和质量的基础上，要加强对贵州旅游产品的宣传营销，提升品牌影响力。要发挥多种营销主体的作用，实施政府主导、企业联手、媒体跟进的"三位一体"营销策略，政府负责"形象营销"，媒体负责"内容营销"，企业负责"服务营销"。要丰富营销手段，充分利用微博、微信、微电影、数字旅游、影视植入等新技术、新媒体，形成多渠道、高密度的叠加效应，实现营销网络的全覆盖。

（五）完善旅游业公共服务体系

加快旅游交通基础设施建设，优先建设通往3A级以上旅游景区和重要乡村旅游点的公路。统筹推进旅游集散中心、公共智慧旅游信息和咨询平台、旅游指示标识、旅游气象、旅游导航服务等设施和网络建设，加快重点旅游景区、旅游城市、旅游线路的自驾车营地、服务区、停车场、旅游公厕、金融网点的布局与建设，促进基本公共服务标准化、体系化、均等化。建立完善游客评价和反馈机制，促进旅游公共服务体系建设与游客和人民群众需求优先对接。完善落实政府购买旅游公共服务措施，鼓励社会力量、社会资本参与旅游公共服务体系建设。推动建立全省统一的旅游信息公共服务和在线旅游服务平台。

2013 年区域文化产业发展报告

王 前*

摘 要

   2013 年，各市州加快推进文化产业园区和重点项目建设，文化产业加速集聚发展，各地文化产业均实现较快发展，文化产业增速均超过各地生产总值增长速度。

关键词

   文化产业 区域 市州

一、总体情况

   2013 年，各市州利用本地资源、要素、区位等条件，加快重点文化产业项目建设，文化产业发展速度不断加快，总量进一步壮大，文化产业呈现良好发展态势，各市州文化产业增速均超过各地生产总值增长速度。

   各市州文化产业增加值占全省比重分别为：贵阳 29.53%、遵义 19.25%、六盘水 11.33%、黔东南 10.08%、黔南 8.74%、毕节 7.01%、安顺 4.87%、铜仁 4.83%、黔西南 4.36%，其中贵阳、遵义、六盘水、黔东南的文化产业增加值合计占全省的 70.19%。贵阳市文化产业增加值位居全省首位，达 61.92 亿元。

   文化产业增加值占各地 GDP 比重最高的是黔东南州，占比为 3.61%。各地文化产业增加值占其 GDP 比重超过 2.62% 的全省水平的市、州有贵阳市（2.97%）、黔南州（2.84%）、六盘水市（2.69%）三个地区。

---

   * 王前，贵州省社会科学院区域经济研究所助理研究员。

表1　2013年各市州文化产业收入、增加值情况

地区名称	文化产业增加值（亿元）	各地文化产业增加值占全省比重（%）	文化产业增加值占各地GDP比重（%）	文化产业收入（亿元）
贵州省	209.72	100.00	2.62	483
贵阳市	61.92	29.53	2.97	183.32
六盘水市	23.76	11.33	2.69	38.32
遵义市	40.38	19.25	2.55	89.02
安顺市	10.21	4.87	2.38	20.17
毕节市	14.7	7.01	1.41	31.55
铜仁市	10.12	4.83	1.89	21.83
黔西南州	9.15	4.36	1.64	18.51
黔东南州	21.15	10.08	3.61	40.77
黔南州	18.33	8.74	2.84	39.51

资料来源：2013年贵州省文化产业发展统计。

二、各市州文化产业发展特点

（一）贵阳市

贵州省省会城市贵阳市为全省经济文化中心，其文化产业发展一直走在全省九市州的前列并继续保持高速发展态势，2012年贵阳市文化产业增加值50.99亿元，占全市生产总值的3%。2013年，贵阳市文化产业增加值位居全省首位，达61.92亿元，占全市生产总值的2.97%。2014年贵阳市增加值会接近80亿元。

2013年，贵阳市以建设国家级文化科技融合示范基地和文化旅游发展创新区为载体，以贵州国际会议展览中心、贵阳数字内容产业园等省级文化产业示范基地为主要阵地，深入挖掘本地文化资源，打造一批以"多彩贵州"为代表的民族歌舞、工艺美术、节庆会展、戏剧、影视、动漫等文化品牌；扶持打造一批本地城市文化品牌、文化村镇品牌、特色文化产品品牌等。其中，贵阳国际啤酒节、贵州苗疆故事、贵州祥纹银饰等展会，商品逐步走向品牌提升道路。特别是在招商引资、文化产业园区建设等方面取得重大进展。省十大文化产业园及产业基地在贵阳市设有三个，其中贵阳数字内容产业园2013年产

值达 5.36 亿元；贵阳国际会展中心 2013 年展会达 98 场，比上年展会活动数量增长 71.9%（其中展览数量增长 62.9%），展出面积增长 49.1%，人流量增长 43.6%；贵阳修文阳明文化园已进入规划报批及征地拆迁阶段。2013 年 5 月，组团参加深圳文博会，云岩东山古玩城等 4 个项目参加签约，签约金额达 38.4 亿元。

（二）遵义市

遵义市为贵州省第二大城市，其文化产业发展在九个市州中，仅次于省会城市贵阳，2013 年遵义市文化产业增加值达 40.38 亿元，2014 年增加值会超过 50 亿元。2013 年遵义市全面深化文化体制改革，依托遵义文化资源优势，积极推动文化产业项目实施，努力提升文化产业的规模化、集约化和专业化水平。在改革方面，将遵义市杂技歌舞艺术有限责任公司和遵义市歌舞剧团有限公司的人员和资产进行整合，组建遵义市演艺集团有限公司；拟整合市广播电视台下属的产业（企业）和经营性频道、频率，组建遵义市广电传媒集团有限责任公司；整合遵义宾馆、遵义市投资集团公司等资源，组建遵义市红色旅游股份公司。在产业发展方面，以建设"五一三"文化产业工程为抓手，即重点发展五大文化产业集团、规划建设"遵义十大文化产业园区"、培育"三十个文化产业示范企业"。结合省"5 个 100"工程的实施，以纪念遵义会议召开 80 周年为重要时间节点，强力推进园区规划建设，列入省十大文化产业基地的遵义会展基地于 2014 年底建成投入使用，列入省十大文化产业园区的中国（遵义）长征文化博览园规划已基本编制完成，进园公路已建成，核心区域已动工，茅台古镇文化旅游产业园区各项规划已编制完成，房屋拆迁、河滨大道改扩、进口标志工程等正抓紧推进，这两个园区的一期工程于 2014 年底建成；市级文化产业园区（基地）中，苟坝红色文化旅游产业创新区和土城红色文化旅游创新区的核心区域项目也于 2014 年的年底基本建成，中国（务川）仡佬文化产业园区、桐梓小西湖文化旅游度假区、遵义高新产业园、黔北明珠文化城、黔北记忆、余庆飞龙湖文化旅游景区等相继启动。大力扶持非公有制民营文化企业发展，黔北明珠文化城、禾田、嘉浩、奇利动画、亿易通、黔北记忆一批大型民营文化企业和成长性好、发展潜力大的"专、精、特、新"中小微民营文化企业悄然兴起。

（三）六盘水市

六盘水市为贵州省的资源型工业发展重要基地，其文化产业 2013 年实现增加值 23.76 亿元，在全省位居第三。2013 年六盘水市在发展文化产业上，主要围绕以下三个方面开展。

一是加快推动省"十大文化产业园"的"十大文化产业基地"建设。高质量完成省"十大文化产业基地"、省"六个一批"文化产业项目、省"第八届旅游产业发展大会"重点项目和六盘水市"六大文化产业重点工程"、2012 年市"十大工程"的"六盘水会展基地"项目建设。基地坐落于红桥新区中央商务区内，总投资 4 亿元，占地面积 41878 平方米（62.88 亩），总建筑面积 71072 平方米，建筑占地面积 20952 平方米。于 2012 年 6 月 26 日正式开工建设，2013 年 6 月 30 日全面建成。短短一年时间，创造了典型的"六盘水速度"。在会展基地规划举办"2013·中国凉都六盘水休闲产业博览会"，博览会包含奥特莱斯购物节、珠宝玉石展、六盘水市转型发展休闲体验旅游城市综合体展、名车展等。

二是大力推动文化与旅游融合发展。深度挖掘我市独特的史前文化、"三线"文化、工业文化、长征文化、民族民间文化，把六盘水特色地域文化贯穿到旅游项目的规划论证、创意设计、建设开发、品牌营销、宣传推介、管理服务各个环节，进行全方位、深层次的文化包装，赋予静态景观鲜活的生命力，不断提高旅游产品的文化附加值和市场竞争力。

三是参加第九届深圳文博会招商及签约。在"贵州省文化产业项目招商引资推介及签约仪式"上成功签约 48.6 亿元。其中，钟山区政府与泰达股份签约的"呼叫产业园"项目总投资为 20 亿元，盘县刘官镇政府与贵州国际胜境国际旅游发展有限公司签约的"胜境温泉国际休闲度假中心"总投资为 25 亿元，盘县红果镇政府与紫森清源文化旅游区签约的项目为 3.6 亿元。

（四）安顺市

2013 年安顺市发展文化产业主要围绕以下几方面展开：一是以深化改革为契机，大力推动国有经营文化单位转企改制。培育、支持黔中报业集团、金黄果文化传播公司、黄果树艺术团文化有限责任公司等一批骨干企业的做大做强。黔中报业集团已被市国资委列为市属一级国有企业。二是结合落实扶持民营企业发展的有关政策，鼓励引导社会民营资本进入文化产业领域发展，积极扶持马官文化艺术有限公司等一批民营企业的发展壮大。三是鼓励、引导社会资本进入文化产业，并在资质认定、项目审批、投融资、财政税收、规划建设、土地使用以及从业人员职称评定、成果评奖等方面，与国有文化企业享受同等待遇。四是鼓励民营与国有文化企业、民营文化企业相互之间以联合、重组、产业联盟等形式进行合作，不断提升企业的规模和市场竞争力。目前，全市已初步形成了以演出、工艺品制作、休闲娱乐、文化旅游为主体的文化产业群体，培育和扶持了一批投资亿元以上的文化产业项目，如投资 2 亿元的兴伟石博园正在进行 4A 级景区申报工作。通过坚持培育国有转制文化企业和扶持民营文化企业相结合，增强了企业发展竞争力，转企改制文化企业和民营文化企业取得了长足的发展进步。

（五）毕节市

地处贵州省西部的毕节市，是贵州省能源重要基地，其文化产业发展水平与六盘水市相似，处于九市州的中下游。2011 年文化产业增加值达 5.86 亿元，约占 GDP 的 0.79%，同比增加 0.29 个百分点，增速达 58%。2012 年文化产业增加值达 7 亿元左右，2013 年为 14.7 亿元。2013 年毕节市在加快文化产业园区、重点文化产业项目建设方面：一是加快大方古彝文化产业园建设，主动出击，引进更多文化企业入驻园区，打造文化产业聚集地；二是督促相关县区加快完成《赫章夜郎王宫》规划编制，并组织实施；三是加大对列入省"六个一批"文化工程和省重大工程和重点项目的督促，确保未开工建设项目早日开工。

另外，2014 年的工作重点围绕建设文化旅游发展创新区的目标，大力推进文化与旅游深度融合，充分依托贵州宣慰府、织金洞、九洞天、乌江源百里画廊、支嘎阿鲁湖、百里杜鹃风景名胜区、韭菜坪、草海等景区景点，深入挖掘彝族文化、苗族文化、穿青人文化、夜郎文化以及黔西观音洞遗址文化等资源，大力发展乡村文化旅游，不断完善旅游观光、休闲度假，文化旅游产品的开发、打造和包装等服务功能，力争把毕节建设成国内一流的旅游目的地和休闲度假胜地，努力实现毕节试验区文化与旅游融合发展在全国率先推动实施、率先实现突破、率先取得成效的目标。

（六）铜仁市

铜仁市地处贵州省东北，区域内有全国著名的梵净山旅游胜地，其文化产业发展主要依托文化旅游。近几年，其文化产业发展快速增长。2010 年文化产业增加值 39642 万元，占比 1.35%；2011 年文化产业增加值 54200 万元，占比 1.5%；2012 年文化产业增加值为 82645 万元，占比 1.86%；2013 年文化产业增加值 10.12 亿元。2013 年，铜仁在发展文化产业上，主要取得以下较大成效。

1. 彰显文化品牌影响力

通过"高端展示,受众在外"的运作,"梵天净土·桃源铜仁"成为全市乃至全省都认同的铜仁文化形象。铜仁市 10 县(区)以"梵天净土·桃源铜仁"文化品牌为统领,彰显本地的文化地域特征都相应打出自己的文化品牌。如:碧江区和万山区"武陵之都·仁义之城"、玉屏自治县"箫清笛韵·诗画侗乡"、江口县"梵天净土·佛光之城"、思南县"黔中首郡·乌江明珠"、石阡县"夜郎故地·温泉之都"、印江自治县"墨韵茶香·福寿印江"、沿河自治县"乌江画廊·山歌沿河"、松桃自治县"苗王故里·绝技之城"、德江县"隋唐古邑·傩韵德江"等。

2. 一批文化艺术精品走向全国

(1) 文化产品创作生产出奇效。拍摄了电影电视《花坞》《佛顶山下鸳鸯湖》《情姐下河洗衣裳》《黔东烽火》等剧目;倾力打造了《印象铜仁》大型文艺节目,录制了央视《大美中华·星光铜仁》冠军演唱会专题节目,编排了花灯剧《严寅亮与颐和园》等剧目;末未先后在《文艺报》《诗刊》《民族文学》《山花》等十余种刊物发表、入选诗文《九九梵净山,或白云居》、《东拉西扯》等 40 余首;句芒云路的《归去来袭》在《民族文学》发表;唐玉林的长篇小说《中南门》出版发行;石阡县散文诗歌集《睁大眼睛看石阡》由中国文联出版社出版;张进的散文集《远去的山寨》由中国戏剧出版社出版。

(2) 文化活动"走出去"出影响。两次走上央视品牌栏目《我要上春晚》舞台;吉靖羽大刀艺术团被中央电视台综合频道《我要上春晚》栏目邀请,表演节目《绝技之花》夺得"人气王"称号,应邀参加中央 1 台"吉尼斯中国之夜",大刀艺术团龙枝花、唐慧表演的《星光玫瑰》取得了"赤脚 10 米速度走 40 瓦热灯泡",创下了 7 秒 5 的世界吉尼斯纪录。2013 全国网络春晚选送的《甩发舞》获得最佳节目奖。《我在梵净山下等你》演唱者野马获十大表演人物奖,市委宣传部获最佳组织奖,大明边城、苗王城获优秀组织奖。选拔王海、黄旭、吴金鹏三名选手走进 CCTV《星光大道》舞台。其中歌手王海获得了周赛冠军,闯进月赛,其余 2 名歌手于 2014 年初上节目。9 月 16 日,武陵山区土家摆手舞暨民族民间舞蹈大赛在西阳自治县举行。铜仁市代表队精心挑选了《土家铜铃舞》《阿婆的陈年酒》《大脚姑娘背脚汉》三个节目参加了此次比赛,其中《土家铜铃舞》获得了本次大赛的金奖。

(3) 文化精品打造出成果。大型花灯剧《严寅亮与颐和园》在铜仁大剧院成功首演,在印江举办的第二届梵净山旅游节上公演,参加全省民族文艺汇演并荣获剧目金奖、最佳导演、最佳演员等奖项；松桃苗绣《百苗图》参加第五届中国（义乌）国际旅游商品博览会荣获铜奖。苗绣"鸽子花牌·鸽子花旋极图"走进美国费城，被国家民族博物馆推荐为联合国礼品。

3. 推出文化与旅游融合创新营销及投融资模式

成功引进中国明石投资有限公司与铜仁梵净山旅游开发投资有限公司共同投资设立"武陵山片区旅游产业投资基金管理有限公司"进行经营管理，总规模为 300 亿人民币，首期规模为 60 亿。又被国家发改委批准公开发行旅游债券，总规模达 15 亿元。基金范围将以铜仁为重点，立足贵州和武陵山片区，辐射中西部，面向全国，主要投向旅游资源整合、旅游文化产业及文化创意产业、特色农业及其他延伸产业，以此推动旅游资源的整合开发和旅游产业的升级转型，推进以梵净山为龙头的文化旅游产业跨越发展，使最优质的旅游资源转化成最优质的品牌和产业，促进文化旅游产业的振兴。

（七）黔东南州

黔东南州为贵州省东部旅游重点区域，其文化产业发展主要依托民族文化与生态文化。近几年，其文化产业发展迅猛。2011 黔东南文化产业实现增加值 88784.12 万元，比上年增长 15.95%，占全州生产总值的比重为 2.32%；2012 年文化产业实现增加值达 12 亿元左右；2013 年为 21.15 亿元，增加值占 GDP 的 3.61%，在全省比重最高。2013 年黔东南州在发展文化产业上主要围绕下列工作展开。

1. 扎实推进省"十大文化产业园"的"十大文化产业基地"之黔东南园区基地建设建设

中国（凯里）民族文化产业园规划建设取得实质性进展，采用"景区园区一体化"发展模式，中国（凯里）民族文化产业园即下司古镇文化旅游景区，园区规划占地 6 平方公里，总投资约 20 亿元。北京大学中国城市设计研究中心、中营都市与建筑设计中心陈可石教授领衔的团队已经完成《下司古镇概念性总体规划与城市设计》《下司古镇启动区概念性建筑设计》和《下司古镇启动区概念性景观设计》，民居建筑改造完成投资 2490 万元。落户园区的下司文化综合体项目一期总投资 6 亿元，已缴纳土地出让保证金 5000 万元，目前正着手土地挂牌工作。贵州（凯里）民族民间工艺品交易基地基本建成并运营。贵州（凯里）民族民间工艺品交易基地（凯里苗侗民族风情园）由凯里市人民政府投资 12 亿元，占地面积 578 亩，建成苗侗建筑 310 栋，建筑面积 15.4 万平方米，通过前三年免租等一系列优惠政策的出台，共有 1409 户企业商家报名，经优选后共有 248 户企业和商家入驻基地，入驻率 100%。2013 年 7 月 23 日，正式开园迎接游客，182 户商家开门营业，成功承办了"第六届中国（凯里）原生态民族文化旅游节暨 2013 中国（贵州）国际民间工艺品博览会"和"第二届中国（凯里）银饰刺绣博览会"。2013 年国庆黄金周期间，接待游客 201680 人次，实现旅游综合收入 10035.6 万元，是贵州省十大文化产业园区基地不多的已建成并投入运营的基地。目前正着手公共服务平台的建设。

2. 大力推动文化与旅游融合发展

大力探索、推进文化与旅游融合发展工作。探索贵州（凯里）民族民间工艺品交易基地和凯里苗侗民族风情园融合发展、中国（凯里）民族文化产业园与下司古镇景区融合发展，形成"园区基地一体化""园区景区一体化"模式，取得较好效果。

3. 推进其他县市文化旅游融合发展

西江千户苗寨景区 2013 年西江景区预计共接待 558.47 万人，同比增长63.2%，预计实现旅游综合收入 35.82 亿元，同比增长 66.7%；肇兴侗寨景区2013 年接待旅游人数预计 184.51 万人次，同比增长 60%，实现旅游综合收入预计 13.5 亿元，同比增长 70%。同时，加大文化旅游园区、基地、重大项目规划建设。指导州内重大文化产业项目融合旅游规划建设稳步推进。岑巩县思州文化产业园总投资 3 亿元，已完成投资 2270 万元；雷山县西江文化旅游产业园区营上综合服务区总投资 25 亿元，已完成投资 7762 万元；麻江夏同龢状元文化产园总投资 2 亿元，已完成总投资 700 万；施秉县"都市森林"生态文化观光园总投资 1.2 亿元，已完成投资 2000 万元；台江施洞苗族原生态文化产业园总投资 20 亿元，已完成投资 700 万元；天柱三星文化产业园总投资 50亿元，已完成投资 2300 万元；镇远云龙洞文化产业园总投资 3 亿元，已完成投资 1040 万元；锦屏隆里古镇文化旅游产业园总投资 5 亿元，已完成投资3000 万元；黎平侗族大歌实景展演项目总投资 6.5 亿元，已完成投资 1.2 亿元；黎平肇兴侗族文化展示中心总投资 1250 万元，已完成投资 860 万元。

4. 积极打造文化品牌

大型苗族歌舞剧《仰欧桑》全部采取市场化运作，2013 年 8 月 1 日在国家大剧院成功举行全球首演，大型室内舞台剧《银·秀》于 2013 年 4 月 30 日正式常态化演出，镇远古城的《古韵镇远》、肇兴侗寨的《萨玛千岁》、从江县的《秘境从江》等歌舞演出助推演艺业影响力的提升，使文化资源进一步得到挖掘。

(八) 黔南州

2012 年黔南州文化产业增加值为 93642 万元, 占 GDP 比重 1.76%。2013 年达 18.33 亿元, 占 GDP 比重 2.83%。2013 年, 黔南州文化产业发展主要有以下两个亮点。

一是努力推动文化产业园区建设。平塘国际射电天文科普文化园建设规划, 第九届文博会签约 25 个项目, 落地建设 24 个, 全部进入实质性阶段, 有 11 个项目在 2014 年完工, 平塘牙舟陶瓷园文化产业项目第一期工程已投入生产; 草塘千年古邑文化旅游区项目已完成一期工程, 完成投资 8 亿元; 龙里中铁国际生态城项目一期工程已完工; 三都水族文化博物馆暨水族非物质文化遗产传承基地建设已完成投资 1.5 亿元; 独山"传奇影视文化主题公园"开工建设, 现已投资 2032 万元进行项目征地、项目规划、沙盘制作和 LED 显示屏安装、办公场所装饰和绿化、活动板房建设; "荔波环球电影城"建设项目, 已进行设备采购, 2013 年底投入使用。

二是向外借力发展取得新突破。在 2013 年第九届文博会上, 成功签约总投资额达 11 个亿的 3 个文化产业项目。

(九) 黔西南州

2012 年黔西南州文化产业增加值为 5.74 亿元, 占全州 GDP 的比重为 1.24%; 2013 文化产业增加值达 9.15 亿元左右, 其增加值位居全省末尾。2013 年黔西南州已吸引文化企业 30 余家入驻黔西南民族文化产业园。围绕"有效融合文化和旅游资源, 实现文化和旅游双丰收"的发展思路, 倾力打造文化旅游度假胜地。一是用文化为景区赋魂, 通过实施"万峰林纳灰布依村寨文化提升"工程, 为万峰林核心景区制作安装了 400 余副木制楹联, 并配套出版了《文化纳灰》文化旅游书籍, 提升景区文化品位。二是将文化遗产保护发掘与旅游发展相结合, 深度挖掘历史文化遗产, 保护和利用好何应钦故居、刘氏庄园、南明历史文化遗迹、晴隆二十四道拐等历史文化遗产, 打造精品文化旅游线路。三是用文艺创作提升旅游档次, 重点打造《查白传说》《谷艺神袍》《金龙练》等精品文化旅游剧目, 用精品文化旅游剧目为景点注入新的文化内容, 增加景区内涵。四是用文化产品丰富文化旅游产业, 将在精研文化产品上下功夫, 着力开发生产具有地方特色的文化产品, 目前正引导州内部分文化旅游商品公司研发制作抚琴俑、铜车马、摇钱树、贵州龙等文物复制品，力争创造一批我州独具特色的文化旅游系列商品。同时，加大文化产品的挖掘、研发力度，以兴义市鸿鑫玉石加工有限公司和晴隆怡丰源贵翠文化产业有限公司等为载体，充分发挥黔人逸石——工艺大师曹智勇、三元斋龙溪石砚的影响，利用丰富的玉石奇石资源，通过创新设计，精心策划包装，打造富有创意和文化内涵的黔西南州盘江奇石系列文化品牌；以金鼎山水文化旅游公司为主，打造具有历史文化元素的文化旅游商品品牌；以布谷鸟、晶晶制衣等企业为主，打造以布依民族服饰为主的民族服饰品牌等。

案 例 篇

促进文化和科技融合发展

——贵阳国家级文化和科技融合示范基地发展情况

贵阳市文产办

摘　要

　　全文从经济发展、文化产业集群发展、文化科技创新三个方面详细介绍了贵阳国家级文化和科技融合示范基地文化产业发展情况，介绍了基地建设的各项政策和举措，分析了当前基地存在的问题，并提出了对策建议，助推贵阳国家级文化和科技融合示范基地建设。

关键词

　　贵阳　文化和科技融合示范基地　发展对策

　　近年来，贵阳国家高新技术产业开发区（以下简称"贵阳高新区"）在省、市党委、政府的正确领导下，在省、市宣传文化主管部门和科技部门的大力支持下，深入贯彻《关于进一步促进贵州经济社会又好又快发展的若干意见》（国发〔2012〕2号）、《国家文化科技创新工程纲要》（国科发高〔2012〕759号）和《贵州省文化产业发展战略规划纲要》等文件精神，大力实施创新驱动战略，加快建设和完善区域科技创新体系，在聚集创新资源、加速中关村贵阳科技园核心区建设、培育和发展高新技术产业、战略性新兴产业、促进文化等特色产业与科技的融合等方面取得较好成效。2013年12月，科技部、中央宣传部、文化部、新闻出版广电总局等四部门以贵阳国家级高新区为主体申报的贵阳国家级文化和科技融合示范基地获批，成为贵州省首家国家级文化和科技融合示范基地。

一、基地发展基本情况

（一）主要经济发展指标较快增长

2013 年，贵阳国家高新区火炬口径营业总收入全年预计完成 1601.81 亿元，同比增长 14.22%；出口创汇全年预计完成 35.2 亿美元，同比增长 31.9%；上缴税额全年预计完成 70.14 亿元，同比增长 10.81%。截至 2013 年底，全区共有企业 3500 余家，其中，经认定的高新技术企业 80 家，占全省的 36.4%。拥有各类企业孵化器和企业加速器 13 家，占全省 60% 以上。

（二）文化科技产业发展迅速

2013 年，贵阳国家级文化和科技融合示范基地实现主营收入 84.41 亿元，同比增长 26.93%，缴纳税金 8.93 亿元，同比增长 99.33%。截至 2013 年底，新增文化科技企业 87 家，总数达 450 家，同比增长 20.32%。其中，新闻出版机构 175 家，广播电视电影服务机构 40 家，文化艺术服务机构 24 家，文化休闲娱乐服务机构 42 家，网络文化服务机构 4 家，文化用品、设备及相关文化产品生产机构 165 家。

（三）主导文化科技产业发展情况

贵阳国家高新区抓贯彻落实国发 2 号文件的历史机遇，遵循市场经济规律和文化产业发展规律，以重大项目、骨干企业为抓手，以专业园区、产业基地为载体，立足于"创新、创造、创优"，强化"科技 + 金融 + 人才"等高端要素的融合驱动，集聚一批文化科技型企业，培育一批创新能力较强、文化和科技融合特征鲜明的骨干企业，切实完善文化产业价值链和产业链，形成了以文化软件业、创意设计业、动漫游戏业、信息服务业、数字出版业、高端印刷业等为代表的文化科技产业的集聚。2013 年，实现文化产业总收入 84.41 亿元，其中新闻出版发行 364550.58 万元、广播电视电影 35432.26 万元、文化艺术 24158.52 万元、文化信息传输 37948.33 万元、文化创意和设计 214125.31 万元、文化休闲娱乐 32058.37 万元、工艺美术品的生产 36458.21 万元、文化产品生产的辅助生产 39482.35 万元、文化用品的生产 31356.28 万元、文化专业设备的生产 28483.79 万元。

（四）建设方案实施情况

2014 年 4 月 15 日，贵阳国家级文化和科技融合示范基地向科技部和中宣部提交了贵阳国家级文化和科技融合示范基地建设实施方案。目前，已建立文化和科技融合示范基地建设协调管理机制，在建设领导小组领导下，成立了日常办事机构、基地建设专家咨询委员会；组织申报国家科技支撑项目，实施一批重大文化科技创新项目。

二、文化产业集群发展情况

（一）产业发展态势凸显

确立"一个龙头，三大部类，十大产业，八个领域"的文化产业体系构架和发展路径，依据贵州省产业文化集群发展具体思路，将贵州省的文化旅游业、民族民间文艺演出业、民族民间工艺品产业、民族节庆与会展产业、山地体育与户外运动产业、广播影视产业、新闻出版产业、文化艺术与休闲娱乐产业、网络新媒体与动漫与网游产业、创意设计产业等 10 大文化产业领域，分为相互支持，相需为用，融合发展的三大部类，推动其他八大领域——休闲避暑创意地产业、酒文化产业、茶文化产业、民族医药产业、风味餐饮产业、温泉健身养身产业、花卉产业与景石产业、民族时尚家居用品与中国银器产业等更广泛领域的发展，建立起具有贵州特色的文化产业体系，支撑贵州特色的文化经济发展。

（二）龙头企业带动集聚

以贵州广播电视信息网络股份有限公司（全国文化体制改革先进企业、全国文化体制改革先进单位）、贵阳朗玛信息技术股份有限公司（贵州省文化产业示范基地、国家规划布局重点企业）、贵阳荷塘月色文化传播有限公司等龙头骨干企业为核心，基地着力推进数字化媒体传播展示产业园及贵州民族文化与旅游开发产业园等重点园区建设，不断扩大基地内新媒体及文化信息服务业，传媒广告与会展业、数字出版业、高端印刷业，文化旅游业，民族文化开发，高端民族工艺美术业等行业规模，产业集聚效应初步显现。

（三）产业特色日趋明显

依托少数民族文化优势资源，形成少数民族文化传播产业集聚；依托红色文化优势资源，形成红色旅游产业集聚；依托自然文化优势资源，形成文化生态旅游产业集聚。以贵州广播电视信息网络股份有限公司、贵阳荷塘月色文化传播有限公司、贵阳日报传媒集团、贵阳世纪恒通科技有限公司、贵阳朗玛信息技术股份有限公司、贵州家有购物集团有限公司等为代表形成了文化和科技融合企业的产业特色集聚地。

三、文化科技创新情况

(一) 知识产权发展取得突出成效

依托国家级科技企业孵化器——贵阳高新技术创业服务中心、国家级知识产权试点园区、国家创新人才示范基地、国家 (贵阳) 片式件产业园、国家电子元器件高新技术产业化基地、国家火炬计划软件产业基地——贵阳火炬软件园、国家新型工业化产业示范基地、国家科技兴贸创新基地、国家级文化和科技融合示范基地、省级人才基地——贵阳留学人员创业园、贵阳国家高新区企业加速器——贵阳高新区生产力促进中心等高新区已建成的综合、专业孵化器，以及其他专业园区 (产业基地) 等载体，整合资源，集聚企业。在知识产权保护方面，高新区专利申请量累计达 2947 件，授权量累计 1364 件，同比分别增长 49.22% 和 51.89%，增幅均居贵阳市第一；在科技创新奖方面，2013 年共有 15 个项目获当年贵州省科学技术奖，9 个项目获 2013 年度贵阳市科学技术奖，8 个项目获贵阳市 2013 年度专利转化实施奖，1 个项目获贵州省专利金奖。

(二) 科技文化融合催生新业态

贵阳国家级文化和科技融合示范基地在文化和科技融合方面态势凸显，主要由数字技术和网络信息技术掀起的高科技浪潮在改造提升传统文化产业的同时，还催生了一大批具有贵州特色的文化形态和文化业态。通过科技和文化的相互融合渗透推动文化创意产业高端化的发展，涌现出创意设计、动漫游戏、信息服务、数字出版、高端印刷等新兴的业态。截至 2013 年底，高新区共有工程 (技术) 研究中心 38 家 (国家级 3 家、省级 6 家、市级 29 家)，企业技术中心 40 家 (国家级 3 家、省级 37 家)，其他专业研究机构 19 家；高新技术企业 80 家，创新型企业总数达 56 家 (其中，省级 32 家，市级 24 家)；建成了 40 万平方米的孵化场地，累计孵化企业 1000 余家。2013 年，软件基地企业总数达 430 家，实现主营业务收入 64.82 亿元，税收达 7.84 亿元。高新区已成为全省"调结构、转方式"的"排头兵"。

四、推进基地建设的各项政策和举措

（一）组织方式

（1）高位统筹，加强统一领导。成立由高新区、综保区、白云区三区统筹的主要领导牵头的文化产业领导小组，统一领导高新区、综保区、白云区三区的文化产业发展工作。

（2）建立产业顾问咨询委员会，形成长效咨询机制。组建一个由资深产业专家、重点企业以及有关领导组成的贵阳国家高新区文化与科技融合及文化产业发展的顾问小组及专家组，帮助高新区制定科学、合理、切实可行的长远规划及发展战略，提出对策建议。

（3）加大招商力度，拓宽招商渠道。充分发挥政府职能部门的主导作用，创建良好的招商引资氛围。规范招商引资体系，出台"1＋5"系列招商引资政策，"1"指《关于加强重大项目招商引资工作的意见》，"5"指《高新区招商引资重大项目认定管理办法》《高新区重大项目招商引资奖励办法》《高新区重大项目招商引资"一站通"工作机制》《高新区招商引资队伍建设管理办法》《高新区招商引资产业指导目录》5个相关配套政策，用"1＋5"系列政策构建起两区文化产业重大项目招商引资的政策框架体系。

（4）加强宣传，营造文化与科技融合产业发展氛围。利用当前已形成的良好宣传态势，进一步加大示范区文化企业的宣传力度，提升科技文化融合产业发展的知名度、形象力，促进文化、技术、市场与产品或服务的有机结合。

（二）体制机制

（1）深化文化体制改革，完善政策措施，推进创新体系建设，出台、完善贵阳国家高新区鼓励文化产业发展的相关政策，制定文化产业发展指导目录，引导资金投入重点行业、重点企业。

（2）鼓励设立文化与科技融合型内资公司，提高注册资本中无形资产所占比例。鼓励个人、高校、科研院所和企业在区内设立科技型内资公司，所创办的科技型内资公司，注册资本中知识产权等无形资产所占比例最高可达70%。

（3）文化与科技融合企业可以实行股权激励，成果转化中按约定成效兑现股份期权。对符合股权激励条件的团队和个人，给予股权认购代垫、股权代持代垫及股权取得阶段所产生的个人所得税代垫等支持；允许将科技型企业中国有股份 3 年内分红以及按投入时约定的固定回报方式退出的超出部分，用于奖励科技领军型人才和团队；鼓励高校、科研院所创办的科技创业企业实施股权激励，相关科研团队和个人在成果转化过程中达到约定成效的，兑现相应股份期权，以股权形式量化给予个人，按照个人所得税缴纳金额给予全额奖励。

（三）金融政策

（1）多元化，多层次，多渠道融资体系。为了对区内科技中小企业提供个性化、系统化的融资解决方案，打造"科技与金融紧密结合，产业与资本无缝对接"的企业成长环境，构建科技成果转化的"多元化，多层次，多渠道"融资体系。

（2）建立"金融超市"快捷融资服务平台，制订和完善"金融超市"融资服务平台运作和管理方案。建立贵阳高新创业投资基金。充分利用国家级科技企业孵化器——贵阳高新技术创业服务中心的独特优势，与国开行通力合作，完善"四台一会"（管理平台、承贷平台、担保平台、公示平台和信用促进会）贷款平台。建立联保机制、联席会议制度、建立融资企业项目库，切实解决园区科技企业融资困难的问题。大力扶持园区内文化企业上市融资，建立新三板申报企业项目储备库。

（3）科技文化融合产业发展基金。在贵州省文化产业发展基金的支持下，建立高新区科技文化融合产业发展基金。通过多元化融资，建立科技文化融合产业投资基金，对文化产业进行贷款担保和贴息，支持骨干文化企业加快发展。扶持中小型文化产业投融资公司做大做强，充分发挥投融资平台作用，撬动社会资本投资文化产业。

（4）建立贵阳银行科技支行。依托贵阳银行科技支行，建立和金融同业、中介机构定期的联席机制，通过各方信息沟通、交流和共享，及时有效地为科技企业提供各类金融服务。目前已建立工商银行科技支行并开展业务，同时建立了贵阳银行科技支行，创新金融模式，扶持文化和科技融合产业发展。

（5）鼓励发展科技金融，对投资初创期企业的股权投资机构和个人予以十年税收全额奖励。对银行、担保机构为区内文化与科技融合型企业提供科技信贷服务形成的本金损失，经认定，最高可给予 50% 的风险补偿，单笔补偿最高可给予 300 万元；在区内从事天使投资的机构或个人，对其在区内所缴纳的企业所得税或个人所得税、营业税区级留存部分，10 年内给予全额奖励；入驻区内的风险投资机构，对其实际缴纳的营业税、企业所得税区级留存部分，5 年内给予全额奖励。

（四）人才政策

（1）建设"人才特区"、构筑科技文化融合人才高地。以建设"人才特区"、打造贵州省科技文化融合人才高地为契机，完善文化产业人才引进、培养、使用、评价、激励机制，重点引进"业界知名、实绩突出"的文化产业领军人才、"富有创意、勇于创业"的文化创意拔尖人才、"懂文化、会经营、善管理"的复合型人才。同时，加快制订高新区文化产业人才认定办法及相关配套政策，对于文化产业领军人物，加快研究对其在税收、户籍、居住、教育、社会保障等方面的激励措施。

（2）支持科技人员创新创业，最高给予 500 万元创业资助。按照《贵阳国家高新区、贵阳综保区、贵阳市白云区促进科技创新十条政策措施（试行）》，经认定并持有"贵阳市人才服务绿卡"的引进人才，带项目、带技术、带资金创办文化和科技融合企业的，给予 100 万～500 万元科研启动经费和创新创业资助，3 年内免费提供 200～500 平方米的工作场所、免费入住 100 平方米以上的高级人才公寓、按月发放 1000～20000 元生活津贴。

对各类人才创办并经认定的文化和科技融合型高新技术企业，自首次认定之日起 5 年内，其上缴的营业税、增值税、企业所得税区级留存部分以"先征后奖"的形式全额奖励给企业。高新技术企业年度实缴税收首次超过 1000 万元、3000 万元、5000 万元、8000 万元、1 亿元的，区级财政按企业对本级财政收入实际贡献的 40% 给予奖励。

企业通过猎头引进人才最高给予 20 万元猎头服务补贴，直接引进入选国家"千人计划"专家的中介机构和用人单位分别给予 10 万元奖励。

区内科技人员可通过区内绿色通道申报专业技术职务，科技成果转化成效较好的，优先予以职称评定，并推荐申报省核心专家、省管专家等人才工程；鼓励科技人员在企业与科研院所、高校之间双向兼职，对到区内企业兼职的科技人员，3 年内以其所缴纳的个人所得税区级留存部分为标准给予 100% 的奖励；离岗创业科技人员养老、医疗等社会保险个人缴纳部分，区内给予全额补贴。高校全日制学生（包括研究生）到高新区创业，享受区内对高校毕业生创业的扶持政策，并可免费享受创业导师辅导。

（五）财税政策

（1）完善财税政策体系，加大资金扶持力度。进一步完善《高新区文化产业发展专项资金管理办法》，发挥财政资金在文化产业发展中的导向作用，采取资本金投入（参股）、无偿资助、贷款贴息、补助、奖励等方式引导文化产业的投资方向，逐年加大对文化产业的扶持力度。扶持发展重点文化产业项目。通过贷款贴息、扶优扶强、以奖代补等方式支持文化产业发展，将"文化＋科技"型项目列为文化产业专项资金的扶持重点。对重大项目，给予前期启动经费补助；对文化产业研究、开发给予资金扶持；对市场前景好的文化企业，给予资金、信贷、贴息等支持；对项目推进等作出重大贡献的领军人才、项目专员等给予物质奖励。

（2）创新相关税收优惠政策。鼓励文化贸易活动，促进文化市场繁荣。出口图书、报纸、期刊、音像制品、电子出版物、电影和电视片等，按规定享受出口退税政策。对境内的单位或个人在境外承揽文化体育业（播映除外）劳务取得的境外收入暂免征营业税。为生产重点文化产品而进口国内不能生产的自用设备及配套件、备件等，免征进口关税和进口环节增值税。扩大对文化产品和服务的政府采购范围。凡纳入高新区预算管理的机关、事业单位和社会团体，在采购文化产品和服务时，同等条件下优先采购两区自主创新的文化产品和服务。

（3）建立知识产权作为生产要素参与分配机制。鼓励文化企业对有突出贡献的高层次文化人才以著作权、专利权、商标权等无形资产折价入股，参与收益分配。加强文化产业品牌与标准化建设。支持文化企业、文化产品及服务参加国家级文化品牌的评比，对被授予国家级称号的给予相应奖励。保护和推广高新区文化产业驰名商标，定期编制和发布两区文化产业驰名商标名录。对主导创制国际、国家、行业、地方标准的文化企事业单位给予奖励。

（4）出台促进现代科技服务业发展支撑办法。依据《贵阳国家高新技术产业开发区关于促进现代科技服务业发展支持办法（试行）》对现代科技服务业进行扶持。主要包括：在高新区登记注册并纳税，按企业所缴纳增值税、企业所得税及营业税地方所得部分的一定比例分年度予以资金奖励，奖励年限及比例为：第 1~2 年 60%，第 3~4 年 50%，第 5~6 年 40%，第 7~8 年 30%，第 9~10 年 20%；在区内所缴纳的个人所得税地方所得部分，按前三年全额奖励，后七年 50% 比例奖励；按照企业注册资金 1% 的比例给予开办补助，补助最高不超过 500 万元，补助分三年按 40%、30%、30% 的比例发放等。

（六）用地政策

（1）优先保障科技文化融合产业用地需求。在编制城乡总体规划和土地利用总体规划时，优先考虑安排文化企业用地及文化产业重大项目新增建设用地。明确文化产业发展用地的保障措施，逐步提高文化产业用地比例。积极发挥土地规划管控作用，加强对产业、区域发展的引导，促进区域用地结构优化。在金阳园区和沙文园区明确文化产业投资项目用地计划，为文化产业用地预留空间，并优先安排文化产业重大项目的用地。

（2）创新土地流转方式，逐步提高文化产业用地比例。充分利用现有存量土地，鼓励将旧城区、废弃工业厂房及仓储用房等加以改造，用于发展文化产业。创新土地流转方式，允许农村集体建设用地采取土地承包经营权量化入股、集体建设用地集中统一开发、土地出租等多种形式进行流转，用于特色农产品加工业、休闲观光农业等项目建设。

五、存在问题及解决措施

（一）存在的问题

（1）文化与科技融合深度不足。由于贵阳国家级文化和科技融合基地建设尚处起步阶段，缺少文化领域与科技领域交流信息平台，很多文化型企业没有通过合适的、先进的科技技术更好地彰显文化，很多科技型企业又不知道自身掌握的技术如何植入文化领域，相关科研成果与文化领域实际需求结合不够紧密，导致对文化资源的高科技开发手段不足和文化科技装备不足，各类高科技电子产品对文化内涵的植入不深等现象，没有充分发挥贵州在少数民族文化、红色文化及自然文化等方面的特点和优势。

（2）文化与科技融合人才供给不足。在基地建设过程中发现，企业普遍缺乏既通晓高科技又熟谙文化尤其是贵州本地文化的复合型人才，难以创作出民族文化与高科技手段高度融合的文化精品，影响了贵州少数民族文化、红色文化及自然文化的创作力、感染力、表现力和传播力。由于尚未建立对文化领域人才的认定办法，当前适用的技术职称评定办法与文化领域人才的专业造诣、工作业绩不相适应，不能有效引导文化领域人才成长。

（二）对策及建议

（1）加快文化领域核心技术开发，攻关重点文化科技创新领域，形成一批国内领先、国际知名的文化产业新业态。强化科技对文化产业发展的带动作用，大力攻关与文化科技相关的发展领域，重点推动文化旅游、移动互联网、动漫游戏、数字出版、新媒体等文化产业新业态发展，整体布局产业链，有针对性地突破基于贵州特色文化大数据的内容聚合平台技术、贵州特色文化数字化关键技术与系统、文化产业集群资源共享技术及服务平台、非物质文化遗产资源数据库、非物质文化遗产数字化保护与开发等关键技术和集成应用技术，推动文化产业从产业链低端向高端转移，促进文化产业集群发展。

（2）加大文化科技人才培养引进力度，坚持培养与引进相结合，加快文化产业与科技、金融融合的复合型人才培养，大力吸引国内外高层次文化科技人才，尤其是文化领军人才的培养和引进。加强理工学科与人文、管理学科的交叉融合，支持高校设立文化科技交叉学科，支持科研院所开展文化科技专业研究生培养，加强对有关园区、基地的管理人员的培训等措施，完善人才发展机制，促进文化创新人才的培养。

（3）按照贵阳国家级文化和科技融合示范基地创建规划和实施方案，出台进一步落实完善文化和科技融合发展的政策措施。

让艺术演艺在深化改革中迸发活力

——遵义市推进文艺院团转企改制思考

张鹏健　赵龙驹　王昌华　向　静[*]

摘　要

在深化文化体制改革中，遵义市全力推进文艺院团转企改制步伐，以改革促发展，给遵义演艺企业带来了丰厚效益。2013 年，遵义市又进一步将遵义市杂技歌舞艺术有限责任公司和遵义市歌舞剧团进行整合，组建成立了遵义市演艺集团有限公司，进一步增强了遵义演艺企业的实力和竞争力，助推文化演艺业发展。同时，提出下一阶段遵义演艺集团要进一步注重艺术创造和市场开拓、建立健全文艺人才发展机制，力争用几年的时间，将遵义演艺集团发展壮大成为全省演艺龙头企业、国家级文化产业示范基地。

关键词

艺术演艺　改革发展　遵义

一、改革历程及取得的成效

（一）"双星"诞生及取得的成绩

长期以来，遵义市杂技歌舞艺术有限责任公司和遵义市歌舞剧团有限公司犹如两颗"双子星"，为宣传推介遵义、繁荣文艺事业、满足群众文化需求作出了不可磨灭的贡献。

---

[*] 张鹏健、赵龙驹、王昌华、向静，遵义市演艺集团有限公司。

1. 遵义市杂技歌舞艺术有限责任公司

遵义市杂技歌舞艺术有限责任公司是 2011 年 9 月对遵义市杂技团实施体制改革组建的国有独资文化企业。遵义市杂技团成立 50 多年来，历届班子带领全体职工走南闯北、开拓进取，积累固定资产 8600 万元，常年在外演出创收约 200 多万元，创作了一大批优秀节目，培养了杂技艺术人才，荣获国际、国内各种奖项 120 余项，几乎囊括了国内外杂技界的各项荣誉，被称赞为靓丽的文明之花。遵义曾经是文化部明确的中国政府文艺奖"文华奖"全国少儿杂技比赛的定点城市。《三人技巧》《坛技》《转台顶技》《玩草帽的苗娃》《蜘蛛人·高椅》《月光奏鸣曲·空中技巧》《依依山水情》等精品剧目仍深深地印在人们脑海里。

2. 遵义市歌舞剧团有限公司

遵义市歌舞剧团有限公司是 2010 年 6 月成立的贵州省和遵义市首批文艺院团改革的企业之一。改革后遵义市歌舞剧团有限公司采取盘活国有资产，充分利用土地资源招商引资，大力发展演艺、影视、出版物交易、文化创意等文化产业，培育合格的文化市场主体等措施，使企业实现了健康、快速发展。如，承办了遵义市文体广电局举办的五大群众文化品牌活动当中的"遵义激情广场·红歌之星选拔赛""乡村大舞台"两项公益性活动。其中"红歌之星"吸引了辽宁、山东、湖南、黑龙江、重庆等 10 多个省市及贵州各市（州）的优秀歌手 2000 余名前来参赛，使企业获得了良好的品牌效应；"乡村大舞台"则把优秀的文艺节目送到了农村，送到农民的家门口，让他们不出远门、不看电视，在日常的生活中就能欣赏到高雅艺术，享受到文化大餐。同时，遵义市歌舞剧团有限公司通过承办文化活动和打造舞台剧目《传奇遵义》等为载体，通过和中国歌剧舞剧院、中国儿童艺术剧院、东方歌舞剧院等国家著名艺术院团结对子，面向全国专业艺术学校招聘歌舞演员等方式，不断加强自身队伍力量。

（二）"双星"合并，再创佳绩

2013 年，遵义市委、市政府进一步深化文化体制改革，将遵义市杂技歌舞艺术有限责任公司和遵义市歌舞剧团两颗"双子星"进行整合，组建成立了遵义市演艺集团有限公司。在整合过程中，两个院团都尝到了改革带来的效益，极大地激发了企业内部活力，结出了丰硕的成果。

1. "双星"合并的重要意义

遵义市杂技歌舞艺术有限责任公司和遵义市歌舞剧团强强联手、组建演艺集团，是遵义市深入推进文化体制改革的一项创新举措，是继续深化文化体制改革、更大激发内部活力、打造合格市场主体的需要，是积极适应当今国内外演艺事业高投入、高创意、高风险发展的形势需要，也是遵义经济社会发展、做大文化产业的需要。同时，两个院团的整合还实现了杂技艺术与歌舞艺术的有机融合，相得益彰，能够增强艺术表演的感染力，不断适应不同人群文化娱乐和艺术审美的需求；有利于挖掘全市丰富的文化资源，打造旅游精品剧目，塑造"红色圣地　醉美遵义"的品牌形象，助推经济社会发展。

2."双星"合并取得的成绩

2013 年 12 月 26 日，集团最新编创的文艺晚会《赤技之巅》在香港艺术节上精彩亮相，这是遵义演艺集团组建以来赴外规模最大的一次专场演出。整台节目充分发挥体制改革文化资源整合的优势，把杂技与舞蹈有机融合，精心打造了这台晚会，极大地增强了舞台艺术的艺术性、观赏性和娱乐性。演出中，可容纳 1200 多人的香港屯门大会堂剧场座无虚席，90 分钟的演出似乎让观众意犹未尽，谢幕时观众站立座位前长时间热烈鼓掌，戏幕经三次开合才结束演出。

2014 年 1 月 7 日，遵义市演艺集团受邀赴智利以及法属波利尼西亚参加南美"欢乐春节"活动。6 名杂技演员参加了此次演出活动，表演了《滚灯》《肩上芭蕾》《单手倒立》《烛影摇红》四个节目，期间共演出 13 场。节目吸引了大批外国人鼓掌欢呼。他们竖起大拇指，连声说"VERY GOOD"。

2014 年 1 月，遵义市歌舞团与深圳福永杂技团联合演出的情景剧《守卫平安》赴京演出。该剧在第九届全国戏剧文华奖颁奖典礼上包揽了创新剧目大奖、导演金奖、表演金奖、舞台美术银奖等 8 项大奖。

遵义市演艺集团在以杂技品牌为引领，融歌舞等多种艺术形式打造舞台演艺产品上已经迈出了可喜步伐，策划了大型情景杂技歌舞晚会《浓情中国韵》。整台晚会不仅有精彩的杂技节目，也有浓郁的民族风情，还有经典的爱情故事。这台晚会展现了中华儿女在生活、情感等方面的精彩片断，相信能给观众带来视听的强劲冲击力和美好享受。剧目打造完成后，遵义市演艺集团将首先进行文化惠民的演出，到基层与广大群众见面。在为群众送去精彩演出的同时，也借此机会检验观众对节目的反响和评价，从而进一步对晚会进行提升打造，争取以最好的效果参加 2014 年的上海艺术节展演。

遵义市演艺集团与韩国大唐云博传媒公司合作打造的大型主题舞台剧 KARMA，经过历时半年的编导排练已通过 3D 合成。该剧目将赴北京、西安、成都等地巡回演出。

遵义市演艺集团正在与陕西省杂技团联合打造大型主题晚会《丝路彩虹》，并与北京雅格公司也达成合作演出项目。

集团成立后，在演出取得成功的同时，还在人才的引进方面取得显著成效。集团在成都、重庆、昆明、贵阳、石家庄等城市进行演员招聘，引进了一批优秀的艺术人才。目前，已有 50 余名舞蹈演员与集团签约，同时也引进了声乐、编导等方面的专业人才。

二、加快遵义市演艺集团发展的对策建议

（一）抢抓难得的发展机遇

遵义市委、市政府将遵义市杂技歌舞艺术有限责任公司和遵义市歌舞剧团整合，组建成立遵义市演艺集团有限公司，制订了一系列有力举措。一是任命市文体广电局原局长张鹏健到公司任董事长、总经理、党委书记。二是为集团公司的发展放宽了政策。除了可以引进民间资本外，5 年内市财政每年支持 500 万元，并由市政府协调向银行一次性贷款 1500 万元打造旅游精品舞台剧目。这笔贷款纳入政府偿债机制，3 年内由市财政还清。三是要求有关部门密切配合，切实解决集团公司成立和发展中遇到的实际困难。因此，这些举措对两文艺院团的整合并组建成立遵义市演艺集团有限公司，是一次难得的机遇。遵义市演艺集团应抓住市委、市政府在深化文化体制改革中对集团公司的大力支持这一难得机遇，大力培育集团公司的"造血"能力，并力争用几年的时间发展壮大，成为全省演艺龙头企业和国家级文化产业示范基地。

（二）建立健全文艺人才发展机制

首先重视人才的引进和培养。一方面不拘一格面向全省、全国招聘艺术人才，另一方面充分利用集团公司目前分别同四川师范大学舞蹈学院、重庆师范大学合作建立了实习基地这一平台，加大艺术演艺人才的培养。其次营造事业凝聚人、制度管理人、待遇留住人、真情感召人的良好人才环境。事业凝聚人就是要通过深入浅出的教育引导，把发展文化产业、集团公司做大做强作为全体员工的共同愿景，让广大员工顾大局、识大体，把心思和力量都凝聚到集团公司的发展上来。制度管理人就是完善集团公司岗位职责、工作规范、考核奖惩、劳动报酬等方面制定了规章制度，形成了遵章守纪、积极进取、规范有序

的良好格局。待遇留住人就是演员起居、生活及薪酬待遇要与市场接轨，并按照市场水平不断增加演艺人员的报酬。真情感召人就是集团公司上下级和同事间要相互关心、相互支持、相互包容，不拨弄是非、不制造矛盾，形成团结和谐，积极向上的浓厚氛围。

（三）精品舞台剧目打造、演出市场拓展"两手抓"

文艺演出业的发展必须有优秀文化产品的支撑。遵义市红色文化丰富，应着力围绕红色文化资源和红色文化旅游，打造一台凸显遵义红色文化，融歌舞、杂技、戏曲、武术等多种艺术形式为一体的旅游精品舞台剧目，并且争取每年都创新一批杂技和歌舞节（剧）目，把文化产品不断推向国际国内市场，在企业创收的同时，不断提升遵义历史名城的影响力和知名度。将根据全市人民对文化的需求，有针对性地创作、排练出群众喜闻乐见的优秀节目。坚持送戏下乡，深入各乡村、街道、学校、厂矿、部队演出，让广大基层人民群众欣赏到高水平的文艺节目，以满足全市广大人民群众基本的文化需求。为提高全市人民的文化素质、维护社会的和谐发展发挥应有的作用。

（四）充分发挥文艺院团品牌效应

大力创新一批杂技节目，推进杂技节目与歌舞、音乐等其他文艺形式的融合发展，力争在短时间内把杂技水平恢复到辉煌时期的水平，重新打造和用好遵义杂技这张名片。

探索欠发达地区跨区域联合办报之路

——《乌蒙新报》改革发展回顾与展望

江　弢*

摘　要

　　《乌蒙新报》是六盘水市与毕节市开拓创新、与时俱进贯彻中央、省文化体制改革精神的典范。其通过转企改制、跨区合作等举措增强了发展活力和实力。新形势下，《乌蒙新报》将通过在各地市建立分支机构，推进文化融合，进一步延长服务半径，扩大市场占有率等举措，力争把该报办成跨地区、跨省的非时政类报纸合作办报典范。

关键词

　　《乌蒙新报》　展望　举措

　　2012 年 11 月 8 日，是《乌蒙新报》创刊一周年的日子。这一天，可谓双喜临门，乌蒙新报社的全体员工沉浸在庆祝"十八大"、欢度记者节的喜庆当中。喜讯传来：《乌蒙新报》获全国地市报研究会授予的"中国地方都市类报纸最具成长性十强"称号！

　　创刊近四年来，《乌蒙新报》围绕"调整、改革、创新、发展"的总体工作思路，坚持市场化道路，增强竞争力，扩大影响力，使办报与经营呈现出互助共为的良好发展态势，社会效益、经济效益逐步显现。

　　《乌蒙新报》是六盘水市委、市政府认真贯彻落实国家新闻出版总署发布的《关于进一步推进新闻出版体制改革的指导意见》精神，在推进新闻出版业体制进一步改革的进程中以推进企业重组为抓手，加快培育出版传媒骨干企业和战略投资者的典型事例。本文就《乌蒙新报》这一张跨区域报纸的发展

进行简单的回顾与展望。

一、走出一条新路

　　《乌蒙新报》的前身是六盘水日报社的子报《凉都晚报》，创刊名为《六盘水晚报》。这份报纸自 2000 年创刊以来，见证并记录了六盘水市经济社会发展较为快速的 10 年，在为六盘水的发展建设鼓与呼、提供舆论支持、传递正能量的同时，更为当地的广大读者提供了较为丰富的精神食粮，成为六盘水人不可或缺的都市类报纸、市民报纸及信息资料库。

　　干事创业如逆水行舟，不进则退。面对《凉都晚报》的快速发展，六盘水报人并未小富即安、小进即满，更多地是忧患未来的生存和发展。《凉都晚报》因受空间和市场的局限，其实力和影响力难以得到较为理想的拓展和提升。面对《贵州都市报》《贵阳晚报》《黔中早报》等省、市级都市类报纸的冲击以及本地其他媒体的竞争，如果再不思进取，不敢大胆突破与创新，老是因循守旧、求稳怕变，那么《凉都晚报》的市场份额将会越来越少，最后将被市场淘汰。怎样开拓创新、与时俱进，走出一条新路，把《凉都晚报》做出本地特色，求得更大发展和生存空间？六盘水报人把目光盯住了近邻的毕节地区。

　　毕节地区拥有 750 多万人口，却只有一份党报《毕节日报》。当时的毕节地委主要领导以及毕节日报社的同仁认为，毕节没有一份非时政报纸，这与毕节试验区经济社会的发展很不协调，也难以适应毕节广大人民群众日益增长的文化精神需求。正巧，由于报纸刊号的紧缺，他们也正在谋求与外地合作办报。

　　中央和省委省政府"鼓励国有文化集团互相参股，以资源或产权为纽带进行整合重组，在新闻出版等领域开展跨地区、跨行业、跨所有制兼并重组，培育打造有实力、有竞争力、有影响力的龙头和骨干文化企业"这一改革精神，犹如阵阵春风，吹醒和激发了六盘水日报社、毕节日报社的创新发展思维。根据中央和省有关文化体制改革的精神，六盘水和毕节两地报人结合实际，通过较长时间的思考、洽谈、调查和论证，提出了跨区域合作办报的设想，以推进《凉都晚报》突破现有体制，突破地域限制，探索走一条跨区域发展的新模式。

　　六盘水和毕节地区同属乌蒙山脉，都是当年红军长征"乌蒙磅礴走泥丸"

的重点地区，由《凉都晚报》更名为《乌蒙新报》，既是地域上的定位，更寓意创新、创造、发展。

在国家新闻出版总署、贵州省委、两地党委政府的大力支持帮助下，由《凉都晚报》更名《乌蒙新报》并增加毕节日报社为主办单位的工作顺利进行。经过紧张筹备，2011 年 11 月 8 日，《乌蒙新报》正式创刊。

《乌蒙新报》紧紧围绕"立足乌蒙，面向全国，贴近民生，服务百姓，有新意、有创意，都市味、生活味比较浓的乌蒙山区的主流媒体"这一定位办报，每天出版 32 版以上，容量是原《凉都晚报》的两倍以上，内容更丰富多彩，更贴近百姓生活，可读性更强。《乌蒙新报》一面世就紧紧吸引了百姓眼球，受到了广泛的关注，成为两地内聚人心，外塑品牌的一个重要力量，更成为乌蒙山区域整合、团结协作的全新载体。

在办报人员上，除了原《凉都晚报》员工外，六盘水、毕节两地报业集团皆派出精兵强将参与新闻采编和广告发行等工作，并在全国范围广招采编经营人员 50 余人。采编经营人力资源的有效整合为《乌蒙新报》的发展壮大提供了人才支撑。

在发行和广告经营上，《乌蒙新报》2013 年的发行份额接近 3 万份，这大大突破了原《凉都晚报》的发行份额。在广告经营方面，两地积极主动培育市场，经营收入实现较大突破，除确保正常的办报经费外，职工平均收入超过当地日报社职工收入的 20%。

《乌蒙新报》是《凉都晚报》的漂亮转身，是《凉都晚报》的升级版。由两家西部欠发达、欠开发的边远民族地区联合办报，使两地的新闻、人力、财力等资源得到整合，这种做法有利于报纸做大做强，增强发展后劲。《乌蒙新报》这种在革命老区、多民族地区、贫困地区跨区域发展、壮大传媒文化产业，整合区域优势资源，为边远地区群众提供全方位新闻、文化服务的方式，与众多"扎堆"大城市、中心城市的都市报相比，不仅在全国地市报中是一个创举，而且在中国新闻界也是一种全新的尝试。

二、跨区合作强实力

在文化体制改革浪潮中应运而生的《乌蒙新报》注定要成为改革的弄潮儿。2012 年 2 月，新的历史机遇再次将《乌蒙新报》推到改革的前沿。2 月 8 日，贵州省非时政类报刊出版单位转企改制工作会议在贵阳召开。按照中央有关文件精神，贵州省将《乌蒙新报》纳入转企改制非时政类报刊出版单位先行先试的几家报刊之一。

按照中央、省转企改制有关精神，六盘水日报传媒集团、毕节日报传媒集团分别按51∶49的比例投入共400万元，组建六盘水乌蒙新报有限责任公司，将乌蒙新报转制为企业法人，成立了六盘水乌蒙新报有限责任公司董事会，选举产生了公司首届董事会成员和首届监事会成员。首届董事会和首届监事会分别选举产生了董事长和监事长。聘任了社长（总编）、总经理，在六盘水、毕节分别成立一个采编经营中心。之后，清产核资、核销事业身份、与全体职工签订劳动合同、按照企业办法参加社会保险等工作依次进行。

在贵州省非时政类报刊出版单位体制改革工作联席会议领导小组的指导下，六盘水乌蒙新报有限责任公司各项改革工作全部完成并顺利通过省验收，成为贵州省率先完成转企改制的非时政类报社。

转企改制为六盘水乌蒙新报有限责任公司带来了活力。该公司成立不到一年的时间，按照现代企业制度要求，在调整经营模式和分配机制、加强内部建设等方面采取了一系列的改革措施，形成了"自主经营、自负盈亏、自我约束、自我发展"的法人实体和市场主体。

在经营管理模式上，针对《乌蒙新报》六盘水、毕节采编经营中心距离远、难统管的特点，对《乌蒙新报》采取"统分结合"的方式运作。"统"是对整张报纸的采编进行统筹，"分"是对各个采编经营中心实行自主营运、自负盈亏的运作模式。对各采编经营中心的经营目标是：第一年、第二年持平，第三年开始盈利，第四年盈利有更大突破。各采编经营中心把各自区域的新闻采编、印刷及广告、发行等各项工作统筹兼顾、整体推进。这一运作方式既能使管理难度减少，又能极大地调动两地采编经营中心的积极性和创造性，形成两地采编经营比学赶超的良好态势。

在收入分配机制上，实行绩效工资制。采取部门负责人和普通员工基础工资相同，其余为绩效工资，鼓励多劳多得，这极大地激发了员工工作积极性。改制之前，员工工资基本是大锅饭，同一级别的员工不管工作量大小、干何种工作，基本都处于一个水平，不同级别之间有差距，但在中下层面差别也不大。改制之后，公司结合新闻工作的特点，制定了新的考核办法，绩效工资所占比例能提高到60%左右，最多的占到90%。算下来，工资普遍比以前高了，特别是采编工作人员，按照多劳多得，高质量高创收的原则，如果干活卖力，质优量大，收入甚至能达到以前的两三倍。

三、努力打造跨区域合作办报典范

《乌蒙新报》受到六盘水和毕节两地干部群众的关爱和重视。它被看作两地文化体制改革的结晶，是全省、全市文化大发展、大繁荣的象征。

省委常委、副省长，时任毕节地委书记的秦如培，在第一时间看到了《乌蒙新报·试刊号》。他兴奋无比，欣然写下："《乌蒙新报》问世，是解放思想，转变观念，开拓创新的结果，是文化体制改革的结晶；是毕节与六盘水打破地域行政界限，破除封闭陋习，走联合双赢发展道路的排头兵。毕节的广大干部都应向两地的报人学习。今天，读了《乌蒙新报》试刊，倍感亲切，倍感欣慰，倍感鼓舞。虽然是试刊，但从内容到版式等，都令人耳目一新，我非常喜爱，相信广大群众也会对它爱不释手，成为他们学习、生活、工作中的良师益友。衷心祝福，希望《乌蒙新报》后来居上，越办越好，成为乌蒙大地上的奇葩。"

现贵州省委常委、遵义市委书记，时任六盘水市委书记王晓光为《乌蒙新报·创刊号》题词："做文化体制改革的创新者，做文化发展繁荣的先行者，做党的新闻方针的模范执行者。"他说，《乌蒙新报》的创办不简单，要花大力气，有大本事才办得成。相信随着两地的经济发展，这份报纸的市场会越来越大，《乌蒙新报》也会给两地读者带来高质量的文化产品。

《乌蒙新报》成为两地的经济参考、时政互动、文化交流、信息沟通平台。中国传媒大学新闻学 2010 级研究生丁龙评论说，《乌蒙新报》的内容丰富，更多体现了乌蒙山区的民族特色。大量的服务性新闻报道使报纸成为区域性发展进程的见证和信息传播的工具。

创刊以来，《乌蒙新报》立足六盘水和毕节两地，放眼整个"大乌蒙"区域，以正确导向作灵魂，以民生新闻为脊梁，将社会新闻和文化新闻当两翼，用本土原创新闻作支撑，使报纸深深植根于乌蒙山区的人文历史土壤里，寓意在经济社会发展中。

三年间，《乌蒙新报》讴歌真善美、唱响主旋律，以《来自乌蒙山区的五名毕节儿女感动中华》《寻访六盘水籍的抗战老兵》《我们身边的道德模范》等诸多报道引发社会强烈反响。

三年间，《乌蒙新报》设计运作城市、文化、教育、健康、时尚 5 个周刊，深入开发两地文化资源，将新闻与人文、科技、生活等广泛融合，用

《凉都经济中轴线》《嫁妆，演绎不同时代的别样风情》等让读者了解历史变迁，见证时代发展，提升文化品位。

三年间，《乌蒙新报》以《28位政协委员15件提案并案呼吁破解毕节之堵——一个并案背后的故事》《六盘水市数百名肉商联手集资，售价"向平价肉直销点看齐"——"冲价风波"让肉价平均降了4元》等深度报道，反映民生民意，促成热点降温，矛盾化解。

三年的辛勤探索，只是万里长征走完了第一步。今后的路还长，任务会更艰巨。但我们相信，随着"两加一推"主战略的实施，贵州乃至乌蒙山区将迎来新一轮大开发、大发展的黄金机遇期，尤其是国发2号文件中确立的"毕水兴"能源富集区和特色经济带的战略推进，必将为《乌蒙新报》及六盘水乌蒙新报有限责任公司提供更加广阔的报道空间和广告市场，呈现更为远大的发展前景。

党的"十八大"提出了建设社会主义文化强国的任务，给了我们极大的鼓舞。党的十八届三中全会提出，建设社会主义文化强国，增强国家文化软实力，必须坚持社会主义先进文化前进方向，坚持中国特色社会主义文化发展道路，坚持以人民为中心的工作导向，进一步深化文化体制改革。要完善文化管理体制，建立健全现代文化市场体系，构建现代公共文化服务体系，提高文化开放水平。学习贯彻党的"十八大"、十八届三中全会、省委十一届四次全会以及市委六届五次全会精神，《乌蒙新报》拟在乌蒙山区核心区域内的各地市建立分支机构，推进文化融合，进一步延长服务半径，扩大报纸的舆论影响力和市场占有率，力争使《乌蒙新报》覆盖毕节、六盘水、黔西南及云南曲靖、昭通等地，把该报办成跨地区、跨省的非时政类报纸合作办报典范。

附：《乌蒙新报》概况

《乌蒙新报》由六盘水日报社和毕节日报社跨区域、跨媒体联合创办。这不仅是六盘水市、毕节地区新闻界的一件喜事，也是贵州新闻界、文化界体制改革进程中的一桩大事，更是六盘水日报社多年来坚持走市场道路，在尝试文化体制改革发展上的又一次创举。同时，也是六盘水市深化文化体制改革的新亮点。

《乌蒙新报》前身是由六盘水日报独立创刊的《凉都晚报》。《凉都晚报》原名《六盘水晚报》，自1998年7月28日创办以来，一路风雨兼程，历经《六盘水日报·晚报版》《六盘水晚报》的不平常发展历程。《乌蒙新报》的广告拥有良好的效果，从试刊到正式创刊，从8个版、12个版、16个版、20个版，从黑白套色到彩印，从市民不熟悉到各界认可争相订阅，从单薄浅层次的报纸内容到各个版面做好做足丰盛的精神文化大餐，从单一的新闻报道到逐渐广泛地把舆论监督的报纸职能积极发挥，从瞭望弱势群体到关注社会民生……《乌蒙新报》带给读者非常多的资讯。

　　如何让报纸办得更好，2010 年年底正在苦苦思索《凉都晚报》发展路子的六盘水日报社党组书记、社长眼前一亮：走跨区域合作办报的路子应该是西部欠发达地区报纸做大做强的一条好路！至此由《六盘水日报》与《毕节日报》整合两地资源，打破地域观念，实行跨区域合作，用《凉都晚报》刊号，一张全新的生活服务类都市报纸《乌蒙新报》诞生。8 月 25 日，国家新闻出版总署正式批复《凉都晚报》更名为《乌蒙新报》。

促进乡村文化与旅游融合发展

——安顺市天龙旅游公司发展分析

高守应*

摘　要

　　本文主要通过分析天龙旅游公司的发展轨迹、天龙屯堡文化的显著特征、天龙屯堡文化旅游发展的具体做法，寻求黔中文化与旅游融合发展的路径，并对文化旅游高度融合发展提出建设性建议。

关键词

　　黔中文化　旅游融合　旅游开发

　　安顺市平坝县的天龙屯堡文化旅游区，由天龙古镇和天台山五龙寺两个景点组成，景区人文与山水景观浑然一体、田野和乡村风景如画。600 多年前，朱元璋"调北征南""屯田戍边"留下的屯军后裔把江淮的民居建筑风格与天龙的石头有机结合，创造出石头建筑艺术绝唱。至今完好无损的大明遗风，集历史、文化、自然、休闲、度假为一体，在天龙屯堡小镇完整地保留了下来，被誉为"中国山地的普罗旺斯"。天龙旅游公司通过"政府＋公司＋旅行社＋农民旅游协会"的模式开展文化与旅游融合发展的经营和探索，该旅游区 2011 年获得国家第四批"文化产业示范基地"称号，2012 年 12 月被贵州省旅游投资集团公司收购，成为贵州省 100 个重点文化旅游综合体建设工程之一。

一、天龙旅游公司的发展轨迹

　　1999 年，天龙屯堡小镇，在天龙镇政府和市县有关部门的支持下，组建

---

　　* 高守应，安顺市社科联党组书记、常务副主席。

了天龙屯堡民间文化发展办公室，从资料收集整理等基础工作做起，通过对屯堡文化调查摸底和广泛咨询专家学者，提出挖掘屯堡文化资源，开发旅游产业、走文化与旅游产业融合发展之路的设想。2001 年 9 月，天龙旅游公司组建，开发天龙屯堡文化旅游区，并于当年对外开放。

天龙旅游公司以"政府 + 公司 + 旅行社 + 农民旅游协会"的模式开展文化与旅游融合发展的经营和探索，即由政府做好开发和保护规划，对屯堡文化加以保护，为公司发展创造良好的政策环境。公司精心挖掘整理屯堡文化资源，并对其做好相关宣传、旅游市场营销、管理、经营、投资，联合旅行社积极组织团队，协助处理好村民参与旅游开发的各种关系。

经过 10 多年的探索和发展，公司已发展成为一家专业从事文化旅游项目投资开发、旅游商品生产销售、饮食业、农副土特产品加工经营的民营企业。这一经营模式得到世界旅游组织秘书长和国家旅游局的充分肯定。天龙屯堡小镇也因此由名不见经传到声名远扬。文化与旅游的深度融合发展，让天龙旅游公司获得第四批"全国文化产业示范基地""全国农业旅游示范点""中国屯堡文化之乡""中国屯堡文化研究基地"等称号，实现文化旅游综合收入 2 亿多元，接待海内外旅游者 500 万人次，谱写了黔中乡村文化旅游开发的传奇故事。

二、天龙屯堡文化的显著特征

屯堡文化是黔中安顺一带特有的明代屯军文化现象遗存的概括，从明洪武十四年明太祖朱元璋发动的征南伐滇至今，安顺一带屯堡人经过六百余年的沧桑巨变仍未改变其征南入黔时的服饰、语言、风俗、宗教、信仰以及生产生活方式。他们没有被本地少数民族文化和其他文化所同化，始终以中原、江南文化为主导，在全国屯堡文化已消失殆尽的情况下，不依赖于其他文化而独立存活于黔中大地，形成了独特的文化系统，对于研究中国屯田制度，尤其是明代规模的屯田制度提供了不可替代的"活化石"实物资料。

屯堡文化的表现形式在于他们的语言、服饰、建筑、宗教信仰、文化艺术及其生产生活方式。他们的思想观念、礼仪制度、思维方式、价值取向、道德情操、风俗习惯等均源自中原江淮，屯堡人将这种文化移入黔中后，在数百年与人斗（周边少数民族、不同地域的填南士民）、与天斗、与地斗（异于家乡的自然环境）的过程中，衍变成有着黔中独特个性、独具特色的文化现象。

从最初的集团性移民屯田制度到传播中原、江淮先进农耕技术，使黔中原始的刀耕火种的落后生产方式发生了量的变化和质的飞跃，屯堡人在与黔中各族人民共同开发安顺的历史进程中发挥了巨大的作用。

屯堡文化作为封建时代耕战经济的衍生物，是明代江南和中原文化在安顺土地上的流变和遗存，以其突出的历史印迹和鲜明的文化个性，构成了黔中安顺多元文化的一个重要部分，其在人类文化学、民俗学、社会学、历史学、宗教学以及文化人类学、戏剧学、传播学乃至移民史等研究领域所具有的独特而丰富的研究价值，已引起中外学术界的广泛关注。

目前，屯堡文化重要标志之一的安顺地戏，已被列入国家首批非物质文化遗产保护名录。

具体而言，屯堡文化有四大显著特征：一是语言。在所有屯堡村落，人们都还在使用 600 多年前明朝朱元璋的"普通话"；二是服饰。在所有屯堡村落，妇女们无论小嬢嬢、大嬢嬢、老嬢嬢穿的都是宽袍大袖的"凤阳汉装"；三是信仰。所有屯堡村落，男人们都会"跳神"——已经申报入选国家首批非物质文化遗产保护名录的地戏；四是所有屯堡村落都保留了江淮的民居建筑风格，而且屯堡人把江淮的房屋建筑风格与当地的石头艺术进行有机结合，创造了石头建筑艺术的绝唱——天台山伍龙寺。它是国家级重点文物保护单位。以上这些显著特征，在如今的江淮已经消失殆尽了。

三、天龙屯堡文化旅游发展的具体做法

天龙旅游公司在规划的基础上，仅仅抓住以上四大显著特征，不断挖掘整理其他屯堡文化元素，丰富屯堡文化资源，一项一项地有序推进，把屯堡文化与旅游进行深度融合。

第一，这十年来，通过天龙旅游公司的争取，得到了省、市县、镇、村各级的大力支持，加上公司和利益共同体农户的共同投入，共计投入资金 2000 余万元，改造、维护、恢复石头路面 11600 平方米，恢复石桥 12 座、门楼 13 座、房屋 98 栋、陈列室（馆）4 栋，茶站、作坊、食坊等共 19 处，安装了古装路灯，进行了街道绿化。天龙旅游公司投入 1370 万元进行河道治理和景观整治，帮助困难农户改造房屋，治理河道污水、重建小桥流水人家的景象。帮助村民缴纳农村新型医疗保险，提高村民自觉参与文化旅游建设的积极性和主动性，积极主动参与恢复石板路面、石桥、石头房等建设，促进屯堡文化资源

的有效保护，呈现村风好、民心顺、村民和睦相处、积极向上的精神面貌。游客这样称赞说："高原水乡天龙村、大明遗风屯堡人，好地方、好村民。"

第二，旅游公司逢年过节组织村民开展丰富多彩的文体活动，平时组织村民进行旅游知识培训和外出考察学习，邀请贵州民族学院和艺术学院的老师到村里传授屯堡木刻版画艺术技艺，发掘地戏、花灯、礼乐、山歌等文化旅游资源，全方位展现屯堡文化遗产丰富内涵，广泛开展宣传促销，打造屯堡文化精品品牌。

第三，屯堡地戏源于明代的军傩，由明初征南大军带入黔中，早先跳军傩不是娱人，更多的成分是娱神，用这种傩仪作为出征的祭典，以振奋军威，恐吓敌人。如今成了江南戏种的绝版，被誉为"中国戏剧活化石"。而地戏是到天龙旅游的客人必看的文化表演，如何传承和弘扬，成为支撑天龙屯堡文化旅游的重要元素，不可或缺。因此，天龙旅游公司通过举办和承办县市级的"屯堡地戏大赛"，积极组织地戏节目参加"多彩贵州"舞蹈和小品大赛，先后摘取了2009年安顺地戏大赛桂冠、2010年安顺地戏大赛特别奖和2010年"多彩贵州"小品大赛原生态组银瀑奖和剧本整理奖。天龙地戏队还多次代表安顺市到全国各地演出近百场。2012年8月，地戏节目登上国家大剧院的舞台，向首都人民展现了600多年前的大明遗风和江淮余韵。独特的表演、厚重的文化内涵赢得了观众的阵阵掌声。作为国家非物质遗产传承人的陈先松还就屯堡地戏的传承与发扬进行了专场讲座，从而使屯堡地戏得以传承和弘扬。

第四，发掘与打造天龙屯堡的"石头艺术绝唱"。被誉为"石头艺术绝唱"的天台山石峰兀立，山虽不高，但山势陡峭，直插云天，似登天高台，故得此名。其大门的对联这样写道："云从天出，天然奇峰天生就，月照台前，台中胜景台上观"。山顶上的伍龙寺，随山势而建，用石头堆砌而成，集道、儒、佛三教合一，寺内有平西王吴三桂的遗物——腰刀及官服。相传是吴三桂取滇黔古道往云南时，途经寺庙留下来的。通过与文物部门的合作，伍龙寺已申报为国家级重点文物保护单位。

从天台山回到天龙屯堡小镇，游人会有时光倒流、重回明朝的感觉。这里延习了600多年前的大明文化民俗，是中国至今保存和延习大明文化习俗最完整的地方。古镇的建筑，满目皆石，既融合当地建筑语言，也保留了江南水乡风韵。"石头的瓦盖石头的房，石头的街面石头的墙，石头的碾子石头的磨，石头的碓（duì）窝石头的缸"，石头建筑赋予这里深厚的文化内涵，古镇现存16条明代石板巷，古巷纵横交错，有狭长的，有幽深的，两岸底楼古色古香。

小镇中央溪河穿过，流水潺潺，鸟语花香。多座石桥横卧溪河之上，小桥流水人家美丽画面和江南水乡韵味跃入眼帘，真是令人过目不忘。

第五，教育年轻人穿"凤阳汉装"。"凤阳汉装"据说是朱元璋母亲家乡的汉装，屯堡人从他们的入黔始祖开始，以穿"凤阳汉装"为光荣与时尚。如今只有结婚之后的妇女们仍穿戴着明朝江南汉族的"凤阳汉装"，扎着独特的头饰，当地的顺口溜这样形容："头上一个罩罩（发髻），手上一对道道（手镯），耳上两个吊吊（耳环），腰上两个扫扫（shào shào）（腰带），脚上两个翘翘（绣花鞋）。"通过教育和倡导，加上文化旅游融合发展给村民带来的实惠，"小嬢嬢"们如今也和大嬢嬢、老嬢嬢们一样穿"凤阳汉装"了。

第六，通过市县宣传文化部门的支持，邀请了一批省内外有影响力的作家，深入天龙屯堡采访体验，然后以天龙资源为主要素材，创作了《天龙秘事》，先后编写了《沈万山那些事儿》《平坝十八彩》《清初黔中名儒——陈法》等一批文艺作品，成立了"陈法研究会"。以"屯堡文化"为内容的文化圈已经形成，其创作的作品影响力不断加大，同时还带动了周边屯堡文化村落的旅游发展，成为安顺文化旅游的一朵奇葩。

在以上运作的基础上，天龙旅游公司抓住每一次机会，认真谋划和实施。他们先后成功举办了"2002年民间艺术游·贵州首游式"、2003年和2004年"天龙屯堡大型民间庙会"、2004—2011年"安顺油菜花旅游节天龙屯堡分会场活动""2004年黄果树瀑布节·天龙屯堡傩文化活动周""2005年黄果树瀑布节·天龙屯堡文化活动节""大地诗章""2006黄果树瀑布节·平坝天龙屯堡文化活动周启动仪式"及"2006中国乡村游·贵州首游式""2007年中国平坝屯堡文化旅游节"等大型活动，宣传推介天龙屯堡文化旅游。屯堡文化旅游区也先后获得"全国文化产业示范基地""中国屯堡文化之乡""中国屯堡文化研究基地""全国农业旅游示范点""中国十大古村""中国百名景区最佳口碑""中国历史文化名镇""世界最美的古村落""军事文化遗存沈万三文化主题公园"等荣誉称号。

十多年来，天龙的文化旅游融合发展，给当地村民带来收入的大幅提高，给村级集体经济积累注入了实力，促进了天龙农村产业结构的有效调整。旅游开发前，全村从事农业的劳动力占90%以上，服务业仅占10%。开发旅游后，此比例分别为68%和32%。第三产业中有80%的劳动力从事文化旅游产业，旅游业收入占全村经济总收入的78.9%。从事文化旅游项目经营的农户876户，占总人口的62%，文化旅游直接就业者636人，间接就业者967人，占总劳力的 54%。十多年来，村民家庭经营总收入约 1.43 亿元，比开发旅游前增长近 3 倍。农户平均收入近 7 万元，每户每年平均收入 1 万余元。天龙屯堡正朝着文化强村的乡村旅游路子迈进。

四、未来前景预测

2012 年 12 月，天龙旅游公司被贵州省旅游投资集团公司控股收购之后，打破发展壮大的投资瓶颈，拓宽文化旅游融合发展的空间，为天龙屯堡文化旅游发展注入了强大的活力。自 2012 年 12 月以来，控股公司紧紧抓住贵州省"5 个 100"工程"天龙——云峰屯堡文化旅游综合体"的实施，做了以下有目共睹的事情。

（一）深度挖掘，重视文化遗产项目传承保护

依托国家文化产业示范基地、中国十大古村等荣誉，公司高度重视屯堡文化遗产的传承与保护，多次组织邀请国内屯堡文化专家学者到屯堡调研考察并进行讲座培训，加强与省屯堡文化研究会的合作，每年定期开展培训交流活动。以屯堡文化作为宣传重点，该公司在 2013 年出资邀请了中国明史研究会会长商传、副会长毛佩琦等十余名国内著名的专家学者，编辑出版了《贵州安顺屯堡文化专刊》，在国内形成了一定的影响；另外，公司注重收集整理屯堡文化相关的典籍、故事、史料、民间习俗及相关实物资料，结合屯堡文化博物馆、天台山伍龙寺、天龙学堂等加以传承保护。根据游客需要对景区解说词进行更新和提炼，注入大量的有关屯堡历史、文化、风俗、人物等内容。出资支持当地村民开展丰富多彩的文化活动，如"抬汪公"又名"抬亭子"等。加强地戏演出队伍的人才培养，招收年青地戏演员参加演出，与当地学校共同组建少儿地戏队；举办屯堡山歌大赛、唱书比赛、服装展演、舞蹈大赛等非物质文化遗产项目的传承与保护活动。

（二）寻求多种模式，加强旅游景区古建筑保护

为加强对古镇重点历史文化建筑的保护，该公司出资以租用参观、典型民居保护费、直接修缮、外立面整治等多种方式，对旅游区内的古建筑进行保护。先后申报了世行贷款和国家文化产业发展专项资金 2000 万元，对古镇历史文化建筑进行修缮，先后进行了天龙村三线入地工程，完善景区游步道，改造外围公路、停车场，加固天台山危岩等。同时用"以租代保"的方式对古

镇内典型民居进行租赁并加以维护，从而成功将其申报为全国历史文化名镇。

（三）加大投资力度，推动文化项目建设上台阶

先后投入 5000 多万元修建了新的地戏传承馆"演武堂"并保持长年演出，修缮了 100 多户民居。加大了大屯堡文化旅游区的规划建设力度，先后投入景区规划建设资金 400 多万元，项目建设资金 5000 多万元，完成景区外围停车场建设、通景区道路"白改黑"油路硬化、旅游餐饮接待中心屯堡食坊重新装修改造等工程。现集团公司正在与市县开展项目协议洽谈，按照贵州省100 个重点景区的建设要求启动景区的全面升级。

（四）加大宣传，积极推进文化产业发展

积极开展屯堡文化旅游资源宣传推介营销工作，以华东、华南等地区和北京、重庆、昆明等城市为重点，先后开展了二十多次大型的主题宣传推介活动。通过强有力的宣传推介，景区现已经接待游客近百万人次，创造了 10 多亿元的景区综合收入，有效地促进了文化资源的产业转换，促进了当地经济发展，推动了当地老百姓脱贫致富奔小康的步伐。

五、存在的问题

（一）景区基础设施建设不足，文化项目开发环境欠佳

本旅游景区以屯堡历史文化、建筑等为主要特征，长期以来，由于投入不足，欠账较多，景区至今没有规范的游客接待中心，停车场、旅游公厕等基础设施均明显不足。天龙古镇内容量小，内部居民生活、车辆等对景区人文和环境产生了明显的影响。文化项目开发和经营难以找到适合的场地，业态受到容量的限制。

（二）保护与开发的矛盾突出

屯堡文化的保护与开发问题，虽然贵州省人大专门颁布了《安顺屯堡文化保护条例》，但多年来这一条例的落实一直存在问题，屯堡文化名村的保护一直存在村民对居住条件的改善要求和古建筑保护的矛盾。

（三）人力资源不足

由于地域及环境条件的限制，公司缺乏吸引文化创意人才的条件。当地年轻人多数外出打工，可培养的后续人才比较缺乏。目前很多文化传承项目都是

依靠老年人支撑，情况令人担忧。

（四）多头管理造成的项目推进困难

例如：天台山属文物部门管理，但功能是旅游，归旅游部门管理，而其土地又属驻军。计划对天台山步道进行改造维修，增加文化内容，消除游览险情，改善接待条件，但由于多头管理，环节众多，项目申报十分困难，费时费力。

六、工作打算

一是在文化旅游高度融合发展的趋势下，加快景区拓展、升级、改造的步伐，以推动旅游与文化互动发展。正在落实相关的投资协议、推动景区建设规划审批、启动次入口及游客接待中心、地戏博物馆、特色商品基地等项目的建设。

二是引进先进的文化产品开发理念，广泛开展外部合作，提升屯堡文化内涵的外在表现和产品形态，使屯堡特色文化与当前消费趋向相融合。通过价值提升，提高文化传承发展的动力。

三是培养、吸引以形成屯堡文化旅游发展的基础团队。

创新民族文化旅游资源开发路径

——以黔东南州雷山县为例

廖永伦[*]

摘　要

　　文化旅游资源是文化旅游产业发展的基础，拥有丰富文化旅游资源尤其是保存完好的原生性民族文化旅游资源的地域，就显现出了产业发展的资源优势。正确认识产业发展的现实背景和旅游地资源禀赋，对旅游地开发至关重要。本文从独特视角，归纳提炼黔东南州雷山县"一寨一山一始祖"优势资源，分析了雷山县文化旅游产业发展背景、现状、资源禀赋和产业发展条件，提出了产业发展的策略方法，对民族地区文化旅游产业发展做了方向性的探索。

关键词

　　文化旅游　资源禀赋　开发策略　雷山县

　　当今世界已进入"体验经济"时代。体验经济是继农业经济、工业经济和服务经济阶段之后的第四个人类社会经济生活发展阶段。随着体验经济时代的到来，人们旅游观念和消费方式发生变化，尤其是现代科技发展日新月异，比如互联网、电子通信技术的快速发展改变了信息的传播方式和渠道，加上交通条件的极大改善，人们获取信息和出行更加快捷便利，极大地促进了旅游产业的快速发展。再者，"文化经济"已经悄然兴起，文化与经济相互交融，经济文化化和文化经济化正成为世界经济发展的特色和主流。文化与旅游的融合发展，促进了旅游文化的繁荣，加快了文化旅游产业的发展。在此背景下，拥有丰富民族文化资源的地域，如何清醒认识本身的文化旅游资源禀赋，找准特

---

　　* 廖永伦，黔东南州文产办主任。

色和优势，实现资源有效整合，准确定位，制定切实可行的战略策略，达成既定的发展目标，是摆在我们面前的重要课题。本文对黔东南州雷山县文化旅游资源进行了系统梳理和分析，提出了文化旅游产业发展的策略方法，对民族地区发展文化旅游产业有一定的借鉴作用。

一、雷山县文化旅游产业发展现状

近年来，雷山县文化旅游产业得到了长足发展，在多个方面取得了较大进步。第一，旅游交通条件大为改善。雷山县建设了从凯里经雷山至榕江二级路，建设了凯里三棵树镇到西江千户苗寨、排乐至连城河口的旅游公路，更好地解决了旅游目的地的进入性问题。目前从凯里经雷山至榕江的高速公路项目已进入实施阶段。此高速公路建成后，将大大提高游客进入雷山县各个景区景点的便捷性。第二，文化旅游景区规划建设力度加大。雷山县以 2008 年第三届贵州旅游产业发展大会在西江成功召开为契机，将千户苗寨作为龙头景区打造，投入巨资，加快西江千户苗寨景区的风貌整治、基础设施、服务设施和配套设施建设，并积极编制规划，加大民族文化的保护与开发力度。同时，加快民族特色精品县城打造，郎德景区、巴拉河乡村旅游带、陶尧—雷公山景区的开发建设取得初步成效，文化旅游产业布局已现雏形。第三，景区运营良好。西江千户苗寨是雷山县的龙头景区，县委县政府下大力气，配备了较高素质的干部队伍，加强和改善景区的经营管理。如今，千户苗寨品牌效应初步显现，知名度和美誉度及游客忠诚度得到不断提升。2008 年以来，西江游客总量及旅游综合收入呈现逐年较快增长态势。

此外，文化旅游产品和地方特色文化旅游商品开发效益显现，文化品牌传播效果明显，这些都为雷山县文化旅游产业发展奠定了良好的基础。但也存在一些问题，比如基础设施建设仍然滞后；对资源禀赋的认识不清楚、不到位；产业发展规划和布局缺乏统筹和系统性；没能制定清晰的切实可行的战略策略；品牌构建和传播缺乏系统性、连续性和一致性；投资严重不足，投融资手段单一且困难重重；产业发展所需的策划、规划、经营和管理人才匮乏；体制机制落后，缺乏创新精神和发展产业的信心。这些问题的存在，严重制约了产业的健康发展，致使雷山县整个文化旅游产业发展显得粗放缓慢、实力弱小、竞争力差和效益欠佳。根据巴特勒（Butler）的旅游地生命周期理论，雷山县当前文化旅游产业发展还处于"参与阶段"或"发展阶段"，存在一些问题是可以理解的，由此也可以从另一个侧面看出，雷山县文化旅游产业的发展潜力相当巨大，将文化旅游产业发展成支柱产业还有很长的路要走。

二、雷山县文化旅游资源禀赋及产业发展条件

在《现代汉语词典》中，对禀赋的释义是指人的体魄、智力等方面的素质，而经济学中的"禀赋"是指一个国家或地区生产上的优势来源于该国或地区的人文自然优势和获得性优势。文化旅游资源禀赋是指由于各地区的文化特色、地理位置、生态环境、水文气候等条件不同而带来的人文自然资源蕴藏方面的优势。文化旅游经济发展建立在文化旅游资源禀赋基础上，但不同地区的文化旅游资源开发利用形式、开发条件、利用强度和利用类型等方面存在显著差异。根据旅游地的实际情况，充分发挥文化旅游资源禀赋优势，对促进某一地域经济可持续发展至关重要。

雷山县文化旅游资源富集，资源禀赋极高，主要有民族文化（苗族文化）、始祖文化和生态文化资源。民族文化以苗族文化为主体，始祖蚩尤文化是苗族文化的本源。苗族文化的外化载体主要体现在苗族村寨、民族歌舞、民族节庆、民风民俗、民族工艺等方面；始祖文化主要体现在蚩尤文化方面；生态文化主要体现在优美的自然山水风光、良好的生态环境、宜居的气候地质水文条件、农耕文化和先进的生态理念等方面。对雷山县文化旅游资源禀赋的认识，既不能夸大，也不能妄自菲薄，要清醒地认识并加以客观评价。

（一）雷山县文化旅游资源概况

1. 总体资源状况

雷山县的民族文化旅游资源以苗族文化为特色和亮点，包括民族建筑如苗族村寨的吊脚楼、风雨桥等；民族歌舞如苗族飞歌、情歌、酒歌、古歌和铜鼓舞、木鼓舞、芦笙舞、古瓢舞、板凳舞等；民族民间艺术如银饰、刺绣、蜡染、织锦等；民族节庆如苗年、鼓藏节、爬坡节、吃新节等；民俗竞技如斗牛、斗鸡、斗鸟等；还有民族体育、民族医药、民族饮食等。蚩尤文化是苗族文化的源泉，苗族人民自古以来公开承认蚩尤是自己的祖先。黔东南州是蚩尤后裔——苗族人民——聚居最集中的地方，"苗族圣山"雷公山坐落于雷山县境内。千百年来，雷公山区域的苗族人民延续了蚩尤部落文脉，传承了深厚的蚩尤文化底蕴。生态文化包括显性资源，如自然山水风光、地理环境、水文条件、气候资源、特色物产和隐性资源，如生态观念等。这些资源都可以用于文

化旅游开发,打造景区景点品牌、乡村景观品牌、文化旅游商品品牌、歌舞演艺品牌、民族节庆品牌、长寿养生品牌、特色物产品牌等,为构建文化旅游产业全产业链奠定了丰富的资源基础。

2. 优势文化旅游资源

雷山县具有独特优势的文化旅游资源,可以概括为"一寨一山一始祖",即"三个一",一座"千户苗寨"、一座"雷公山"、一个"人文始祖蚩尤"。这是雷山县发展文化旅游产业的核心资源、优势资源,是统领产业发展的纲领。其中,"一寨""一山"是显性文化旅游资源,"一始祖"是隐性文化旅游资源。显性文化旅游资源很好理解,是看得见摸得着的,隐性文化资源对普通大众来说颇显费解。让隐性文化旅游资源显性化对发展文化旅游产业来说非常重要。所谓"隐性文化旅游资源显性化"是指原来不曾被认知为文化旅游资源的客体而现在被认为是具有开发价值的文化旅游资源的总过程。对于"蚩尤文化",恐怕一般人不太了解,更不会了解其价值,只有深入研究的专家学者才深谙其中之深意和重要性,这有待于将之显性化,深度挖掘、开发、构建和打造,使之成为优质文化旅游产品,让游客在领略其深厚文化内涵和精神实质的同时,受到潜移默化的启迪教育作用,进而弘扬始祖蚩尤文化。

"一寨"是指位于雷山县东北部西江镇的"千户苗寨",距雷山县城 36 公里,距凯里市区 35 公里。全寨共有 1300 多户,6000 多人,是世界上最大的苗寨。西江千户苗寨历史悠久,拥有深厚的苗族文化底蕴,这里的苗族建筑、服饰、银饰、音乐、舞蹈、语言、饮食、习俗、农耕、生态等仍然较完好地保存了原生状态。此寨子是苗族第五次大迁徙的主要集结地,是研究苗族历史与文化的"活化石",被誉为"中国苗族文化艺术天然博物馆"。千户苗寨依山而建,规模宏大,气势磅礴,其吊脚楼建筑群是中国干栏式民居文化的典型代表,是中国建筑文化的瑰宝。

"一山"是指位于雷山县城东北面的"雷公山",是苗岭山脉东段的总称,主峰海拔 2178.8 米。雷公山的资源包括人文资源和自然资源。人文资源主要是以苗族特色村寨为载体的苗族文化。自然资源可以概括为自然景观、植被物种、水文气候等几大品质优良的资源。一是自然景观。雷公山国家级自然保护区地跨雷山、台江、剑河、榕江四县,总面积 71 万亩,其中雷山县辖区域占保护区总面积的 74.23%。区内群峰起伏,由冷塘山、乌东山、雷公坪、野草坡、木姜坳、冷竹山、猫鼻岭、九洞山等 11 座海拔 1800 米以上的山峰组成,山势雄伟、奇特、秀美,是不可多得的自然美景。二是植被物种。雷公山林木繁茂，森林覆盖率高达 90.7% 以上。在已知的 1390 种植物中，被列为国家濒危珍稀植物的有 20 种，如秃杉、红豆杉、银杏、榉木、楠木、马尾树、水青树、鹅掌秋、金佛山兰等。有黑熊、猕猴、穿山甲、白鹇、林麝、大鲵等国家级保护动物和 518 种其他野生动物。生物多样性优势明显，被称为我国亚热带一个极为珍贵的物种基因库。三是水文气候。雷公山是长江水系和珠江水系的分水岭，是清水江、都柳江主要支流的发源地，长江水系和珠江水系的重要维持者。雷公山全境垂直气候差异明显，全年平均气温为 14～15℃，山顶年均气温仅有 9℃，域内四季分明、雨量充沛、气候温和、冬无严寒、夏无酷暑是其主要的气候特征。

"一始祖"是指"始祖蚩尤"。蚩尤是与炎帝黄帝齐名的中华三大人文始祖之一，上古时代九黎族部落酋长，中国神话中的武战神。在 4700 多年以前，蚩尤与炎帝大战，把炎帝打败，于是炎帝与黄帝联合起来与蚩尤征战。蚩尤率八十一个兄弟举兵与炎帝黄帝展开涿鹿大战，蚩尤部落不敌战败，其部落向西南迁徙，形成了现在南方的各少数民族。从古至今，苗族人民公开承认蚩尤是自己的祖先，一直以蚩尤后裔自称。在长期的生产生活中，承传了优秀的蚩尤文化，积淀了深厚的蚩尤文化底蕴。

（二）雷山县文化旅游资源的特色与价值

1. 雷山县文化旅游资源特色

雷山县文化旅游资源特色鲜明，概括起来有以下几大特点：资源密度大、资源容量大、资源性质特别、资源功能全、资源价值高。旅游资源密度又称旅游资源丰度，是指在一定地域内旅游资源集中的程度。雷山县的民族村寨、森林河谷、奇峰险隘、梯田云海等比比皆是，非物质文化遗产更是丰富多彩，这些资源丰度是度量雷山县域旅游资源开发潜力的重要指标之一，也是对雷山县旅游地开发建设进行可行性论证的科学依据。旅游资源容量又称旅游承载力、旅游饱和度，简称旅游容量。它指满足旅游者最低游览要求，即在一定时间内旅游资源的性质和空间规模能够容纳的旅游活动量。资源功能包括为旅游者提供游览、观赏、度假、疗养、养生、娱乐、休息、探险、猎奇、锻炼、考察研究等方面。雷山县的文化旅游资源功能完全可以满足旅游者在这些方面的功能要求。雷山县文化资源性质是其明显特色，主要是原生态民族文化——苗族文化，这是独特的不可替代的资源，更加彰显其珍贵价值。

2. 雷山县文化旅游资源的价值

文化旅游资源价值主要体现在三个方面，即历史文化价值、艺术观赏价值、科学考察价值。首先，从文化旅游资源价值评价的美学、社会、历史、市场等方面的标准分析，雷山县文化旅游资源的美学质量高且特色鲜明，体现了雷山县现今社会发展状态和生态文化特色，反映了雷山县过去的历史文化风貌，所吸引的客源对象、吸引程度和客源规模广泛、深刻而庞大。雷山县文化旅游资源本身固有的质量、规模和品位及其坐落地点、适游期和市场对它的认知等方面条件良好，其文化旅游资源具有重要的开发价值。其次，文化旅游资源质量品位、价值高低和性质决定区域的吸引向性和旅游活动行为层次。根据文化旅游资源吸引向性的三重结构分析，雷山县文化旅游资源具有国际向性、全国向性和本地向性，也就是说不但能吸引本地和国内的游客，对国际旅游者也具有很强的吸引力，能够满足旅游者观光旅游、娱乐旅游、专业旅游的需求。由于雷山县文化旅游资源具备上述价值条件，因而具有市场价值和开发价值，也会带来良好的经济社会价值。

（三）雷山县文化旅游产业发展条件

自然界和人类社会凡能对旅游者产生吸引力并可产生经济效益、社会效益和环境效益的各种事物和因素都可称为文化旅游资源。对文化旅游资源进行开发，产业化发展需要具备多种条件。资源禀赋是前提条件，市场价值是必要条件。资源禀赋高且具有较大市场潜力的文化旅游资源才具有开发的可能性。文化旅游资源本身的特色、质量、规模、品位和坐落地点、适游期、市场对它的认知以及资源吸引力的定向性等，都与文化旅游资源的开发直接相关。首先，资源特色的鲜明程度反映其独特性的强弱，质量的优劣反映其市场潜力、吸引力和定向性，规模的大小反映其容量的大小，品位的高低反映其观赏游憩价值、艺术价值或科学文化价值的高低和对游客或专业工作者吸引力的大小。其次，文化旅游资源的坐落地点、适游期和市场对它的认知，反映的是其市场面的大小。此外，旅游资源吸引力的定向性也会对其市场面的大小产生重要影响。

1. 雷山县文化旅游产业发展的区域经济背景

雷山县是中国西部欠发达省份贵州省黔东南州的一个国家级贫困县，经济整体发展水平较低，经济实力较弱。从全省范围来看，目前雷山县 GDP 排名全省末位，地方财政收入很少。产业结构单一，主要靠发展农业，因此雷山县被称为"九山半水半分田"，人均可耕地面积较少，农民人均收入水平较低。工业基础薄弱，基础设施较差。第三产业发展缓慢，没有形成规模效益。雷山县的区域经济背景决定了其文化旅游产业投资能力主要靠引进县域外资金来投资开发，因此，在文化旅游资源的开发过程中要充分考虑投资能力、承受能力，采取适当的开发规模。

2. 雷山县文化旅游产业发展的区位条件

区位条件是指一个区域是否接近中心城市、交通干线和人口稠密区。雷山县的区位条件一般，不在主要交通干线上，距离重庆、成都、长沙、广州等特大城市较远，距离贵阳这类中心城市也较远，没有经济发达的大城市作为依托。距离州府所在地凯里市约40公里，且凯里市区人口约为30万人，周边相邻县人口也不多，经济发展水平不高，对雷山县文化旅游产业的拉动力有限。由于区位条件决定区域的可进入性和门槛游客量，因此要合理安排开发规模和开发序位。

3. 雷山县文化旅游产业发展的交通条件

交通条件是发展文化旅游产业的先决条件，被称为文化旅游产业的大动脉，对文化旅游资源的开发具有制约或促进的作用。经过近几年的发展，贵州全省的交通条件都得以改善，黔东南州和雷山县的旅游公路建设速度较快，大幅度提高了游客的可进入性。随着贵广高速铁路、沪昆高速铁路、厦蓉高速公路及州内的凯雷高速公路等相关高速公路或旅游公路的建成，尤其是"十二五"期间，雷山县加大交通基础设施建设力度，实现干支相连，路网配套，逐步形成"一横二纵十联线"和"乡村公路九环线"的省、县干线公路和农村公路网络，游客前往雷山县景区景点的可进入性和便捷性将会大大提高，无疑会对文化旅游产业的发展具有巨大的推动作用。

4. 雷山县文化旅游产业发展的环境条件

雷山县具有产业发展良好的社会环境、政策环境、市场环境条件。雷山县是苗族聚居区，民风淳朴，社会和谐，经济社会秩序井然有序。新时期，县委、县人民政府制订了新的经济发展战略，把文化旅游产业作为战略性支柱产业发展，出台了一系列优惠政策，创造了良好的投资环境，为产业发展提供了良好的政策条件。近年来文化旅游产业的发展，有了一定的产业基础，形成了良好的市场环境。

5. 雷山县文化旅游产业发展的客源条件

随着雷山县近年来文化旅游项目的开发，基础设施逐步完善，管理水平和服务质量得以提升，客源市场定位准确，游客量逐年攀升，形成了比较稳定的客源市场，原生态民族文化旅游目的地雏形基本形成。其中重庆、四川、广东、湖南、湖北、广西、云南、北京、上海、天津、香港、澳门、台湾等省市自治区和特别行政区是该旅游目的地的一级目标客源市场。二级目标客源市场包括山西、陕西、浙江、江苏、安徽、江西、福建、河北、河南、山东、辽宁、吉林、黑龙江、内蒙古、青海、新疆、西藏等地。此外还有机会市场。机会市场是指那些与雷山县人文自然资源有一定互补性的地区或国外市场，主要是韩日、东南亚和中亚，这些国家和地区的游客对中国传统文化尤其是少数民族文化有着独特的好奇和情感。这类游客渴望"返璞归真、回归自然"的体验旅游、生态旅游、休闲旅游、考察旅游、探险旅游等。黔东南州尤其是雷山县这块令人神往的"净土"，完好地保存着许多原生的民风民俗与自然生态，对欧美、韩日、东南亚国家和我国港澳台地区游客有着强烈的吸引力。

三、雷山县文化旅游资源开发策略

从以上分析可知，雷山县属于资源价值高、区位条件一般、区域经济背景较差的县域。雷山县文化旅游资源开发要把握其特色，充分考虑产业发展条件，根据资源的稀缺性和分布状况，从战略高度和国际化视角，基于体验经济和生态理念进行组团开发，构建产业集群，发挥集群效应，构筑县域经济发展的增长极。

战略定位对于文化旅游资源开发具有极端重要性，必须先行准确把握和制订。首先，雷山县文化旅游产业发展目标定位：构建"国际蚩尤文化中心"与"原生态民族文化世界旅游目的地"。其次，雷山县文化旅游品牌定位：原生态民族文化与自然生态文化体验。第三，雷山文化旅游品牌要构建三大品牌内容：始祖文化，打造全球华人的精神家园；民族文化，构建世界苗族文化展示中心；生态文化，建设国际原生态文化旅游度假区。这三大内容的关系地位：以始祖文化为主题，以民族文化为核心，以生态文化为支撑。明确了雷山县文化旅游产业发展战略定位，就要制订切实可行的开发策略。下面从三个主要策略进行分析阐述。

（一）产业布局策略

雷山县文化旅游产业定位为战略性支柱产业，进行产业布局显得尤为重要。产业布局可以通俗的理解为产业规划，发展任何产业都要注重整体规划布局，优良的产业格局才能充分发挥资源的优势，发展文化旅游产业更是如此。产业布局既有空间上的考虑，也有时间顺序上的安排。

首先，依据雷山县文化旅游资源空间分布特点进行必要的整合，坚持

"发挥优势，凸显特色、科学规划、合理布局"的原则，按照"山水为体、文化为魂"的理念，围绕"一寨一山一始祖"优势资源做文章。根据旅游地开发概念模型之增长极模型、点轴开发模型、网络开发模型、圈层结构模型概念理论，需要通过交通线路形成网络化布局，最终形成"点""轴""面"相结合的文化旅游空间结构，即按照"一心一带三园多点"布局雷山县文化旅游产业。"一心"指以雷山县城为中心，即苗族文化展示中心和游客集散中心；"一带"指巴拉河乡村旅游带；"三园"指西江千户苗寨文化旅游产业园、陶尧—雷公山"中华蚩尤文化园"、郎德原生态文化旅游观光园；"多点"指县域内多个特色民族村寨和人文自然景点。由此起到以县城为核心，"三园"为龙头，辐射带动全县文化旅游产业发展的作用。

其次，按照产业布局，根据文化旅游资源禀赋、开发潜力以及在区域中的比较优势，确定旅游地分工，制订合理的文化旅游开发序位，也就是开发顺序问题。众所周知，开发文化旅游资源需要投入一定的财力、物力和人力，在地方财力有限的情况下，不可能在同一时期开发所有的文化旅游资源，故需对所有文化旅游资源从资源质量、地区集聚程度、开发难易程度、投资规模、客源市场保证程度、开发后的综合效益（经济效益、社会效益和环境效益）等多方面进行定性和定量对比论证，评定优劣，确定开发顺序。应用增长极理论和点轴理论，在"近—中—远"三个时期对雷山县文化旅游资源分别采取"点—线—面"的开发格局，其阶段发展模式包括点为基础、线为延伸、网络发展、面状繁荣四个层次，也就是雷山县文化旅游资源的开发序位可以按照西江千户苗寨—陶尧—雷公山—郎德—巴拉河的开发顺序推进，同时推进民族特色精品县城的打造，在县域内形成文化旅游内环线路，辐射带动全县民族村寨和自然景点的开发。

（二）产业发展策略

产业发展策略是指在产业发展战略方针指导下，制订达成战略目标的行动计划、实施方案或方案的集合。雷山县发展文化旅游产业可以实施重大项目带动、强势品牌构建、龙头企业培育和"产城"融合发展四大策略。

1. 重大项目带动策略

园区经济是推动区域经济增长的重要载体，是区域创新系统的一种重要实现方式，是提升区域竞争力的重要手段。经济园区化、园区产业化、产业集群化是当前县域经济发展的潮流和趋势。诚然，产业园区需要内容的充实，即需要项目尤其是重大项目的进驻，逐步形成产业集群效应。众所周知，在新投资项目的可行性研究、新产品开发乃至员工选择过程中力求机会成本小一些，是经济活动行为方式的重要的准则之一。产业集群和全产业链构建，有利于企业降低机会成本，降低边际成本和交易成本，增加边际收益，从而增强企业竞争力并增加企业效益。

雷山县已经成立了文化旅游产业园区，要以园区内的重大项目带动县城布局优化，拉大县城骨架，拓展发展空间，形成新的发展轴；带动产业结构优化，促进产业转型升级；带动社会资本结构优化，促进国有经济、民营经济、集体经济和外资经济之间相互渗透，均衡发展；带动发展环境优化，形成良好发展氛围。雷山县正策划实施四大项目：一是西江景区提升完善项目，包括西江白水河上游苗族原生态文化产业园项目、千户苗寨文化休闲商街和演艺中心项目、营上综合服务区项目；二是陶尧—雷公山"中华蚩尤文化园"项目；三是郎德—巴拉河生态文化体验园项目；四是雷山苗族建筑特色精品县城项目。通过重大项目带动中小投资者跟进，形成产业集群，构建全产业链，促进园区产业发展。

2. 强势品牌构建策略

品牌是一种具有经济价值的无形资产，品牌竞争力是现代企业的核心竞争力之一。品牌构建包括物质的和非物质的两个层面，即产品或服务品牌。严格来说，市场上没有好品牌与坏品牌之分，只有强势品牌与弱势品牌之别。发展文化旅游产业必须实施品牌战略，通过品牌化决策、品牌模式选择、品牌识别界定、品牌延伸规划、品牌管理规划与品牌远景设立六个环节，进入品牌战略建构程序。对于文化旅游品牌的生成，要以创意为先导，在了解消费者心理与行为的基础上，经过品牌意识、品牌调研、品牌策划、品牌定位、品牌设计（CIS 设计导入）、品牌传播、品牌管理等流程，进入品牌构建过程。就雷山文化旅游品牌而言，主要是构建文化旅游产品和服务品牌及相关的企业或产品品牌，比如景区景点品牌、特色民族村寨品牌、旅游精品线路品牌、文化旅游纪念品品牌、民族民间工艺品品牌、民族歌舞演艺品牌、宾馆酒店品牌、农特产品（茶叶、天麻等）品牌、民族医药品牌、名人品牌（民族艺术大师等）。品牌构建是投资而不是"烧钱"，对上述品牌要从 CIS（包括 MI、BI、VI）导入开始，通过品牌定位、核心价值提炼、品牌信息构筑、品牌架构规划、品牌传播等环节加以系统化构建与一致性传播，每一份品牌建设资源的投入都将为品牌加分，最终实现塑造强势品牌形象的目标。

3. 龙头企业培育策略

文化旅游是雷山县的主导产业，要以龙头景区为统领，整合县域内相关文化旅游资源，培育自己的龙头企业。以西江千户苗寨景区为主导可以成立贵州千户苗寨文化旅游发展股份有限公司，下设分公司或子公司，例如千户苗寨文化传媒公司、千户苗寨演艺有限公司、千户苗寨旅行社、千户苗寨旅游客运公司、千户苗寨文化旅游商品有限公司、千户苗寨茶文化发展有限公司、千户苗寨农产品开发有限公司、千户苗寨投融资担保有限公司、千户苗寨小额贷款有限公司等；以陶尧—雷公山景区为主导，成立雷公山索道公司（以工商局核定的目标公司为准）统领其资源开发，下设多个文化旅游产业或相关产业的分公司和子公司。通过这些企业，形成优质固定资产量、现金流和良好的盈利前景，既可以向金融机构融资提供良好信贷条件，又为龙头公司 IPO 上市做好准备。雷山县要尽可能发挥自主性和主导作用，不主张本县域外的企业来主导本县的文化旅游龙头企业上市，但可以探索外地实力雄厚的企业集团以法人股的形式参股，甚至本地企业成为其控股的子公司。

4. "产城"融合发展策略

县域经济是整个国民经济的重要经济基础，也是国家政权得以稳固的基石。"产城"融合发展简言之就是县域内产业与城镇化融合发展。在贵州省坚定不移地实施工业强省和城镇化带动战略，大力推进工业化、城镇化、农业现代化"三化"同步的大环境下，农村城镇化进程加快。雷山县的文化旅游，总体上讲是以乡村景观为重要载体的观光体验游，在策划规划文化旅游产业项目时，要将乡村景观规划和小城镇规划建设纳入其中，将文化旅游产业的发展与城镇化建设结合起来，把"吃住行游购娱"等要素聚集起来，规划建设具有旅游接待功能的民族风情旅游小镇。按照"原发型"市场创造模式，构建专业化的市场，比如银饰刺绣等工艺品市场或者茶叶天麻等农特产品市场，为产业集聚的形成创造重要的市场交易条件和信息条件，最后使产业的生产过程也聚集在市场附近，这将有利于要素聚集形成规模效益，可以带动服务业的发展，促进农村剩余劳动力的转移，推动城镇化的发展进程。

（三）产业保障策略

文化旅游产业的发展与其他产业一样，需要资本、技术、人才、土地等要素的投入，如何有效地将这些要素聚集起来，需要制订切实可行的产业发展保障策略。总起来看，主要有三个方面的重要策略。

第一，招商引资策略。产业的发展需要大量资金的投入，需要投资商的热情和支持。雷山县自身的财政实力较弱，无力进行大规模的产业资金的投入，在积极争取上级财政和各种专项资金支持的同时，加大对外招商引资力度。如何能够吸引投资商是一个策略问题。目前，政府部门提出了很多招商引资策略方法，诸如委托招商、驻外招商、驻点招商、定向招商、以商招商、友情招商、上门招商、网络招商、节会招商等多种形式，也收到了一定的效果，取得了部分招商业绩。但总的来说效果并不是太理想，主要是招商针对性差、成功率低、项目落地困难等问题。要解决这些问题，主要是发挥好"两只手"的作用。政府这只有形的"手"主要起指导、引导作用，更多的是发挥市场这只无形的"手"的作用，运用市场机制，合理配置资源，引导资源流向。所谓"无利不起早"，资本流向有利润甚至是超额利润的部门和行业，因此政府要考虑经济理性人的特点，舍得让利，在土地、财税等方面，制订更加优惠的政策，以利益吸引开发商。另外，编制高质量的符合实际的切实可行的项目建议书或可研报告，进行准确的财务分析，提出供开发商借鉴和参考的商业模式或盈利模式，这样才能提高招商引资的成功率。

第二，投资融资策略。文化旅游产业项目是投资大、见效慢的长线投资，这需要有实力的战略投资者的加盟。产业发展不是缺钱，而是缺手段。要通过创新思路和方法，拓宽投融资渠道，搭建投融资平台，积极引进产业资本、商业资本、金融资本来参与文化旅游产业的发展，鼓励和引导民间资本投资文化旅游产业。采用合资、合作、独资、兼并重组、股份收购、资源换投资等方式引进投资；采取 BT（建设—移交）、BOT（建设—经营—转让）、TOT（移交—经营—移交）、ABS（资产证券化）、物业评估抵押信贷、土地和项目抵押信贷、项目现金流抵押信贷、私募股权等多种有效融资方式，激活投融资市场。雷山县财政实力较弱，在难以给园区注入较大资金的情况下，可以向园区划拨土地，比如在一定区域内的土地，由园区管委会或其下属公司掌握，以管委会下属的平台公司向金融机构以土地质押形式贷款，或者以上述的合适融资方式融资，以筹集园区建设发展的资金。

第三，体制机制创新策略。从体制方面看：一是县委县人民政府主要领导兼任文化旅游产业园区管委会的工委书记和主任，主要起到指导和把握大方向的作用，强力支持园区领导开展工作，尽量放手园区及其下属机构的实际运作，给园区以更大的自主性与灵活性。二是要理清行政职能部门与产业园区的关系，行政职能部门负责行政和社会事务管理，园区管委会则集中精力发展产业，尽量避免"捞过界"。从机制方面看：一要创新园区运作机制，借鉴和采用 GNPO 模式（政府非营利性组织）。GNPO 机制是一种产业反哺的机制，就是说，园区的各种盈利，主要用于基础设施建设和公共平台搭建或用于奖励支持企业发展，为企业发展创造良好的环境。二要创新人才任用机制。树立"人才资源是第一资源"的观念，对于确实有真才实学、有实际能力的文化旅游产业策划、经营、管理人才，不能拘泥于行政级别，要大胆任用，甚至可以聘用有实力的企业家兼任园区某些领导职务，以利于招商引资等，这些方式方法都是值得大力探索的。

最后，资源禀赋良好的民族地区将文化旅游产业作为战略性支柱产业发展无疑是正确的。在以往许多类似课题的研究中，对文化旅游产业发展的现实背景、发展现状、资源禀赋、发展条件、开发策略等方面缺乏系统的总结和提炼。本文将雷山县文化旅游产业放在体验经济和知识经济时代背景下加以审视和思考，认真分析其产业发展现状和存在的问题，对其资源禀赋包括资源特色和价值进行了详细分析阐述，结合产业发展的区域经济背景条件、区位条件、交通条件、环境条件和市场条件，从战略高度进行准确定位，围绕"一寨一山一始祖"优势文化旅游资源，提出了雷山县文化旅游的产业布局策略、产业发展策略、产业保障策略，对民族地区文化旅游产业发展提供了一个全新视角和分析框架，进行了可资借鉴的有益探索。

参考文献

[1] 张立明. 旅游规划与投资决策 [M]. 北京：科学出版社，2006.
[2] 锁言涛. 西安曲江模式 [M]. 北京：中共中央党校出版社，2011.
[3] 王齐国，张凌云. 文化产业园区理论与实践 [M]. 济南：山东大学出版社，2011.
[4] 刘国斌. 县域经济学 [M]. 长春：吉林大学出版社，2011.
[5] 保继刚，等. 旅游开发研究 [M]. 北京：科学出版社，2003.
[6] 王云才. 乡村景观旅游规划设计的理论与实践 [M]. 北京：科学出版社，2004.
[7] 柏定国. 文化品牌学 [M]. 长沙：湖南师范大学出版社，2010.
[8] 王步芳. 企业群居之谜：集群经济学研究 [M]. 上海：上海三联书店. 2007.
[9] 【美】唐·舒尔茨，海蒂舒尔茨. 唐·舒尔茨论品牌 [M]. 高增安，赵红，译. 北京：人民邮电出版社，2005.

全方位推进特色文化旅游产业发展

——以荔波县为例

黔南州文产办

摘 要

黔南州荔波县围绕"做美、做优、做强、做亮"的目标要求，文化旅游产业和景区基础设施不断完善，产业要素均衡发展，文化旅游整体形象不断提升，效益逐步凸显。加快全县文化旅游产业发展，要加快基础设施建设，创新对外宣传方式，推动文化旅游产业又好又快发展。

关键词

文化旅游　产业发展　荔波县

2013 年，黔南州荔波县围绕"做美、做优、做强、做亮"的目标要求，推动文化旅游产业健康发展，取得了一定成效。该县全年接待游客 521.9 万人次，实现旅游收入 44.73 亿元，旅游门票收入 6518 万元。

一、文化旅游产业发展基本情况

（一）文化旅游产业和景区基础设施不断完善

坚持以扩大景区容量、丰富景点内涵为重点，切实加快景区开发建设，累计投资 6.3 亿元实施樟江景区扩容升级、环景区公路、景区游客集散中心、县城路网等项目建设，旅游基础条件发生了明显变化。荔波古镇、荔波大剧院、国际会展中心、财富广场、樟江泊林、荔波民族体育活动中心等一批大型旅游文化项目全面推进。县委、县政府实施 16 个文化旅游产业升级版重大项目。大小七孔景区游客集散中心完成场地平整，县城文化旅游综合信息服务中心（含水春河国际大酒店）完成主体建设，大小七孔景区智慧旅游系统及景区亭廊、步道及小七孔景区东门入口公路拓宽全面完成，小七孔景区容量翻倍，人车分离。小七孔景区八大水景和九个瀑布湿地景观、卧龙河峡谷浪漫漂游项目成为全省"5个100"工程和21个重点示范景区的样板。茂兰景区巴克和尧古游客服务中心项目启动建设，瑶山千户瑶寨规划启动实施。樟江景区在省级重点示范旅游景区（综合体）建设中期考核中获全省第一名。建成荔波夜食街，逐步规范全县饮食行业着装，突出荔波特色。

（二）文化旅游产业要素均衡发展

县委、县政府把旅游业作为县域经济的主产业来培育，以完善"吃、住、行、游、购、娱"六大产业要素为重点，积极促进旅游产业要素均衡发展。在"吃"上突出风味，积极探索系列化、商品化经营路子，组织开展了"荔波名优小吃"评选活动，精细开发出一系列地方名优小吃。在"住"上体现舒适，全力推行旅游饭店质量等级管理、信誉等级评定等制度，组织开展宾馆饭店专项整治，扩大住宿容量，规范服务行为，有效提升游客接待能力。在"行"上力求便捷，多方提升景区道路等级，开通旅游公交专线，推出县内"一日游""二日游"旅游线路，游人出行更加便捷。在"游"上彰显特色，依托县内主要旅游景点，全力推出了大小七孔观光游、瑶山民族风情体验游、联山湾乡村休闲游、茂兰森林探险游等旅游项目，形成了独具特色的旅游景点体系。在"购"上挖掘内涵，设计制作瑶山陀螺、布娃娃、竹编、银饰、风景瓷画等旅游纪念品，旅游的吸引力进一步提升。在"娱"上注重互动，编排了《水韵樟江》《瑶之韵》等文化演艺节目，利用"四月八""六月六"、水族卯节等民族节日开展民族文体活动，积极引导游客参与互动，有效增强了留驻游客的能力。

（三）文化旅游整体形象不断提升

把旅游宣传营销作为加快旅游业发展的助推器，组织参加2013年中国国内旅游交易会、国际旅游交易会、广东国际旅游产业博览会、北京国际旅游博览会、第十届东亚国际旅游交易会、澳门国际旅游博览会、中区城市博览会、第三届中国（贵州）国际酒类博览会等大型旅游会展及招商推广活动，成功举办"生态文明贵阳国际论坛荔波分论坛"、第八届荔波万亩梅花节等活动，与中央电视台、中国旅游报、贵阳都市报、成都晚报、重庆商报、贵州电视台、广东卫视、南方卫视等媒体合作开展旅游宣传，在贵阳龙洞堡机场新航站楼、全国200列空调列车和2400列高铁、多条高速公路及景区内外投放硬广告和视频广告。利用微博、微信、网站等平台大力宣传荔波。

（四）文化旅游产业效益逐步凸显

从生态效益看，景区内动植物资源、生态环境得到了切实有效保护。从社会效益看，县境内共有宾馆（饭店）107 家，其中，四星级宾馆 1 家，三星级6 家，床位数达 11600 张，农家乐 361 家，床位数 4170 张的接待能力。有 10处娱乐场所，3 家大、中型购物超市。组建旅行社及其分社 15 家，常年开展代办机票、火车票等业务，基本能够满足游客出行需求。旅游景区等级进一步提升，全县共有 4A 级旅游景区 1 家、3A 景区 1 家，国家级文物保护单位 1家，省级文物保护单位 8 家，县级文物保护单位 7 家。基本能够满足目前各类旅游消费阶层的吃饭、住宿、购物、娱乐需求。安排旅游从业人员达 2000 多人，同时扩大了对外开放程度，提升了我县在省内外的知名度。从经济效益看，2013 年，《水韵樟江》水上实景演出和"瑶山古寨"3A 级景区共接待游客达 100 万人次，门票收入达 1500 万元，解决当地就业人数 200 人。

认真培育文化旅游市场，引资修建荔波县民族体育活动中心，总投资 1.2亿元，2014 年底建成集体育健身、竞技赛事、集会表演、训练基地、休闲娱乐、文化旅游为一体的城市综合体。引进北京博夏行房地产咨询有限公司，投资 6000 多万元新建环球荔波电影城，该电影城的成功入驻既提升了城市的形象和品位，也极大地丰富了全县居民及游客的精神文化生活。积极引资 2000万元，建设荔波国际生态山地户外文化体验汽车露营基地，依托于县城喀斯特山地自然资源，以体育、文化、旅游、景区为四大基本元素，以体验性体育旅游形式为载体，极力打造山地户外体育文化康体基地。

二、文化旅游产业发展前景预测

近年来，为进一步拓展客源市场做大做强荔波旅游文化产业，更好地带动地方经济发展，荔波县通过旅游推介、媒体宣传等方式，加大"醉美荔波"形象宣传，使荔波的整体形象得到大大提升，游客量大幅度增加。特别是省委副书记、省长陈敏尔，省委常委、副省长秦如培等领导到荔波调研，给荔波文化旅游产业发展带来了新的机遇。随着驾荔高速、重启黔桂铁路过境荔波、英安航空"荔波号"正式入驻荔波等举措的实施，荔波的区位优势将进一步凸显，并逐渐融入珠三角、连接大西南、对接北部湾，成为广州的大花园，西南的桥头堡，北部湾的陆上走廊。《水韵樟江》大型实景演出、《瑶之韵》原生态民族表演、县城樟江经典文化游等产品深受广大游客喜爱，在旅游旺季，场场爆满。同时，全方位展开文化产业对外招商，引资开发荔波古镇、荔波大剧院、艺术家村及文化创业园等项目，加快完善文化旅游综合配套服务体系，以旅游促进文化大发展大繁荣。

2014 年，樟江景区购票旅游人数可达 100 万人，门票收入达 9000 万元，全县游客达 640 万人次以上，旅游综合收入达 58 亿元以上，旅游商品销售收入占旅游总收入的 14%。其中，《水韵樟江》水上实景演出和"瑶山古寨" 3A 级景区，接待游客可达 110 万人次，门票收入达 1650 万元。

三、今后工作打算

（一）加快基础设施建设，推动文化旅游产业大提升

1. 加快交通体系建设

加快构建快捷通畅的"内优外快"立体综合交通运输体系，建立旅游快速通道。到 2015 年，荔波机场航线（以旅游航线为主）要达到 8~10 条，开通 3~5 条旅游专列线；建成 1 条高速公路（小七孔至荔波），升级改造 4 条公路（荔波至独山，荔波至三都，荔波至环江，荔波至南丹）；建成 1 条旅游综合体大道（玉屏至朝阳），1 条环景区公路（驾欧至大七孔景区）；启动县城—永康—翁昂—捞村—瑶山旅游环线公路提级改造工程，完成 5 个入口处标志性建筑物建设（洞庭、水扒、肯甫、界牌、拉圭）；完成出租车升级换代。尽快完善县城、主要旅游集镇、旅游景区及旅游交通沿线的停车场、公厕、通信、电力、银行、医疗、供水、餐饮、购物、环保等服务设施和功能。

2. 完善景区配套设施建设

2013 年至 2015 年，荔波县完成 1 个 5A 景区（樟江景区）、1 个旅游信息中心（县城）、2 个游客集散中心（大小七孔景区和水春河景区）项目建设；建成大七孔环内梦塘观光道路，实现大、小七孔景区联通；完成景区门禁系统设施改造；增加小七孔景区环保观光车的数量；完成翠谷湿地、拉关湿地、鸳鸯湖景区的精细化建设；加快实施樟江风光带整体开发和水春河立体开发，引进实力雄厚的企业实施茂兰游线开发，将茂兰建成科普考察、山地运动、野外探险旅游度假区；积极推进荔波樟江旅游综合体及相关农业园区建设，打造农业观光旅游。加快樟江河沿线地热资源开发，建设相应配套的旅游设施。

3. 加强旅游服务设施建设

2015 年，荔波县将建成五星级酒店 3 家，四星级酒店 5 家，三星和二星级酒店有所发展，全县接待床位 18000 个以上。到 2020 年，荔波县力争建成五星级酒店达 5 家，四星级酒店达 10 家以上，全县接待床位 30000 个以上。争取一定数量的国际知名连锁酒店和名品店进入，同时建立规范的景区讲解制度，专业讲解队伍达到 300 人以上，县内各景区导游持证率达 100%。

4. 大力发展乡村旅游

充分利用县城丰富的生态资源，结合民族旅游、乡村体验，以瑶山民族村开发建设为模式，挖掘展示打猎舞、傩戏等非物质文化，扶持发展特色农家乐，大力发展乡村旅游。全县各乡镇结合自身的实际和特点，大力挖掘民族特色，打造民族精品，发展民族文化旅游。重点建设玉屏办事处、朝阳镇、甲良镇、小七孔镇特色旅游小镇，打造瑶山、洞塘、永康、翁昂、水利、瑶麓 6 个旅游集镇。

（二）创新对外宣传方式，推动文化旅游产业全方位、宽领域发展

1. 做"亮"荔波形象

以"中国南方喀斯特世界自然遗产"品牌和"茂兰国际人与生物圈保护区网络"为总体形象，征集荔波旅游形象标识，策划荔波旅游宣传主题，推选荔波旅游形象大使。加强与国际知名导演合作，拍摄出反映荔波旅游、具有荔波特色的影视剧。深度挖掘和整理文化旅游，精心制作一批精美旅游书籍、旅游指南、光碟、地图、歌曲等文化旅游宣传品，打造 2~3 台文化演艺节目，整合县城文化旅游资源，策划推出经典文化旅游新产品。

2. 做"特"旅游产品

以荔波世界自然遗产地和樟江景区为核心，加快构建生态旅游环线，开发高端休闲度假产品，实现观光游与度假游互动发展。以城景融合、景城互动为立足点，强力推进城镇一体化进程，以县城为中心打造荔波樟江旅游综合体，增强城镇整体接待服务功能。加快推进樟江航运、夜游樟江项目，围绕泰美乡居、拉片、拉柳、水利大寨、联山湾、岜町梅原等开发一批乡村体验游和民族风情游产品，打造樟江经典文化游、漫游樟江，加快荔波旅游品牌整体升级。

3. 做"深"宣传促销

按照"精心策划、精心组织、精心营销"的要求，整合外宣、招商、住建等资源，细化营销宣传方案，确保旅游营销与形象宣传、招商引资、房地产市场培育相结合，实现共推共促。完善荔波旅游网站及服务接待网站建设，加强与各大门户网站链接及央视、主要客源地地方卫视、报纸杂志、交通电台等媒体的合作。建立四家班子领导联席客源地制度,成立由四家班子领导牵头,县直部门、乡镇、国有及国有控股旅游企业参与的旅游宣传营销机构,划定客源市场,落实营销任务。2013 年至 2015 年,力争每年游客量同比增长 30% 以上。加强与航空公司和国际国内知名旅行社合作。充分发挥荔波旅游在贵州旅游中的重要作用,努力将荔波旅游线路列入全国旅游精品线路和全球旅游推荐线路。

4. 做"活"节庆会展

积极开展旅游节庆活动,办好梅花报春节、喀斯特山谷音乐节、户外山地体育运动比赛、本地民族文化节庆等节赛活动,策划举办一批影响较大的国际国内节庆赛事,进一步提升档次和影响力。积极组团参加国内外各种旅游展销会、交易会和博览会,主动申办各种全国性、国际性会议、展览、文化、体育、经贸、旅游论坛等大型高端活动,大力开发会展旅游、商务旅游、休闲度假旅游。

打造享誉世界的大明边城

——铜仁大明边城历史文化景区开发实例

铜仁市文产办

摘 要

为了将"边城文化"打造成为铜仁的文化名片，铜仁市严格按照"文化千岛·多彩贵州"的文化品牌形象定位要求，政企联合推动，高起点规划，强化产业集聚，强化市场化运作，强化多元化发展，着力将大明边城历史文化旅游景区建设成文化旅游示范景区，以此引领铜仁文化产业向品牌创新、产业融合的方向良好发展。

关键词

大明边城 铜仁市 边城文化

铜仁市位于贵州高原东部，武陵山区腹地，东邻湖南，北接重庆，是连接中原地区与西南边陲的纽带，有"黔东门户"之称。其历史悠久，春秋属荆楚，秦属中道，明代设府，是中原文化、巴蜀文化、湘楚文化和五溪古文化的交汇融合之地。独特的地理位置和多民族共生共存的人文环境造就了丰富多彩、弥足珍贵的"边城文化"。为了将"边城文化"打造成为铜仁的文化名片，铜仁市将大明边城历史文化旅游景区作为文化产业重点开发项目对外招商引资，并于2008年深圳文博会上与浙江商人杜廉成功签约，总投资11.9亿元。整个景区工程建设规划分为三期，一期工程建设为期三年。按照国家5A级旅游景区标准以高手笔规划、高水平建设、高品位展示的发展格局，打造一座历史文化厚重、民族风情浓郁、景区内容丰富的综合主题文化旅游示范景区。2012年先后获得"国家4A级旅游景区"和"贵州省首批文化产业示范基地"称号，引领铜仁文化产业向品牌创新、产业融合的方向发展。

一、政府引导 民企唱戏 文旅共赢

近年来，铜仁市按照"一业振兴、四化同步"的战略部署，围绕环梵净山"金三角"文化旅游创新区，不断推进文化产业的发展。一方面市委、市政府从政策支撑的层面上积极出台了《关于推动铜仁多民族文化大发展大繁荣的实施意见》（铜党发〔2011〕20 号），并制订了相关的任务分解方案，对文化改革和产业发展工作的奋斗目标、主要任务等进行了进一步的明确，编制了《环梵净山"金三角"文化旅游创新区规划》，确定了一批全市重点文化产业招商项目和文化产业园区。每年财政预算设立市级文化发展专项基金 2000万元，用于文化事业、文化产业发展及文化人才培养，在投入保障机制上实现突破，营造了良好的文化产业发展投融资环境，吸引了不少外界人士到铜仁投资兴业。同时，按照"高端展示、受众对外"的要求，铜仁市不断加大对外宣传推介的力度，借助高端媒体展示铜仁新形象，先后组织实施了央视综合频道《梵天净土·弥勒道场——贵州梵净山》5 秒钟铜仁形象宣传片播放。欢乐中国行走进铜仁、央视铜仁大型活动连线直播《唱支山歌给党听》《暑假七天乐——走进铜仁》《游钓中国·钓城铜仁》《远方的家——北纬 30 度·中国行之松桃、石阡、印江、思南》4 期系列节目和"中华龙舟大赛——铜仁站"CCTV 5 现场直播、梵净山文化旅游节以及美丽梵净山铜仁过大年等专题活动，大力宣传了铜仁优秀的民族民间文化，提升了"梵天净土·桃源铜仁"文化品牌的知名度和美誉度，有效地推进了城市文化建设和文化产业发展。另一方面，铜仁市加大文化产业招商引资力度，扩大招商引资范围，重点实施一批文化内涵深、先导性强、示范效应大的文化产业项目。通过"走出去、请进来"的方式参加深圳文博会以及省、市举办的招商引资推介会，引进热衷文化产业、资金雄厚的福建、浙江等地大企业投资开发。通过大项目的带动实施，促进了铜仁文化与旅游产业融合发展、创新发展的良好态势。

浙江商人杜廉到铜仁实地考察之后认为，"梵天净土·桃源铜仁"的文化旅游资源禀赋得天独厚，充分利用其便捷的交通及良好的区位优势，借助国家对于武陵山区域扶贫开发规划和国发二号文件对贵州的政策支持，在铜仁投资建设"大明边城历史文化旅游景区"项目，把养在深闺的大明边城历史文化与现代旅游市场有机融合，有利于促进铜仁文化旅游业的深度融合发展，一定会有良好的市场发展前景。

二、立足特色 创新规划 提升品牌

文化产业的发展离不开文化品牌的推动。只有强势的文化品牌创立，才能更有效地带动产业集群的成长和发展。立足于独具特色的"边城文化"资源优势，大明边城景区在保护更新历史文化遗产的基础上，着力于保护与创新并重，将"边城文化"的建筑与器物等实物景观形态与现代消费业态以及文化遗产的文脉精神文态"三态合一"，让文态和形态承载文化遗产的精神灵魂和整体景观显现，让业态成为一种生活方式的遗产情韵植入现代生活的消费内容。此举不仅使景区的文化遗产在保护与产业再造中最大限度地避免同质化竞争，也令其独特的文化价值进一步被认同、提升和传承，最大限度地带动了产业发展。

贵州大明边城旅游开发股份有限公司严格按照"文化千岛·多彩贵州"的文化品牌形象定位要求，确立了基本的发展规划目标，即立足本土、定位国际、广辟市场，切实做到"资源开发理念新、文化旅游融合新、文化特色品牌新、文化开发模式新"，将贵州悠久的历史文化、丰富的旅游资源和多姿多彩的民族风情，通过"大明边城历史文化旅游景区"向世人全方位、多层次诠释展现，使之成为贵州文化旅游衔接华中华东华北市场的桥头堡，把穿城而过的铜仁锦江河打造成中国第一条多民族文化生态河流，全方位融入大湘西旅游板块，成为武陵山区生态民俗文化旅游走廊的重要延伸。

"大明边城历史文化旅游景区"位于铜仁市东郊，占地 3000 亩。围绕明朝以来 600 年历史文化在铜仁的沉淀进行挖掘整理，集"休闲、养身、体育、影视"等为一体，打造一座历史文化厚重、民族风情浓郁、景区内容丰富的综合主题文化景。该景区以贵州六百年历史文化为主脉贯穿，重点推进文化旅游产业建设。一期项目属于核心景区，划分为边城广场演艺区、边城市井文化区（含五角大楼剧场）、边城军事体验区、边城水师龙舟营、大明水寨锦江渔文化区、大明酒庄、水上乐园区和儿童社会体验区八大文化体验区块，涵盖"吃住行游购娱"旅游功能六要素，充分体现游客的体验参与性。如今已经初步建成汇集演艺表演、文化艺术创意创作、传统工艺传承保护及开发、旅游商品开发、影视拍摄基地等文化旅游产业群，并于 2012 年 10 月对外开放运营。此外，二期项目属于休闲养生度假区，将铜仁文化产业培训基地和创意型文化产业孵化培训基地进行规划布局。通过"产、研、营、销，及后舞台衍生产业开发"等一体化开发模式，打造完善的文化产业链，不断培育新的文化业态和经营实体，促使产业立体化。三期将以"西南影视文化基地"打造影视文化产业相关衍生行业的拓展派生，规划建设中国西南影视产业实验区·大明边城基地，继续丰富景区文化内涵，完善景区的服务功能，发挥景区地域优势，打造集民族文化、历史文化、生态文化为一体的最适宜居住的旅游目的地，使大明边城景区成为中国西南武陵山区的文化旅游精品。

大明边城景区将"贵州开'史'的地方"作为其广告语，努力打造成为故事之城、文化之城、体验之城，以大型歌舞史诗舞台剧《大明边城风》追述贵州建省600年的历史。同时借助国家体育总局授予的"中国传统龙舟之乡"称号以及每年一度的"中国传统龙舟赛"节事活动逐步把大明边城打造成为国际龙舟城。从边城到"大明边城"品牌，从"中国传统龙舟之乡"到"龙舟国际邀请赛""中华龙舟公开赛"品牌，铜仁大明边城景区在文化产业品牌化道路上迈出了坚实的脚步。

三、产业集聚　市场运作　多元发展

一个产业的蓬勃发展离不开产业集群的形成，而产业集群的形成则需要产业的融合发展以及品牌的拓展，同时更需要龙头企业的带动。大明边城历史文化旅游景区作为铜仁市文化产业发展龙头项目得到了省、市领导和各级文化产业发展部门的高度重视和支持。该公司一直专注于以文化产业为核心竞争力，充分挖掘当地的文化特色，以集约化、规模化、产业化的发展格局，促进非物质文化遗产保护传承与旅游融合发展，进而发挥旅游对文化消费的促进作用。一是景区项目建设融合了厚重的贵州明朝边城历史文化。将历史定位于明朝，将铜仁乃至贵州在明朝时期的历史文化挖掘整理，通过精心策划融入景区项目建设之中。二是项目建设融合了浓郁的地方民族建筑风格与特色。三是项目建设与非物质文化遗产保护名录相融合。"赛龙舟"是铜仁地方民族特色传统体育活动，是非物质文化遗产保护名录。该项目与"赛龙舟"民俗活动相结合，推动景区成为传承弘扬民俗文化和打造传统体育精品赛事相结合的产业示范基地。同时还与国家级非物质文化遗产保护名录——傩文化相结合，在建筑、表演等方面充分展现铜仁浓郁的地方民族特色。四是项目建设融合了"体验互动"的旅游模式。以现代游客喜爱的剧情互动结合具有明代特色的军事游乐项目为主轴，在区域内布置多种军事互动项目，既能反映大明边城神秘文化，又能吸引游客的好奇心，激发游客强烈的游玩、互动欲望，达到文化建设和商业运作的双赢。

大明边城文化产业示范基地和示范园区建设项目自实施以来，采取分步建设、分期营运的开发经营模式，顺利推进。目前已投入 2 亿多元，完成了一期项目的建设。建成投入试运营以来，该园区已有小微企业 62 家入驻，接待各地游客达 30 万人次以上。同时，在市场拓展方面，该公司在广州、北京、上海、长沙、重庆、武汉和贵阳等一线客源目的地市场建立了景区营销中心，已与张家界、凤凰等地多家旅行社达成旅游市场合作协议，促进黔湘渝文化旅游精品线路的联合打造。

以改革求活力，以创新谋发展，以品牌创效益。通过打造大明边城，突出地域特色，构筑民族文化精品，铜仁打造享誉世界的边城文化品牌之路将越走越好。

四、启示与思考

1. 党政推动、市场运作是文化产业发展的关键

地方党委政府要积极为文化产业发展做好科学统筹、规划定位。对文化产业市场和文化服务企业实行多位一体管理，在文化产业发展的进程中充分发挥引导功能，营造良好的政策环境。同时各级各部门对投资商要给予足够的诚信和多元化服务，用真诚感动和良好的优惠政策留住外商。从大明边城景区项目开发协议签订之日起，铜仁市委、市政府就从文产、建设、规划、国土、发改、交通、水电、工商、税务、文化、旅游等部门专门抽人组建项目建设协调领导小组，给公司当好"保姆"。无论是项目规划编制评审，还是项目立项、土地征用、三通一平等环节，一律实行一站式服务。财政预算每年有文化产业发展专项资金用于补助文化产业项目建设。

2. 高手笔规划、高水平建设、高品位展示是文化产业发展推进的后盾

文化产业发展要建立文化高端人才引进机制和市场投融资平台，高起点、高标准对项目作出科学规划编制，用高质量的规划引领大项目实施，从而带动地域特色文化项目建设的融合发展。做好精品文化的包装、设计和创意营销，才能赢得较好的市场份额。

3. 找准定位、整合资源、招商引资是文化产业项目建设的基础

大明边城历史文化景区在找准定位的同时，努力打造民族文化品牌，做强文化产业精品。它充分发挥文化产业示范基地、研发基地和孵化基地功能，整合区域文化资源和社会力量，吸纳社会资本广泛投入文化产业，成为铜仁市文化产业龙头示范园区，促进了地方经济社会发展。

发挥民营企业在文化产业发展中的作用

——以贞丰奇峰旅游开发有限责任公司为例

杨 波*

摘 要

中央提出把文化产业作为国家的支柱产业以后，贵州省文化产业结合工业强省和城镇化带动战略，创新文化产业发展思路，进行文化体制攻坚改革，黔西南布依族苗族自治州作为我省的三个自治州之一，在加大文化产业投入，推动文化产业与其他产业有机融合发展的同时，积极鼓励和引导民间资本进入文化产业领域，繁荣文化产业市场，做大文化产业总量，全州兴起一股民营文化企业蓬勃发展的热潮。本文以黔西南州的一家具有代表性的民营文化企业为观察对象，对其发展历程进行全景性深刻剖析，总结出其中的成功经验，指出制约其进一步发展的消极因素，并对在少数民族地区如何加快民营文化企业的发展给出对策和建议。

关键词

民营文化企业 黔西南州 贞丰县

一、企业发展现状

（一）贞丰奇峰旅游开发有限责任公司及双乳峰景区基本情况

2007年12月29日，贵州省贞丰县人民政府与贵州施达集团签署"双乳峰景区开发协议"，以特许经营的形式授权贵州施达集团对贞丰县双乳峰景区进行开发建设。贞丰奇峰旅游开发有限责任公司（以下简称"奇峰公司"），

---

* 杨波，黔西南州人民政府办公室工作人员。

成立于 2007 年 4 月 6 日，坐落于黔西南州贞丰县双乳峰景区，由贵州施达集团、贵峰旅游公司出资成立，注册资本 5000 万元。经过三年的建设，奇峰公司在双乳峰景区累计完成投资 3 亿元，现有员工 190 人。双乳峰景区于 2010 年 4 月 25 日正式对外开放。

贞丰双乳峰旅游景区地处贵州西线连接黄果树、马岭河两大国家级风景名胜区黄金分割点，是享誉全球的三叠纪地质遗迹精华景观带——全球最宏伟的浅海到次深海大过渡带上精华景区之一，距黔西南州贞丰县 9 公里，景区规划面积 60.10 平方公里，公司经营依托"天下奇观、地质绝品，三叠纪地质遗产"双乳峰，以民族文化为灵魂，充分整合多元文化和地方资源，主要经营范围涉及民族文化表演、山水观光、旅游商品销售、餐饮服务、住宿、酒吧娱乐、康体疗养、休闲农业、户外运动拓展、佛教文化体验等，已经形成吃、住、行、游、购、娱六要素产业体系配套的综合型景区。2013 年，该景区纳入全省"100 个旅游景区""100 个现代农业示范园区""100 个示范小城镇"建设，现为国家 4A 级旅游景区。公司远期愿景是将双乳峰景区打造成为国家 5A 级景区，成为全国知名旅游景点。

（二）奇峰公司旗下的景点、景区设施基本情况

1. **度假酒店**

景区配套建设了两个度假酒店：四星级的贵峰酒店和三星级的奇峰酒店。两个酒店共有客房 356 间，其中，标间 306 间，单间 39 间，套房 9 间。拥有中、西两个大型餐厅，豪华包房 13 间，可同时容纳 1000 人用餐。酒店配套娱乐设施齐全，有 KTV 包房 12 间，棋牌室 16 间。酒店同时设有大、中、小型会议室共 23 个，可同时接待 3000～4000 人左右。

2013 年，景区共接待游客 15 万人次，接待旅游团队 671 个，接待各类商务会务 101 个，合作旅行社从 84 家增加到 117 家。

2. **盐海水上娱乐中心**

该盐海目前是贵州省唯一的盐海，有"云贵第一水上娱乐中心"之称，内有大小泳池、盐池共 5 个，并配备有冲浪滑道、环形涌道等，男女更衣室、卫生间、休息区、商品销售区等功能设施齐全，可同时容纳 400 人在内体验水上静止漂浮。

3. **缘分酒吧**

酒吧的总体建筑风格是布依族仿古民居，主要针对高端客户，设有茶艺、棋牌、小吃、酒水等服务，内设 10 个包房，周边绿化植被较完善，整体氛围幽静清雅。

4. 非物质文化展示中心

主要展现布依族民族文化和黄金文化。

布依族民族文化展示是以实景呈现布依族的生产生活状态让游客身临其境，亲身体验原汁原味的布依族民风民俗。一是有布依族民族乐器演奏，由布依族民间艺人以演奏有"音乐活化石"之称的八音坐唱为主；二是由布依族银匠现场纯手工制作传统布依族银饰品；三是由布依族妇女现场织布；四是演示蔡伦古法造纸；五是陶艺制作，以及其他日常生活用品演示。游客可现场体验这些民族文化，购买相应的手工制品。

按照布依族风俗，景区在竹林湖边建造了一条"祈福鼓长廊"，在每面吉祥鼓上都用汉、布依两种文字写有吉祥祝福的语言，敲击这些吉祥鼓，就带走一份相应的祝福。

黔西南州、贞丰县分别被中国黄金工业协会评选为"中国金州""中国金县"，景区在非物质文化展示中心设立了"黄金屋"，以图文并茂的形式介绍黄金开采、冶炼、加工的全部工艺流程。

5. 农土特产体验坊

对贵州的一些农土特产成品进行集中展示销售，并收集了民间磨面、舂房、榨油、酿酒等传统工艺设施设备，进行原生态展示、演示，游客也可亲身体验。

6. 竹林堡石林

竹林堡石林分布在景区内的土山、石山相间的台地和缓坡上，石峰耸立、千嶂苍翠、造型奇特、星罗棋布，或独立成趣，或互衬为景，整个林区处处呈现着典型的喀斯特地貌特征。

7. 绿色观光大棚花卉园

奇峰公司与山东青岛和合农业技术开发有限公司合作在石林处投资建设现代高效农业展示大棚。大棚运用现代农业技术手段，无土栽培各种蔬菜。游客进入大棚不但有得吃、有得看，还有得学。景区正在跟学校合作，拟将其纳入现代农业教育培训基地，未来不但能增加景区的人气，还能提升整体经济效益和彰显社会效应。

8. 贞观寺

贞观寺的前身是建于清咸丰年间的者相镇观音庙，距今已经 160 多年。"贞观寺"匾额是由中国佛教协会会长传印法师亲笔题写，寺内建有天王殿、大雄宝殿、大悲阁及斋房等，供奉有释迦牟尼佛、弥勒佛和观世音菩萨。

9. 观峰亭

观峰亭是双乳峰景区最高景点，登上观峰亭可以从山顶俯瞰双乳峰景区的全貌，饱览周边颇具布依风情的田园村寨风光。

10. 老照片馆

双乳峰景区有四大约会主题，亲人会、情人会、战友会、同学会，老照片馆就是通过对这四大主题的照片集中展示，让人们忆往昔，畅未来。

11. 布依广场

布依广场就是感受中华布依文化的绝佳之地。每逢布依族最具有代表性的两个民族节日"三月三"和"六月六"，布依族男男女女、老老少少和四方宾客以及国际友人就会聚集到这里举行节庆活动，对歌、浪哨、演出。布依广场的舞台可以容纳5000人。

12. 景区文化展馆

景区一共有四个主题展馆，分别是"名人与双乳峰馆""女性内衣馆""民族服饰馆""民间文物馆"，通过不同的主题对景区进行更好的展示。

13. 圣乳泉

圣乳泉位于双乳峰山脚下。泉水富含多种矿物质，是非常适合饮用的天然泉水。圣乳泉旁有一个休息站，用圣乳泉给游客泡茶，让游客在双乳峰山脚下品茶聊天，回味母乳的甘甜。

（三）基本经营状况和获得的社会荣誉

2013年，景区共接待游客91586人，接待量比2012年同期增长7.6%。总经营额1322.53万元，同比增长9.1%。接待旅游团队671个，同比增长12.7%。接待各类会议101个。合作旅行社从84家增加到117家。2013年门票收入251万元，酒店收入775万元，旅游产品收入157万元，娱乐项目收入135万元，同比均增长在29%以上。

游客以外地游客为主，外地游客多以两广地区、长三角地区以及港澳台地区的游客为主，他们大多采取组团的形式到双乳峰景区旅游，旅游团队占到65%，散客占到35%。散客多是黔西南州本地游客，省内安顺市的游客以及邻近的云南、广西游客。

景区于2012年1月分别被中国关工委教发中心支学助教办公室、中国下一代教育基金会评为"中国感恩励志教育成长训练基地"和"中国支学助教工程拓展基地"。

景区于 2013 年 10 月被全国老龄委评为"全国敬老文明号"。

此外，景区还先后荣获"贵州十大魅力景区""中国避暑名山""中国最佳文化休闲胜地"等荣誉称号。

二、成功经验和做法

（一）以人为本，注重本土化，实现企业和地方双赢

黔西南州绝大多数民营文化企业由本地人发起创立，其投资主体、股东构成、员工主体也多是本地人，其在资本和人力资源结构上有天然的本土性。这就使得黔西南州的民营文化企业在企业文化，发展服务理念上会很好地兼顾企业和当地群众的利益，努力实现企业和地方的双赢。

以奇峰公司为例，从 2009 年 2 月双乳峰景区开工建设以来，当地村民在务工中共获得了近 1000 万元的收入，得到土地补偿费 2300 万元。公司还投资 220 万元为当地村组修路、修水池等，投资 20 万元帮助修建了珉谷镇纳格村竹林堡小学，还牵头联系贵州德良方药业开展万企助村活动，帮助农民种植药材，增收致富。三年多来，公司做了许多社会公益事业，解决当地农民的实际困难。奇峰公司在门票价格上也让利于当地群众，户籍地在黔西南州的人游览景区的门票价格仅是全价的四分之一。这些举措也极大地增强了企业和当地群众的相互信任，赢得了当地群众的支持。

奇峰公司还本着贞丰景区贞丰人建的思路，招聘了大量当地农户和各周边乡镇人员到景区就业，直接解决了近 300 人的就业问题。在景区以后发展营运的过程中，一旦出现空缺岗位，也将继续优先招聘符合就业条件的被征地农民就业。目前，企业员工大专以上学历的约占 15%，年龄主要集中在 18~30 周岁，布依族占奇峰公司员工的 50%，贞丰县当地人占企业员工总人数的 90% 以上。

大量的员工本土化也会带来一些消极因素，首要的就是员工的整体素质跟不上企业发展的脚步，所以，黔西南州民营文化企业十分重视培训学习。奇峰公司采取的是理论学习和实地考察相结合的方式提高员工素质。一是集团公司每年安排奇峰公司中高层到清华大学经管学院学习一个月；二是认真组织奇峰公司员工赴昆明、大理、丽江、楚雄、腾冲、黄果树、荔波小七孔、西江千户苗寨、遵义等地，实地考察学习，借鉴别人的成功经验。笔者通过问卷调查的形式了解到，奇峰公司员工对企业经营理念和企业文化认可的达到 93.26%，

对薪酬待遇满意的达到 85.94% ，认为自己在公司有上升空间的达到 97.01% 。

（二）多元化经营，注重文化产业与其他产业的共生性、融合性，拉动文化产业链整体发展

文化产业是一个关联性、渗透性、综合性都较强的新兴产业，涉及许多其他产业部门，走与其他产业整合发展的多元化经营之路是绝大多数黔西南州民营文化企业的选择。一是发挥旅游业的引擎作用，十分注重民族文化产业与旅游业的有机结合，使二者相辅相成，共享资源，共享市场，相互融合，相互促进，共同发展。二是与食品烹饪行业密切合作，既有省内的知名土特产食品，又有风味餐饮、小吃一条街，将别具一格的贵州美食介绍给广大游客的同时也提高了景区的人气。三是与农业产业的合作，一方面是同高新科技公司合作投资建设现代高效农业展示大棚，另一方面是同传统茶叶合作社合作，将茶文化与圣乳泉完美结合，为游客提供不一样的饮品。四是与手工加工业合作。五是与广告业合作。六是与培训业合作，酒店内可以进行室内授课，景区的资源禀赋非常适合做户外素质拓展。

（三）强化知识产权意识，在品牌建设上狠下工夫

文化产业的特殊性使得黔西南州的民营文化企业必须强化知识产权意识，视品牌如生命。以奇峰公司为例，其硬件投入虽然巨大，也丝毫不能忽视对无形资产的经营，事实上，奇峰公司在品牌建设上狠下了一番工夫，在核心品牌塑造上很有文化和市场的双重辨识度，也就更加富于市场竞争力。

一是核心打造地质绝品"双乳峰"品牌。目前"双乳峰"已注册了 7 大类商标。

第 39 类——旅行社（不包含预订旅馆）；安排游艇旅行；观光旅游；安排游览；旅游安排（商品截止）。

第 29 类——泡菜、酸菜；咸菜；食用油（商品截止）。

第 14 类——未加工或半加工贵重金属；首饰盒；银饰品；象牙制品（首饰）；珠宝（首饰）；贵重金属艺术品；银饰工艺品；玉雕首饰；景泰蓝首饰；表。

第 24 类　　装饰织品；绣花图案布；印花丝织品；人造丝织品；纺织品壁挂；手绣、机绣图画；丝织美术品；纺织品毛巾；绣花枕套；纺织品家具罩。

第 25 类——服装；针织服装；童装；游泳衣；戏装；爬山鞋；鞋；鞋垫；

帽；围巾。

第 35 类——户外广告；广告宣传；电视广告；组织商业或广告展览；特许经营的商业管理；进出口代理；艺术家演出的商业管理；复印；会计；寻找赞助。

第 41 类——培训；组织教育或娱乐竞赛；组织表演（演出）；图书出版；表演场地出租；公共游乐场；娱乐；演出；假日野营娱乐服务；体育野营服务。

二是用好布依族文化品牌。布依族是黔西南州的主体民族，有着悠久的历史，灿烂的文化，浓郁的风情，布依族文化是黔西南州很多民营文化企业的精神源泉。奇峰公司从筹备到发起成立到基础设施建设到投入经营，处处体现对布依族文化的崇敬和尊重，注重用布依族文化品牌来提升景区的人气和品味，拓展知名度和美誉度，促进自身高速发展。

三是发挥少数民族歌舞演艺品牌的作用。少数民族文艺演出是展示黔西南州少数民族文化的重要形式，能够吸引眼球，能够培育文化消费意识，对景区形象起到代言、宣传、推广的巨大作用。奇峰公司的少数民族歌舞表演每天晚上都有上演，为的是能让所有的游客都能够大饱眼福，不虚此行，上演的多是"八音坐唱""布依铜鼓""谷艺神袍""查郎白妹""阿妹戚托""利悠热谐谐"，这些布依族、苗族、彝族最具有代表性的歌舞，使民族演艺品牌和景区品牌有机结合，相得益彰，焕发强大的感染力。

（四）增强机遇意识，以举办大型活动、特色民族节庆为载体，助推整体发展

在黔西南州举办的全国山地运动会、贵州省第六届旅游发展大会、美丽乡村万峰林峰会、"聚焦金州"中国主流电视台黔西南旅游风光片拍摄大赛、"中国金州行"全国摄影大赛，以及布依族传统的"三月三""六月六"等大型活动和大型民族节庆是黔西南州文化资源、旅游资源与其他资源结合转化为产业优势的重要载体，黔西南州民营文化企业非常重视发挥平台效应，使自身资源得到充分发挥，取得了良好的经济效益和社会效益。笔者观察的奇峰公司就十分重视这些活动，善于以参与、举办这些大型活动为契机，加强对少数民族文化的梳理和宣传，搞好旅游产品销售，不断总结经验，提高景区接待能力和水平，使得节庆经济得到很好的发展，提升了景区的人气和知名度、美誉度。景区正式营业至今，先后成功举办了以下大型活动。

2010—2013 年贞丰县"三月三""六月六"布依风情节。

2011 年，第六届贵州省旅发大会闭幕式。

2014 年，第二届"美丽乡村，万峰林峰会"贞丰分会场。

2011 年，贵州双乳峰景区"浪秀妹"青年歌手选拔赛。

2011 年，双乳峰人体彩绘艺术秀。

2011 年，第二届黔滇桂三省（区）七地州市"广播名嘴话金州"双乳峰直播活动。

2011 年，贵州双乳峰景区"寻找中国第一波霸"形象代言人网络选秀大赛。

2013 年，贵州双乳峰·2013 首届"七夕约会节"。

（五）注重传统少数民族文化元素与现代气息风尚和高科技的完美融合，坚持保护和创新相结合

将丰富的独具特色的布依族民族特色与独一无二的双乳峰旅游资源相结合，转变为奇峰公司的企业竞争优势，使得资源得到较为合理的配置，取得了一定的经济效益和社会效益。

坚持保护和创新并重，在保护的前提下开发，在开发中创新，实现可持续发展的良好态势，使良好的自然生态环境、丰富多彩的历史人文景观和独特的民族文化资源不断焕发新的生机。

三、制约因素和存在的不足

（一）在景区展演的文艺节目质量还亟待提高

文化艺术服务业是贵州省文化产业核心领域的重点，多元化发展的奇峰公司对此也十分看重，演出场次居全省各景区之首。在取得不俗商业业绩和良好社会反响的同时，也存在文艺节目不够高水准、不够国际化、不完全符合现代审美情趣的问题。

（二）对已有的文化、自然资源的利用尚未达到理想状态，文化创意不足

文化产业要善于无中生有和以一当十，特别讲求对已有资源禀赋的高效、综合、有机利用。黔西南州民营文化企业在这方面挖掘和创新不足。以奇峰公司为例，其在文化创意上投入不足，引进他人文化创意的观念欠先进，手段不充分，导致在关联产业链延伸和产品、服务领域纵深拓展上留有空白。

（三）旅游产品销售成绩不理想

非物质文化遗产技艺的传承和创新不足，与市场的互动不足，没有形成拳头产品和批量化的订单，没有把沉睡或者半睡的文化资源全面激活。景区内的旅游商品产业虽然初步形成了以银器、蜡染、刺绣、乐器为代表的民族特色旅游商品和以木雕、奇石、竹雕、特色食品为代表的地方特色商品，但是因为存在市场认可度低、缺乏知识产权保护意识等因素，销售额并不理想。

（四）双语、多语服务亟待加强

景区的游客，外地人占到 65%，其中一半多是两广和港澳台的游客，而奇峰公司没有一个员工会说广东话，无法更好地为这些外地游客服务。随着景区知名度、美誉度的节节攀升，每年的外国游客呈 30.77% 的上升趋势，景区服务人员的外语水平也亟待加强。

四、对策及建议

（一）积极争取相关部门的支持，力争成为国家湿地公园

2013 年 11 月，奇峰公司正式启动景区湿地公园建设项目，总投资 4000 万元，对景区内的人工湖进行改造，让原来干涸没水的"死湖"注满了清澈的三岔河水，在河堤两岸植满了草皮，种植了大量的水生植物，让母亲湖、女儿湖重新焕发出蓬勃生机和活力，还依地形修建了一个个精巧的人工湖，目前主体工程已经完工。根据奇峰公司发展战略规划，目前的当务之急是景区要向国家林业部申请成为国家湿地公园（试点）。根据相关规定需要逐级向上申报，这需要各级相关部门的大力支持。一旦申报成功，景区在发展生态文化产业上将迈出关键而又踏实的一步，为下一步延伸完善产业链，开发新的文化产品提供强大物质载体，也为企业带来政策、资金支持，并极大地增加企业的无形资产，形成新的差异化比较竞争优势。

（二）构建山地户外活动体系，打造知名赛事品牌和基地品牌

山地户外运动前景广阔，黔西南州的气候、海拔、地形地貌、水流情况、大气环境非常优越，发展山地户外运动和体育赛事具有得天独厚的优势。贞丰县双乳峰景区更是如此，以现有的硬件条件完全可以开展攀岩、徒步、登山、自行车、越野、划船、露营、野外素质拓展等体验型、参与型、自助型山地户外项目。景区应当广泛加强与国内外知名体育公司、知名户外运动俱乐部、知

名素质拓展公司的合作，承办精品赛事，加强创意策划、运作和宣传，培育和满足高端市场需求，成为知名的山地户外运动基地。

（三）做好产业人才培养，引进外部智慧创意，为企业发展提供更加强有力的智力支撑

人才是企业战略发展的第一资源。民营企业的人员较之机关、国企流动性本来就比较大，民营文化企业所经营的无形资产的比重比较大，导致民营文化企业的流动性又大于其他民营企业，所以一定要会用人、留住人、培养人。在坚持本土化用人策略的基础上，也要注重对文化专才的招录，要大力培养有文化底蕴，有见识修养，懂经营管理，熟悉艺术生产整个环节并擅长市场运作的综合性复合型人才，增强民营文化企业的发展后劲。广大的普通员工是民营企业的"细胞"，要加强对他们的文明礼仪培训，强化外语学习，通过提高人的素质来提升景区品位。

文化创意是文化产业的第一生产力，没有哪家企业能够诞生或者垄断所有的文化创意，所以我们的民营文化企业要具有慧眼和胸怀，通过多方面、全方位的"引才引智"，获得文化产业拔尖人才的青睐，不求所有但求所用，切实找到可以助推企业发展和升级的文化创意，成功推向市场。要加强与高等院校的合作，及时掌握国内外文化产业发展情况和前沿动向，不断更新发展理念，调整发展政策。

（四）采取广泛合作的策略，正确处理竞争与合作的关系，形成区域聚集效应和跨行业聚集效应

在充分发挥自身独特地位和比较优势的同时，切实加强与周边省（区）、市（县）、景区的合作，在形象上同塑，市场上共享，行业上互渗，业态上互创，发展上联动。加强与各级文化产业协会、民族民间工艺品协会、地方特色食品协会、烹饪协会等行业协会的合作，不断延伸产业链，巩固双赢成果。

（五）增强精品意识，加强对民族文化和区域文化的发掘、整理、传承及创新，推动贞观寺与国内名寺结缘

目前，民营文化企业对资源的发掘不够深入，利用方式比较单一，产业化程度比较低。在少数民族歌舞演艺上，应当邀请国内外知名编导，以全新的艺术和市场眼光挖掘丰富原生态的歌舞文化资源，与时俱进编排表演剧目，使之更加符合时代气息和现代审美追求。随着产业链的延伸，应将表演内容与现代传媒技术充分结合，制作成电视或其他可以重复利用的数字数码衍生品，使版权价值实现多形式、多途径的开发，使资源得到更充分的配置和利用。在民族工艺旅游产品研发上，要走出一条产业化道路，要在与少数民族传统技艺传承人的合作中探索更加符合市场规律的新路径，引进一批"工艺美术大师""贵州名匠""金州名匠"，善于使用"非物"称号，提高无形资产价值，提升旅游产品的核心竞争力。

中华文化是多元一体的和谐文化，佛教文化是其中的一部分，一座有名寺基因的寺庙对提升景区乃至整个城市的品位十分重要，可以借鉴云南省的做法，让贞观寺与国内名寺结缘，以扩大景区的影响力。

五、结　语

文化产业将成为黔西南州经济社会文化发展的新引擎，民营企业是文化产业的主力军，大力支持民营文化企业发展是我省我州实施生态战略，转变经济增长方式，实现跨越发展的必由之路。本文以黔西南州的一家民营文化企业的发展脉络为背景，兼论区域文化产业和民族文化产业，以期以管窥豹。

打造古彝文化旅游品牌

——毕节大方古彝文化产业园建设运作方式

戴元明*

摘 要

　　大方县高起点规划设计，高标准建设，挖掘历史文化，开发旅游市场，加快基础设施建设步伐，营销民族特色文化产品，加强古彝文化产业园建设，打造古彝文化旅游品牌。

关键词

　　古彝文化　大方县　慕俄格古城

　　"慕俄格古城——毕节大方古彝文化产业园"位于大方县城东北郊，选建在原慕俄格城堡遗址之上。古城始建于蜀汉时期，唐时修建了宏伟的九重宫殿，宋时改封为罗施国，元置顺元路宣抚司，明置贵州宣慰司。历史上几经战乱焚毁，唐朝与明朝曾做过修复，清朝吴三桂兵变时焚毁。

　　为弘扬民族特色文化，打造文化旅游品牌，2008 年，经中共大方县委、县人民政府申报，贵州省委、省政府和毕节地委、行署批准再次恢复重建慕俄格古城。目前，"大方慕俄格古城——毕节大方古彝文化产业园"项目，已成为贵州省"十二五"重要建设项目、"十大文化产业园"建设项目、"六个一批"重点文化产业项目，也是全省"100 个旅游景区"建设项目。大方县计划用 5 年时间将古城——古彝文化产业园建设成"中国彝族历史文化名城、中国古彝文化交流和研究基地、中国独具特色影视拍摄基地和旅游休闲避暑目的地、国家 5A 级景区"，助推地方经济社会跨越发展。

＊ 戴元明，中共毕节市委宣传部。

一、园区建设运营现状及特点

1. 工程概况

大方古彝文化产业园总占地面积 4.56 平方公里。第一期工程由财政投资 2 亿元，新建"贵州宣慰府"、斗姥阁，扩建奢香博物馆，（改造）顺德街、彝族风情街，第一期工程于 2009 年建成并用于拍摄大型电视连续剧《奢香夫人》；二期工程占地面积 2.26 平方公里，预计投资 30 亿元，主要包含彝族历史文化展示区、彝族历史文化体验区、十月太阳历广场中心区、宗教祭祀主题文化区、奢香主题文化区影视拍摄基地、道路、水系、绿化等；三期工程占地面积 2.3 平方公里，主要包含古彝族社会历史文化街区、土司兵营文化体验区、非物质文化展演区、彝族文化交流中心、影视精品基地。

2. 规划编制

2012 年完成 4.56 平方公里的《贵州·毕节·大方古彝文化产业园控制性详细规划》，2013 年完成《大方慕俄格古彝文化旅游景区建设发展规划》、古城核心景区和漆器产业园修建的详细规划文本已送规划部门评审，云龙大道北段景区主通道已开工建设，目前已启动古城第三期规范设计编制工作。

3. 招商引资

2011 年与十四冶建设集团云南房地产开发有限公司签订古城二期投资 70 亿元建设项目，与大方奢香投资置业有限公司签订西城门楼片区项目投资开发协议；2013 年与大方奢香投资置业有限公司签订不低于 1.2 亿元的古城二期三公桥片区项目投资开发协议，与贵州石中玉集团广宇千房地产开发有限公司签订投资不低于 5 亿元的古城第三期投资开发协议，与贵州石中玉集团签订"贵州宣慰府" 15 年经营权合同，并于 2014 年元月 1 日正式移交；2014 年与美国华侨商会贵州分会签订不低于 20 亿元的古城第四期项目投资开发框架协议，与福建泷澄集团贵州分公司签订不低于 1.8 亿元的《慕俄格古城——毕节大方古彝文化产业园旅游停车场综合体项目投资开发框架协议》。

4. 项目建设

由财政投资 2 亿元建设的第一期工程包括"贵州宣慰府"、奢香博物馆、斗姥阁、顺德街、彝族风情街等已投入使用。总投资 8000 万元的景区建设配套项目（搅拌场、石材、绿化基地）已完成（由十四冶建设集团投资建设的第二期）2.26 平方公里项目，目前完成 1.3 亿元的西城门片区一期主体工程建设，2013 年 10 月份举行开城仪式。投资 8000 万元的西城门楼片区二期主体工程 9 月底前竣工，投资 1.2 亿元的三公桥小区已开工建设，年底前启动 318.2 亩规划项目建设，投资 6000 万元的云龙大道二期景区主干道建设、大小螺丝塘扩建及绿化工程和 2 万平方米旅游停车场项目建设已经启动，古城第三期工程由石中玉集团投资 1.5 亿元的宾馆、彝族风情步行街、旅游停车场综合体项目建设于 2014 年 5 月底启动。

5. 宣传推介

先后组织相关人员到泰国，以及我国北京、上海、广州、昆明、重庆等地进行推介旅游和招商引资 80 余批次，招考慕俄格古城解说员 13 名、旅游推介员 23 名、其他工作人员 3 名。2012 年在贵阳周边几大公路出口、百里杜鹃、贵毕路制作独立高杆宣传牌，在贵州卫视播出宣传广告，通过《人民日报》、中央电视台、香港亚洲电视台、《贵州日报》《香港文汇报》、贵州电视台、《毕节日报》、毕节电视台、"慕俄格"网等国内外近 100 家媒体宣传报道古彝文化产业园。2013 年，积极配合石中玉集团慕俄格文化传媒有限公司，联系贵州电视台、《贵州都市报》、新浪网、腾讯网、大旗网、毕节市电视台、大方电视台、《乌蒙新报》等 100 多家媒体对古城 2014 年迎春年会、第三届"中国·大方彝族文化节暨第六届奢香文化节"开幕式进行宣传报道，进一步提升了慕俄格古城知名度。

6. 文化活动

近三年，协助县有关单位举办三届奢香文化艺术节及彝族文化节活动。举办《水西历史》和《慕俄格史》专题讨论会，共接待国内外考察团 1000 多批次；在宣慰府广场举办篝火晚会 100 余场，文艺演出 120 余场，接待游客 143.84 万人次，门票收入 2605 万元。慕俄格古城 2012 年被评为国家 3A 级景区，"贵州宣慰府"被评为全国影视指定拍摄景地，慕俄格古城景区 2013 年目标考核位列全省 100 个景区建设第 24 名、省 100 办考核为"优秀"等次，2014 年被列为贵州省旅游体制改革试点景区。

大方古彝文化产业园建设运营的特点是：规划设计起点高、立意深，招商引资力度大、效果好，项目建设标准高、进度快。分期工程依次推进，边建设，边运营，使基础设施建设和文化市场开发齐头并进。

二、园区建设运营取得的主要经验

1. 抢抓机遇，高品位谋划

大方县委、县政府将文化旅游产业建设放在优先发展的战略位置，以科学发展观为统领，认真贯彻落实中央、省、市、县的决策部署，抢抓西部大开发的历史机遇，站在更高的历史角度，挖掘深厚的彝族历史文化内涵，弘扬奢香的历史功绩，打造彝族文化品牌，积极申报项目。

2. 准确定位，高起点规划

聘请来自清华大学、同济大学等大学的全国知名专家对古城——古彝文化产业园建设进行研究，围绕"中国彝族历史文化交流和研究基地""中国独具特色影视拍摄基地""中国彝族文化旅游休闲避暑目的地""国家 5A 级景区"定位，有目的地选择具有从事古城建设规划设计经验的云南城乡规划设计研究院对古城、古彝文化产业园进行高起点规划。规划以恢复重建的彝族特色建筑、街道、景观等为载体，打造融文化展示、文化体验、休闲避暑、旅游观光、商业服务、习俗体验等文化产业开发于一体的综合性文化旅游景区。

3. 加大力度，高层次招商

一是加大宣传推介力度，组织相关人员到北京、上海、昆明、重庆等地进行招商推介 50 余次，并利用全国各大新闻媒体扩大宣传，提高古彝文化产业园的定位层次及影响力。二是提升档次，面向全国招商。根据文化产业园概算投资超过 70 亿元的需要，选择具备投资实力的大型企业集团，先后接待 100 多家投资商。三是与十四冶建设集团云南房地产开发有限公司签订二期工程投资 70 亿元建设合同，与贵州广宇千房地产开发有限公司签订第三期工程投资 5 亿元开发合同，与石中玉集团签订古城首期景区约 1 亿元 15 年市场经营合同，等等，使古城文化产业园的建设和运营具备了开发主体和投资保障。

4. 精心设计，高标准建设

按照规划与设计，由十四冶建设集团投资开发建设的慕俄格古城各项工程全面铺开，古彝文化产业园内的各类文化展示区、体验区也将按照"一个类别一个组团"的形式陆续开工建设。按照旅游开发的高标准要求，古彝文化产业园区建设与开发遵循"三年全面铺开，五年形成规模，十年成为支柱"的时间流程推进。不久的将来，毕节大方古彝文化产业园将以高品质、高标准、高效益的姿态呈现在世人面前。

5. 健全组织，高规格管理

为了适应古彝文化产业园开发建设和管理的需要，大方县成立了以政府县长为组长，相关分管副县长，管理处处长为副组长，相关单位领导为成员的古彝文化产业园领导小组，举全县之力，推进文化产业发展的格局，并成立了慕俄格古城——大方古彝文化产业园管理处，健全了机构，配备了工作人员和专业人才，进行了为期一个月的强化培训。管理处的建立和卓有成效的工作，为古彝文化产业园的建设和运营提供了组织管理的保障。

三、存在问题及原因分析

（1）征地拆迁问题多。园区内被征地农户遗留问题多，影响了项目建设进度。主要是群众的要求过高，工作很难做，征地拆迁体制欠完善。

（2）专业人才奇缺。古彝文化产业园融基础设施建设、文化产业、旅游产业、市场开发为一体，需要各方面的专业人才来进行指导和管理。目前管理处的工作人员缺乏专业知识，尤其是研发和传承民族民间文化的人员奇缺，而引进综合型的专业人才难度很大，原因是这方面的专业人才缺乏。

（3）招商难度较大。由于文化产业建设周期长，回报低，投资商少，尽管大方县在招商引资方面作出了很大努力，也取得了显著成效，但文化产业园的投资建设缺乏竞争环境，未能形成众多投资商参与、工程建设齐头并进的格局。

四、对加快园区建设和运营的对策建议

（1）文化产业园的运营应获得政府文化产业资金支持，包括文化旅游产业发展基金、文化产业旅游发展专项资金、政策性银行贷款，以支持文化旅游产业开发。

（2）出台扶持文化旅游产业的政策、从各个层面支持和规范文化旅游产业发展，包括项目政策保障、项目组织保障等等。

（3）建立健全引进专业人才机制，加快引进专业人才。加大文化旅游产业行政管理人才、文化旅游产业企业经营管理人才、文化旅游产业专业技术人才、文化旅游产业高技能人才队伍培训，建立完善多层次的文化旅游产业人才培训教育体系，提升文化旅游产业园研究开发、经营管理、规划建设和接待服

务水平。

（4）加快推进贵州宣慰府附属工程的完善和建设（贵州宣慰府屋面漏雨处理、外观漆饰装修、破损石板进行更换、排水系统以及贵州宣慰府室内外、螺丝塘周边园林绿化治理工程等），使其发挥更好的旅游功能和经济效益。

（5）省、市需进一步关注大方古彝文化产业园和文化旅游产业项目建设，在人、财、物方面多给予倾斜和支持。

五、园区发展趋势预测

2015 年，大方古彝文化产业园建设项目如下。

（1）彝族文化人类学博物馆。投资 1200 万元，建筑面积 1000 平方米，集中展示彝族生产生活方式。

（2）宣慰司学宫。投资 1720 万元，复建宣慰司学宫，体现彝汉融合的文化风采和魅力。

（3）高原彝家野炊餐饮中心。投资 720 万元，新建建筑面积 3000 平方米。

（4）大方漆器创意设计中心。投资 720 万元。对古彝漆器工艺技术改良和应用进行研究，通过创意设计，形成漆器系列旅游商品。

（5）古彝特色小吃街。投资 1260 万元，改扩建老旧街道打造彝族地方特色风味小吃街区。

（6）"云水悦庄"度假中心。投资 13500 万元，依托云龙山水库，引入悦榕庄理念，规划建设森林湖畔度假村，宾馆床位 350 张。

（7）山珍产业街区。投资 1125 万元，街区专销以大方天麻为代表的地方山珍产品。

（8）编制艺术工坊。投资 1500 万元，对建筑民居进行改造，打造旅游产品制作、展演、销售中心。

（9）辣椒产业街区。投资 1125 万元，改造街区销售特色辣椒产品。

（10）彝家美食一条街。投资 1280 万元，新建园区主干街区和过度街区，形成美食街区。

除以上建设项目外，2015 年大方古彝文化产业园还将完善"贵州宣慰府"的附属工程和旅游配套设施，推进园区第一期工程项目的旅游开发，丰富景点内容，扩大旅游市场，发挥更好的社会效益和经济效益。

面向市场做强红色文化旅游产业

——遵义红色旅游产业发展思考

遵义红色旅游（集团）有限公司

摘　要

　　遵义市抢抓国家大力推进红色旅游发展和文化产业建设的政策机遇，组建遵义红色旅游（集团）有限公司，由政府主导、集团公司牵头，积极盘活企业资产，多渠道融资，深抓企业管理，全力推进项目建设，努力做大做强遵义红色旅游产业的同时不断增强集团公司的实力，力争三年内实现上市目标。

关键词

　　红色文化旅游产业　做大做强　遵义

　　遵义市抢抓国家大力推进红色旅游发展和文化产业建设的政策机遇，组建了遵义红色旅游（集团）有限公司（以下简称"公司"），并为公司注入上百亿固定资产，改扩建了遵义宾馆，启动了多年议而未动的遵义长征文化博览园建设，老城旅游综合体建设。正在探索由政府主导产业发展方向和为企业提供政策支持，企业盘活政府注入的固定资产、搭建融资平台，大力推进红色旅游项目开发建设，探索出了一条做大做强遵义红色旅游产业的路子。

一、党政重视，注入良性资产组建集团公司

（一）遵义红色旅游资源丰富，红色文化产业发展潜力巨大

　　遵义荟萃了当年红军强渡乌江、遵义会议、四渡赤水、娄山关大捷、兵逼贵阳等中国工农红军长征史诗上的精华，红军当年的诸多革命活动在遵义留下了丰富的珍贵遗迹。据不完全统计，全市的红色旅游资源现有近百处。中办、

国办下发的《2004—2010 年全国红色旅游发展规划纲要》（以下简称《纲要》）将遵义列为国家重点培育的 12 个"重点红色旅游景区"，《纲要》所列的 30 条精品线路中遵义有一条，《纲要》确定的 100 个红色旅游精品景点中遵义有 7 个，目前重点开发的有 20 多处。近年来，先后编制了重点红色旅游景区（点）开发建设规划 10 多个，使红色旅游资源的开发有序进行。已经开发的红色旅游产品有遵义会议会址系列纪念体系、红军烈士陵园、娄山关、四渡赤水纪念馆、红军街、红九军团司令部旧址、乌江、苟坝会址等 20 多个重点红色旅游区（点），形成了发展红色旅游的重点产品系列。同时不断完善旅游配套服务设施，大力推进旅游区的标准化建设，部分红色旅游区正在申报国家4A 和 5A 级旅游区。

（二）发展红色旅游和红色文化产业有良好的政策保障机制

《2011—2015 年全国红色旅游规划发展纲要》《全国红色旅游二期工程规划》《贵州省红色旅游二期工程规划方案》和遵义市"十二五"红色旅游发展规划和国发 2 号文件明确提出的"文化旅游发展创新区"的战略定位，以及"加强旅游基础设施建设，大力发展红色旅游，实施红色旅游二期建设方案，加强以遵义会议纪念体系为重点的经典景区基础设施建设"等系列工作。这既是遵义市旅游业加速发展的良好政策机遇，又是以新思路、新定位、新举措，探索融合发展新路子，加快旅游产业大发展、文化产业大繁荣的重大机遇。

（三）市委市政府注入规模性资产助推红色文化旅游产业发展

市委、市政府为了加快红色旅游产业的发展，2007 年批准由遵义会议纪念馆出资注册成立了遵义红色旅游（集团）有限公司，公司和纪念馆是两块牌子一套人马。在几年的经营发展中，公司奠定了坚实的发展基础。2013 年，市委、市政府单独配调公司法人，并逐步配齐配强了公司领导班子，为红旅集团注入资产至 100 亿元的规模，要求 3 年时间创建成上市公司，搭建全市旅游开发重点项目融资平台，承担重点旅游项目的开发建设。

二、政府主导，高位上手规划红色旅游产业蓝图

（一）政府主导相关部门配合编制全市红色旅游规划

在市政府的领导下，以中共中央办公厅、国务院办公厅下发的《2011—

2015 年全国红色旅游规划发展纲要》为指导，以社会主义核心价值体系建设为根本，以爱国主义和革命传统教育为主题，遵义市编制了《遵义市红色旅游发展规划》。规划遵循旅游产业发展规律，深入挖掘红色旅游思想内涵，不断丰富发展内容，积极创新发展方式，进一步增强红色旅游的时代感和现实感。

（二）集团公司牵头，在政府指导下编制了重点项目的规划

为了全面实施红色旅游精品带动战略，打造红色旅游经典景区和精品线路，全面提升红色旅游品牌形象，增强红色旅游的吸引力、竞争力，集团公司组织编制了《遵义红色旅游综合体建设发展规划》《娄山关红色旅游发展规划》《遵义长征文化博览园发展规划》《遵义会议纪念公园规划》等重点项目规划。

三、盘活资产，抢抓机遇推进项目开发建设

（一）清理过户市政府划转的全部固定资产，评估盘点盘活用于贷款融资

对于市委、市政府 2010 年至今先后划转的资产，集团公司跟踪财产过户到位，并由资财部专管。现已经对红军街、法院街、遵义宾馆等固定资产进行建档评估。其他资产正在交接中。集团公司在建的遵义长征文化博览园、遵义宾馆改扩建工程、遵义红军街改造升级、遵义纪念公园建设资金都来源于固定资产融资。

（二）策划好项目多渠道融资

随着省旅游局与市政府关于《进一步促进遵义旅游业发展合作备忘录》的签订，红色旅游集团被纳入全国第二批推进旅游标准化试点单位，遵义会议纪念体系已列入全国红色旅游二期工程规划重点项目。其中遵义会议陈列馆建设项目和凤凰山旅游停车场项目也得到国家发改委认可投资，遵义长征文化博览园项目已经融资 5 个亿。

（三）启动遵义宾馆改扩建工程建设

遵义宾馆改扩建项目工程是为提高接待能力，进一步打造遵义旅游名片和展示老城红色旅游综合体形象的工程。新增建筑总规模为 6 万平方米左右，投资近 5 亿元。该项目整体规划、分期实施，预计两年完成建设目标。2013 年已经投资 2 亿元对该项目一期工程（附楼）进行施工建设，相继进行二期工

程新楼建设，建成后将成为遵义的又一个五星级宾馆。

（四）启动中国（遵义）长征文化博览园规划建设

中国（遵义）长征文化博览园将打造成红色旅游精品项目，建成集互动、休闲、参与、体验为一体的旅游综合体。最大化地整合遵义市旅游资源，充分发挥遵义旅游资源优势，将资源优势转换为经济优势，该项目拟投资 100 亿元人民币，总规划面积 460 公顷（6900 亩），规划建筑面积 190 万平方米；项目主要建设内容为"一心六区"。其中"一心"是指游客集散中心，主要包括迎宾门、大型停车场、公交车站、游客接待中心、美食购物商业街等。"六区"分别为：一是祭奠英雄长征史诗瞻仰区，包括中国红军纪念广场、大型长征浮雕背景墙、长征诗词长廊、纪念活动服务部、观光索道等；二是梦回长征卓绝历程演绎区，包括"梦回长征"梦工场、长征会议城、长征大剧院；三是长征故事经典传奇体验区，主要修建长征游步道 2500 米，沿线按长征时序所发生的动人故事，选择情景交融、易于互动的时间，让游客参与其中，既了解长征故事，又切身体验，达到寓教于乐的效果；四是走向辉煌长征梦乡度假区，初步计划旅游地产开发用地面积约 1500 亩，总建筑面积 150 万平方米，总投资 45 亿元；五是桃溪花镇还房区，既是作为园区移民安置的需要，也是保障移民生计问题的重要建设项目，桃溪花镇内还拟建花鸟市场，以促进当地经济发展；六是碧云山生态园林保育区，面积达 1328 亩，涵盖整个碧云山，以原生态园林为基础，合理布局廊道，既能作为森林防火带，也能作为游步道供游客游憩，享受原生态的环境。按照市"八大工程"建设要求，2014 年该园区完成 12 亿元的投资计划，完成集散中心、长征门、长征纪念广场、长征会议城与桃花镇还房小区的建设。

（五）启动老城红色旅游综合体建设

该区域面积 1.3 平方公里，是一项系统而庞大的工程。一是实施好红军街升级改造工程。红军街于 2006 年建设，于 2007 年 11 月正式开街。红军街是全国重点文物保护单位、国家 4A 级景区——遵义会议会址的全方位延伸，是中国红色旅游第一街，是遵义市委、市政府着力打造的汇集旅游、文化、商业、娱乐、餐饮等多功能于一体的商业街。由于当时外墙采用的是一般质量的立邦漆进行粉刷，现红军街外墙面多处出现脱落现象，需要重新对红军街的广场进行调整、增添景观、外立面综合改造。二是建设遵义会议纪念公园。将原遵义公园改建为遵义会议纪念公园，面向市民和游客免费开放。公园内建曲苑＋杂技演绎广场、茶艺广场、酒文化广场、辣椒乐园、民族文化广场、土司文化广场、沙滩文化广场、露天剧场、长征主题雕塑、红色文化碑林等，融遵义传统文化、长征文化和休闲文化于一体。

四、强化管理，创造效益，增强实力，早日上市

（一）完善法人治理结构，加强企业队伍建设

红旅集团按照《公司法》中明确的国有独资公司的规定建立了法人治理结构，由遵义市人民政府行使出资者权利，选聘任用公司法人治理结构的主要成员，按照政企分开的原则，公司参照行政级别，按有关规定只享受政治待遇。公司设董事会，董事会由 7 名成员组成。其中 4 名由遵义市人民政府选派，2 名面向社会招聘经营管理专业人才，1 名由员工代表大会选举产生。董事长在董事中产生，由遵义市人民政府任命，为公司法定代表人，董事会向遵义市人民政府负责。集团按照《国有企业财产监督管理条例》设监事会，监事会成员 3 人，由遵义市人民政府委派，监事会主席在监事中产生，由遵义市人民政府任命。集团实行董事会领导的总经理负责制，设总经理 1 名，副总经理 2 名，总经理助理 2 名。红旅集团按照《党章》规定和《工会法》规定程序设立设置党组织和工会组织。

公司内机构设置健全，职能明确。（1）经理层。设总经理 1 人和副总经理 2 人，总经理助理 2 名（兼任景区或集团主要部门经理），总经济师和总会计师各 1 人。（2）行政人事部。负责公司日常事务。设部长及文秘、档案、后勤等工作人员。（3）战略规划发展部。负责公司发展战略的研究制定、重大项目的规划策划、项目前期管理的日常工作和信息搜集、整理工作。设部门经理 1 名和项目策划师、规划师、工程师各 1 名。（4）项目投资开发部。负责公司投资、招商引资、参股控股项目的研究、项目管理的日常工作和信息搜集、整理工作。设部经理 1 名和项目工程师 3 名。（5）资财部。负责公司资产的调查、登记、处置等资产管理工作和公司财务、计划、统计及下属企业财务报表编制汇总、编写财务年报等。设部经理和工作人员、会计、出纳各 1 名。（6）经营管理部。负责红旅集团各子公司的经营规划、发展计划、营销宣传、经营督导等工作。设经理 1 名，工作人员 2 名。

（二）建立了规范化管理制度

建立健全机制是实现企业规范化管理的内在要求。公司人力资源部门，把

人力资源管理提升到企业发展战略的高度，全面抓好人力资源开发管理工作。主要包括：一是结合公司发展需要，编制了《人力资源发展三年规划》；二是认真总结集团上年运行中存在的突出问题，并借鉴外地先进旅游集团成功经验，完善公司人力资源招聘培训、岗位管理、绩效考核、入职离职管理、薪酬福利管理、劳资纠纷处理等制度体系的建设、实施、完善、运用等工作；三是结合工作职责、服务规范等因素，逐步建立起了以公司规划、投资、运营、监督、考核为主的分工协作运营体系；四是建立了集工作负荷、工作时效、工作质量、奉献精神等要素为一体的富有红旅特色的绩效考核、奖罚激励机制，激励鞭策员工以企业为家，为企业献计献策、努力工作。

（三）对接市场抓好经营管理，增强公司实力，力争实现三年上市目标

集团公司下设十一个经营管理公司和部门，分别是红军街经营管理公司、遵义宾馆、大转折宾馆、法院街资产经营管理公司、纪念品经营管理公司、大转折旅行社、酒业公司、劳务公司、公园经营管理公司、遵义长征文化博览园经营管理公司、旅游服务车队。总公司 2013 年实现经营收入 5000 万元，2014 年能实现 10000 万元经营收入。遵义长征文化博览园建成开园后总公司能实现年收入 10 亿元，力争实现三年上市。

大事记

2013 年文化产业大事记

王　曼*

2012 年 12 月 7 日,《贵州生态文化旅游创新区产业发展规划》由贵州省政府正式批复实施。

1 月,《福布斯》杂志中文版发布"中国潜力企业榜"100 家"最具潜力上市企业"榜单中,贵州省网络文化龙头企业贵阳朗玛信息技术股份有限公司跻身第二位,成为创业板最贵的股票之一。

1 月 24 日,贵阳市出台《关于进一步实施人才兴市战略　加强产业人才队伍建设的决定》,启动高级人才公寓建设。

1 月 28 日,"十一五"期间,毕节市文化体制改革任务基本完成,广播电视网络建设强力推进,转企改制单位经营业绩大幅提升,文化市场发展欣欣向荣。推出了电视剧《奢香夫人》、歌舞剧《夜郎魂》等一批文化产品,顺利推进了投资 123 亿元的文化产业园区、"五古"建设的一批示范点、51 个"六个一批"文化产业建设项目,大力组建广播影视传媒、报业、演艺、网络四大文化产业集团。

2012 年 9 月 27 日,在北京召开的全国文化体制改革工作表彰大会上,毕节市荣获全国文化体制改革工作先进地区。毕节市文化市场综合执法支队被评为全国文化体制改革工作先进单位。

1 月 29 日,近年来,铜仁市被中宣部等四部门联合表彰为"全国文化体制改革工作先进地区"。至 2012 年底,该市文化产业单位已发展为 1560 个,个体工商户 832 户,从业人员 2 万多人。2012 年文化产业增加值 13 亿元,增幅达 30%以上。

2 月 27 日,《贵州民族民间传说系列动画集》前期四集动漫作品的评审会

＊ 王曼,贵州省图书馆。

在贵州日报报业大厦举行。以数字动漫为创作形式呈现贵州 17 个世居少数民族的民族民间传说系列作品在贵州省尚属首次。

3 月 15 日，贵州省投资 550 亿元，重点办好"十件民生实事"。其中之一是加强和创新公共文化服务体系建设，新建 140 个乡村学校少年宫、200 个农民文化家园；新增 1300 个自然村通电话，1200 个行政村通宽带，52 万座农村广播电视直播卫星地面接收站；新建 440 个村级、55 个乡级农民体育健身工程和 300 个全民健身路径工程，新建 8 个县级老年体育活动中心。这"十件民生实事"中的文化设施再次明确了文化民生的重要性。

3 月 16 日，一场别开生面的名人名嘴话说屯堡户外广播直播旅游推介采风活动拉开了"风情屯堡　美丽乡村"文化旅游活动的序幕。3 月 19 日，经省政府批准，贵州省文化产业发展基金已开始正式运作，基金先期规模为 4.5 亿元。贵州省累计获准使用中央文产专项资金 1.36 亿元，同时投入省级文产专项资金 1.7 亿元，共扶持项目建设 332 个，涉及民族文化产业项目、文化旅游项目、新兴文化产业项目、文化体制改革项目及其他相关文化产业项目，吸引了企业合作和社会投资。

4 月，国家级非物质文化遗产丹寨县的《苗族贾理》入选新闻出版总署"首届向全国推荐百种优秀民族图书目录"。《苗族贾理》保护传承行动，是"构筑精神高地、走出经济洼地"实践的生动范例。

4 月 15 日，从江县侗文化产业园"七星侗寨"旅游景区被列入贵州省 100 个重点旅游景区和黔东南苗族侗族自治州 20 个重点旅游景区建设。

以侗族文化为核心的从江县中国侗文化产业园，建筑整体保存完好，有着独特的侗族文化。

4 月 19 日至 21 日，由贵州省文化馆、天津市群众艺术馆、内蒙古自治区群众艺术馆、新疆维吾尔自治区文化馆举办的"贵州、天津、内蒙古、新疆现代民间绘画巡回展"在贵阳美术馆举办。展览共展出四地 230 幅优秀农民画作品。

4 月 27 日，国家开发银行贵州省分行被中华全国总工会授予全国五一劳动奖状。

5 月 17 日至 20 日，第九届深圳文博会上，贵州省携带的 47 个项目共签约 195.52 亿元，创历届文博会签约金额之最，省委宣传部、省文化厅等获"优秀组织奖"，贵州省多彩贵州展团和贵阳市展馆获"优秀展示奖"。

同日，贵州省文化产业招商引资推介暨项目签约仪式在深圳举行。投资金额为 32 亿元的云岩区贵阳古玩城文化综合体项目成为贵州省今年签约投资总额最大的项目。该项目建成后将成为贵州省乃至西南地区最大的文玩和古玩城市文化综合体。

贵阳古玩城选址贵阳东山附近，总面积 50 万平方米，集古玩收藏和现代艺术品交易、展览、鉴定、拍卖、培训、交流、创作为一体。其中用于古玩城的面积为 10 万平方米。古玩城有 3000 个 25 平方米的标准商铺，35 台垂直观光电梯及自动扶梯。同时配套四星级酒店、甲级写字楼、全功能数码公寓、2000 个标准车位的地下停车场、知行文化休闲广场、古玩淘宝集市、非物质文化遗产陈列馆、少数民族工艺品馆、贵阳攻略创意个性潮店、美食街、酒窖、茶庄、艺术家工作室，展览厅、创意设计超市、文物公司、拍卖公司、鉴定机构和古玩收藏专业协会驻点、多功能厅、收藏家俱乐部、《玩家》DM 杂志、官网、官微博、官微信。贵阳古玩城使多种文化业态集合并存。

5 月中下旬，松桃自治县民族文化产业区落成。该区集中展示该县民族服饰、苗家刺绣、银饰作坊、苗歌音像、藤编根雕等传统民族文化和地方民族工艺品。

5 月 31 日，贵阳修文中国阳明文化项目通过省内外专家的深度评审。该项目是贵州省十大文化产业园之一，也是我省 100 个城市综合体之一。

6 月 3 日，国家开发银行股份有限公司贵州省分行与贵州旅游投资控股（集团）有限责任公司签署《开发性金融合作备忘录》。根据备忘录，"十二五"期间，国开行贵州省分行将向贵州旅投（集团）提供合作融资总额度 80 亿元人民币，用于支持贵旅集团参与贵州生态旅游创新区、旅游景区基础设施建设，开发、并购旅游资源以及发展生态旅游、红色旅游和民族特色文化旅游。

6 月 18 日，由贵州日报报业集团·虎子传媒，北京艾美思特影视文化有限公司联合拍摄的大型励志轻喜剧《北漂鱼》在北京电影学院标准放映厅举行了首映礼。该片是贵州籍导演余治林继亲情大片《炫舞天鹅》后的又一力作。《北漂鱼》是中国第一部展现北漂族群的电影。

9 月 9 日，第九届泛珠三角区域合作与发展论坛暨第三届中国（贵州）国际酒类博览会在贵阳举行。

10 月 12 日，贵州民族大学民族文化产业发展研究中心挂牌成立。

10 月 14 日，遵义市新蒲新区招商引资项目——总投资将达 50 亿元的沙滩文化旅游产业园已启动，计划 2020 年完工。

11 月 9 日至 10 日，贵州省首届创业投资博览会在贵阳国际会展中心举行，创博会由团省委、省商务厅、省人社厅、省科技厅、省工商局、省投资促进局、省工商联及贵阳市政府共同主办，省青年创业就业服务中心承办。

11 月 22 日，国家工商行政管理总局商标评审委员会与多彩贵州文化产业发展中心签署战略合作协议。作为中国首个省级文化品牌，"多彩贵州"已实现全部 46 个类别、460 个商品（服务）的商标全类注册，并授权 25 家企业使用多彩贵州品牌，形成了基地项目、演艺项目、特色产业、平台项目 4 大类别，拉动投资近 100 亿元。